다르지만 다르지 않은 행복한 학교

북유럽
교육 기행

다르지만 다름지 않은 한계한 학교

북유럽
교육 기행

초판 1쇄 발행 2014년 12월 11일
초판 3쇄 발행 2018년 4월 16일

지은이 정애경 외 14인
펴낸이 김승희
펴낸곳 도서출판 살림터

기획 정광일
편집 조현주
북디자인 꼬리별

인쇄·제본 (주)현문
종이 월드페이퍼(주)

주소 서울시 양천구 목동동로 293, 22층 2215-1호
전화 02-3141-6553
팩스 02-3141-6555
출판등록 2008년 3월 18일 제313-1990-12호
이메일 gwang80@hanmail.net
블로그 http://blog.naver.com/dkffk1020

ISBN 978-89-94445-77-9 03370

다르지만 다르지 않은 행복한 학교

북유럽
교육 기행

정애경 외 14인 지음

살림터

우리 교육의 마중물이 되기를 바라며

한 나라의 정책을 다른 나라에 이식하는 것은 불가능하다. 정책의 성장 배경이나 문화와 역사가 다르기 때문이다. 그렇다고 다른 나라에 대해 절대 눈을 감아서는 안 된다. 한 나라가 안고 있는 많은 문제와 고민들은 대부분의 다른 나라들에도 있고, 그러한 고민이나 문제들을 이미 해결한 나라들도 있다. 교육 문제가 그렇다. 우리가 안고 있는 많은 문제들을 북유럽 나라들은 이미 해결하였다. 그런 의미에서 다른 나라의 교육 정책을 연구하고 체험하는 것은 의미가 크다 할 것이다. 즉 우리나라의 교육 문제를 볼 수 있는 눈을 뜨게 하고 해결의 실마리와 마중물을 제공해줄 가능성이 있기 때문이다.

교육에 혼을 바친 젊은 교사 한 그룹이 북유럽 교육 연수를 다녀왔다. 연수를 떠나기 전 북유럽 교육에 대한 강의를 통해 만났다. 이 선생님들이 연수를 받으며 느낀 체험과 자신들의 생각을 많은 토론을 거쳐 한 권의 책으로 묶어냈다. 특히 북유럽에 대한 관심이 높은 시점에 다양한 시각과 체험을 통해 북유럽 교육을 접할 수 있는 기회를 준 것은 참으로 기쁘고 고마운 일이다.

원고를 읽으면서 특히 놀란 것은 그곳에서 오랫동안 살며 연구하고 실무를 담당한 제 자신이 당연하다고 생각한 것들을 이 책은 한국적 시각에서 날카롭게 포착하고 있다는 점이다. 스웨덴 학생들은 학교 가는 것이 재미있고 언제나 새로운 도전이라고 여기고, 학부모들은 아이들이 말을 듣지 않으면 유치원이나 학교를 안 보낸다고 협박할 정도로 학교를 보는 시각이 우리와 큰 차이가 있음을 놓치지 않았다. 이 외에도 이 책은 우리가 갖고 있는 많은 문제들을 북유럽 나라들과 비교하며 날카롭게 지적한다. 공부를 위한 독서가 아니라 재미와 상상력을 키우는 생활 독서, 권위적이지 않고 헌신하고 경청하는 민주적인 교장선생님, 경쟁이 아니라 협력을 통해 학생들이 서로 배우고 가르치는 동료 효과, 친자연적이며 온화한 공간과 학교 환경, 말로만 꿈과 끼를 키우는 교육이 아니라 학생들 스스로의 성찰을 통한 자기 이해와 표현 교육 그리고 직접 체험하는 예체능 실기 교육, 공부가 느린 학생에게 배려하고 관심을 쏟으면서 한 명의 아이도 포기하지 않는 평등 교육철학과 인본주의 교육철학을 이 책은 잘 지적해낸다. 한국적 시각에서 무엇보다도 중요한 것은, 북유럽 국가들이 왕따나 학교 폭력의 조그만 기미만 보여도 즉각 대처하고 사전에 예방하여 안전한 학교를 구현한 것이다. 이는 왕따와 폭력으로 목숨을 잃는 일이 허다한 우리 교육에 커다란 경종을 울린다.

북유럽 교육 전문가로서 북유럽 교육의 현장 체험을 통해 이 책에 녹아내린 많은 단상들이 우리 교육에 신선한 충격이 될 것을 기대하며, 많은 학부모와 교사들이 이 책을 읽고 우리교육의 문제와 나아갈 방향에 대해 토론할 수 있기를 희망한다.

황선준

(스웨덴 국가교육청 정책평가과장, 서울시교육연구정보원장 역임. 현재 경기교육연구원 초빙연구위원)

시간 여행을 통해 깨달은 '수눌음'의 정신

"안식년 아니야? 푹 쉴 수 있어 좋겠어."

"학교 떠나서 자유롭겠다. 말 안 듣는 아이들도 안 보고. 아이고 부러워라."

주변 선생님들의 기분 좋은 질투를 받으며 시작한 학습연구년이란 일 년의 시간. 그동안 우리 서울 초중등 교사 열일곱 명은 많이 변했습니다. 그 변화는 멈춤에서부터 시작되었습니다. 일상의 궤도를 벗어난 생활의 멈춤은 자신의 내면을 응시할 수 있는 성찰의 가능성을 제시했습니다. 그 가능성에 대한 신념과 의지로 보냈던 일 년. 교육을 생각하고 연구하며 반성했던 매 순간순간이 아깝고 귀해서 우리들은 조금씩 어쩌면 많이 변화했을지도 모릅니다. 생각과 느낌이 변했고 인생에 대한 시각도 달라졌습니다. 이 변화야말로 우리를 좀 더 행복하게 하는 에너지라고 생각합니다. 다시 학교로 돌아가서 그 에너지를 갖고 학생들과 함께 그들의 혹은 우리 모두의 희망과 꿈을 이야기할 수 있으리라 확신합니다. 우리는 이제 우리의 자리가 어디인지를 깨달았습니다.

두 장의 사진을 바라봅니다. 일 년간 함께 걷고 함께 생각하고 함께 느낀 깨달음의 공간이 보입니다. 한 장은 깊은 시간이 그렁그렁히 게 고여 있는 북유럽의 어둑진 밤 호수 풍경입니다. 또 하나는 제주 거문오름에서 만난 흐벅진 검은 바위 위에 결 곱게 몸을 누인 이끼 모습이 담긴 사진이지요. 너무나 먼 두 나라의 각기 다른 사진 속에 는 그럼에도 불구하고 무척 닮은 삶의 모습이 숨어 있더군요.

육지와 단절된 섬 제주도, 얼어붙고 황폐한 땅과 자연의 시련으로 인해 유럽 문화와 단절되었던 북유럽. 환경도 다르고 문화도 달랐지 만 우리 스스로 마음을 열고 알려고 노력하는 순간, 북유럽과 우리 나라가 문화적 연대감이 있다는 것을 깨달았습니다. 오랜 추위와 고 난을 극복하는 동안 사람들의 몸과 정신에 배인 겸손과 강인한 의 지가 친근하게 느껴졌습니다. 처절하고 고통스러웠던 과거의 시간을 서로 위로해가며 사랑과 나눔으로 이웃과 더불어 살았던 지혜가 곳 곳에 스며 있어 눈물겨웠습니다. 단절과 고독 그리고 고통과 극복의 역사를 함께하고 있었습니다. 거문오름의 화산석 아래서, 마라도의 거친 바람 속에서, 핀란드의 깊은 숲에서, 노르웨이의 피요르드에서, 스웨덴의 얼음호수 위에서, 아름다운 공동체를 위한 소통과 존중의 정신이 인간과 자연 속에서 어떻게 조화롭게 공존할 수 있는지도 배 웠습니다.

제주의 거문오름을 오르면서 우리 민족의 저력과 문화가 결코 가 볍지 않다는 것을 깨달았습니다. 뜨거운 용암의 열기와 눈과 비바 람의 세월을 고스란히 품고 묵묵히 제자리를 지키고 살아온 바윗덩 어리들을 바라보면서 제주 사람들의 삶에 남아 있는 '수눌음'의 정 신을 배웠습니다. 황폐하고 척박한 땅, 비바람과 폭풍으로 시달렸던 삶의 모습, 외부와 단절된 문화의 소외감을 스스로 지혜롭게 극복했던 살아 있는 정신. 생존을 위해 서로를 존중하고 배려하며 늘 부족하고 암울했던 삶을 격려하고 도닥이며 살 수 있게 해준, 소박하면서도 강인한 제주도 사람들의 삶의 철학이자 우리 민족의 정신이 바로 '수눌음'이라고 생각합니다.

우리에게 수눌음의 정신이 있다면 북유럽을 대표하는 핀란드에는 '시수sisu'라는 정신이 있습니다. 시수라는 삶의 가치는 우리가 거문오름을 오르면서 깨달은 수눌음의 정신과 너무도 흡사하지요. 시수는 용기와 강인함, 불굴의 정신, 성실함, 어려움과 고난을 견디는 끈기 그리고 생존을 위한 나눔과 보살핌의 의지를 말합니다. 이 정신이 있어 핀란드의 사람들이 고난의 역사를 견딜 수 있었던 것처럼 우리에게도 수눌음이 있어 그 척박한 환경을 이겨내면서 지혜롭게 서로 돕고 나누며 함께 살아갈 수 있었습니다.

열 시간 동안 비행기를 타고 멀리 날아가 가져온 교훈이 있었습니다. 평화와 소통을 소중하게 생각하는 핀란드의 사회를, 평등과 존중의 가치를 인간의 진정한 권리라고 주장하는 인간 중심의 스웨덴 정신을, 끝없이 펼쳐진 자연 속에서 그 가치를 존중하며 상생과 공존의 문화적 묘안을 제시했던 노르웨이 사람들을 만나 얻은 것들입니다. 그런데 거문오름에서 만난 수눌음의 정신에도 이 모든 것이 다 들어 있더군요. 우리가 북유럽 사람들과 학교 그리고 자연 속에서 구하려 했던 삶의 해답이 이미 우리 속에 있었음을 거문오름의 거친 바위와 숲 속에서 깨닫게 된 것입니다. 하지만 이 깨달음은 북유럽으로 시간 여행을 했기에 가능했습니다. 그 시간 여행이 아니었다면 우리는 우리 삶의 철학이 얼마나 소중한 것이었는지 알지 못했을 것입니다. 파랑새가 우리 가슴속에 항상 있다는 것을 알아차리지 못하듯이.

　이 책은 그간 우리의 변화를 담은 이야기로 엮여 있습니다. 우물 안 교육에서 벗어나려는 교사 스스로의 노력과 열정의 과정이 고스란히 담겨 있고 다양한 측면에서 자신의 변화를 바라본 책입니다. 특히 많은 사람들이 예찬한 북유럽의 교육을 경험하면서 우리 교육의 진정한 모습을 더욱 깊이 생각하게 되었습니다. 우리가 가진 것의 소중함을 깨달을 수 있었습니다. 우리 안에 있던 수많은 갈등과 고민은 새로운 변화를 위한 필연적인 과정이라는 것도 알게 되었습니다. 지금 우리 열일곱 명의 교사들은, 끝없이 갈등하고 고민하면서 만났던 불안의 흔들림이야말로 우리 교육의 미래 지향 DNA라고 확신합니다. 다만 이 흔들림을 이제는 조화롭게 조율하고, 소통으로 풀어나가는 사회적 관계와 합의에 교육자로서 책임 있게 관심을 기울여야 할 때라고 생각합니다.

　이 책은 3부로 구성되어 있습니다. 1부에서는 북유럽 신화를 통해 그들의 문화적 근원과 사회적 연대감이 어디서 출발했는지 살펴봄으로써 북유럽 사회에 대한 이해를 높이고자 합니다. 그들의 철학이 역사와 사회 그리고 교육에 어떤 영향을 미치고 있는지 예측해봄으로써 우리 교육의 앞날을 생각해보려고 합니다. 2부는 북유럽 3개국 교육 탐방을 통해 한국의 교사들이 사유한 교육적 시각과 성찰이 담겨 있습니다. 같지만 같지 않고 다르지만 다르지 않은 교육의 본질을 통하여 우리나라가 앞으로 전개할 교육의 올바른 방향과 패러다임을 설정해볼 수 있을 것입니다. 3부에서는 북유럽 교육의 현주소를 이해하고 그것을 어떤 관점으로 재조명해야 할 것인지에 대한 교육 전문가로서의 제안도 들어 있습니다.

"알면 사랑하게 된다."라는 말이 있습니다. 우리 교육의 특성과 현실의 문제점을 알면 그것을 해결할 수 있는 방법은 반드시 있을 것입니다. 북유럽 교육 탐방을 통해 우리 열일곱 명의 교사들은 한국 교사들의 교육적 능력과 열정을 다시 한 번 확인해보았습니다.

한 해 동안 새로운 것에 목말라하면서 밤새워 고민하고 함께 책을 읽으며, 북유럽의 속살을 샅샅이 뒤집어보는 꼼꼼함과 변화를 두려워하지 않는 탐구심으로 좋은 글을 남겨준, 2013 학습연구년 특별연수 서울 초중등 교사 집필진에게 감사드립니다. 이 책이 우리 교육에 작은 변화의 씨앗이 되기를 바랍니다. 가볍지만 가볍지 않은 글로 우리들의 삶과 교육을 조금이라도 변화시킬 수 있기를 바랍니다.

2014년 겨울

집필진을 대표하여 정애경 쓰다!

2013 학습연구년 특별연수 서울 초중등 교사

차례

1

프롤로그

신화의 눈으로 세상을 만든 사람들
- 핀란드를 중심으로 살펴본 북유럽 문화 속의 신화

정애경_서울국제고등학교

나에게 핀란드가 있었네

핀란드의 작곡가 시벨리우스의 「핀란디아」가 잔잔히 배어 있는 어두운 벽지. 그 위에 붙어 있던 푸르른 호수와 깊은 숲의 사진 한 장. 내가 핀란드를 만난 것은 중학교 3학년 추운 겨울날 보았던 어느 영화의 한 장면에서였다. 가난하고 자신의 꿈을 펼치기도 어려웠던 어느 고독한 음악도가 사랑을 잃고 그가 꿈꾸던 나라 핀란드에도 가지 못한 채, 스스로 생을 마치는 날. 서정적이면서도 음울하게 울려 퍼지는 현악의 떨림과 푸른색이 감도는 차가운 겨울 숲의 풍경이 얼마나 처연하게 아름다웠는지 지금도 기억에 생생하다. 주인공의 마지막 시선이 머무르던 숲의 검은 그림자는 내 인생에 핀란드라는 나라를 새겨두었다. 언젠가는 꼭 만나야 할 운명의 존재처럼 내 가슴에 각인되어 있던 핀란드에 대한 견고한 그리움은 어느새 어린 중학생의 미지의 꿈이 되어 있었다. 지금도 그 순간을 생각하면 가슴이 시리다. 나에게 핀란드는 그런 나라였다. 내가 마음에 품고 살아가는 나라, 온전히 나의 이상을 만날 것 같았던 꿈과 희망의 나라, 멀리서 그곳의 숲과 호수와 바람을 느끼며 그냥 그리움으로 채우고 싶었던 내 마음속의 나라. 그렇게 40년을 보냈다.

북유럽 교육 탐방이 결정되던 날, 나는 마음 깊숙이 넣어두었던 핀란드 숲의 낡은 사진과 추억 어린 선율을 꺼내보았다. 너무도 오래되었지만 아직도 반짝이는 동경과 열망의 시간. 북유럽이란 말을 듣자마자 어느새 내 마음은 핀란드로 줄달음치고 있었다.

그러나 그 순간 내가 핀란드에 대해서 정작 아는 것이 아무것도 없다는 것을 깨달았다. 영화 속 주인공의 방에 걸려 있던 흰색과 푸른색으로 된 핀란드 국기와 핀란드 풍경 사진, 그리고 막연하게 꿈꾸며 멀리서 그리워하던 어린 시절의 아련함만이 핀란드에 대해 내가 알고 느끼는 전부였다. 이상적인 교육을 이끌고 있는 북유럽의 교육체제를 견학하기 위해 떠나는 그 순간에도 나는 핀란드에 대한 몽롱한 그리움에서 헤어 나오지 못하였다.

사람들은 핀란드를 이렇게 말하네

사람들은 이렇게 묻고 있다. "핀란드는 어둠과 얼음으로 뒤덮인 황폐한 땅에서 어떻게 북유럽의 미래를 이끌어가는 나라가 되었을까?" 글로벌 경쟁력 1위, 세계에서 청렴지수가 가장 높은 나라, 평화수호자로서의 책임과 의무를 통해 북유럽의 휴머니티를 상징하는 나라로 우뚝 선 핀란드. 이것이 내가 북유럽 중에서도 핀란드를 선택해서 글을 써야겠다고 결심한 가장 큰 이유이다. 핀란드의 사회와 교육을 기초로 하여 정치와 경제를 살펴보고 이 모든 것의 총체인 핀란드의 문화가 북유럽 다른 나라의 문화와 어떤 관계를 갖고 있는지 살펴보는 것이야말로 내 그리움의 본질을 찾아 나서는 진정한 여행이라고 생각했다.

2013 학습연구년 특별연수 서울 초중등 교사팀은 핀란드와 스웨덴, 그리고 노르웨이를 선택하여 북유럽 교육 탐방을 하기로 했는데, 그 첫 번째 방문 나라가 바로 핀란드였다. 북유럽의 외로운 늑대라고 불리는 핀란드가 포함되어 있다는 이야기를 들었을 때, 내 가슴 저 밑으로부터 차오르는 음울하면서도 영혼을 흔드는 바람소리, 그리고 깊은 산빛, 짙은 청회색의 하늘. 어린 시절 내가 처음 만났던 핀란드의 자연과 비장하면서도 장엄한 서정이 다시 느껴지기 시작했다. 다만 그때와 달라진 것이 있다면 이제는 그 속에 살고 있는 사람들에 대해 그리고 그들의 문화에 대해 진정으로 알고 싶어졌다는 점이다. 내가 그토록 그리워하던 곳에 살고 있는 사람들은 무슨 생각을 할까? 어떻게 살아왔고 지금 어떻게 살아가고 있을까? 어떤 것을 좋아할까? 핀란드 사람들에게 관심을 갖는 순간, 사람과 사회 그리고 그들의 문화가 느껴지기 시작했다.

핀란드의 철학자인 요한 빌헬름 스넬만의 말은 핀란드라는 나라를 어떻게 생각해야 하는지 알려주는 좋은 지침이 되었다. 스넬만은 국가의 힘은 문화에서 나온다고 말하였다. 지금의 핀란드가 존재하고 세상 사람들로부터 찬사를 받는 것은 핀란드인의 문화적 신념과 굳건하고 불의와 타협하지 않는 의지 그리고 강인하고 성실한 영혼 때문일 것이라는 그의 주장에 나는 전적으로 동의했다.

『미래는 핀란드에 있다』를 쓴 리처드 D. 루이스는 책의 서문에서 아주 먼 옛날 숲과 호수로 이루어진 황량하고 추운 마을에 겨우 자리를 잡고 살던 사람들의 이야기를 나에게 들려주었다. 모든 것이 얼어붙어 생명을 유지하기 힘들었던 외롭고 추운 벌판에 사람들이 모여 나무를 베어 집을 짓고 호수와 강에서 고기를 잡기도 하며 바윗덩어리와 언 땅을 곡괭이로 파서 씨앗을 심던 처절한 사람들의 이야기, 주어진 환경과 운명 앞에서 소박하고 독립적이며 부지런하게 삶을 꾸려왔던 투쟁의 역사. 말수가 적고 부끄러움을 몹시 타지만 순진하고 정직한 사람들, 전쟁보다 더 혹독했던 자연의 시련을 이겨내면서 자신들의 땅과 하늘을 지켜온 외롭고도 강인한 민족성, 이것이 책을 통해 만난 핀란드의 역사이며 핀란드의 정신과 문화였다. 자신들의 민주주의 정신과 체제를 지키기 위해 주변의 강대국들과 끊임없이 벌여왔던 협상과 의리, 그런 가운데에도 나라를 위해 과감하게 선택했던 치열한 전투, 동토의 땅에서 살아남기 위해 끊임없이 도전해야 했던 시간들. 이 모든 것들이 모여 지금의 핀란드를 만들어냈다.

　이러한 자연환경과 생활상에서 나타난 핀란드의 사회 모습과 민족성이 핀란드를 외로운 늑대라고 부르는 이유가 되지 않았을까? 북유럽에서 가장 개성과 의지가 강하고 추진력이 있는 핀란드, 그래서 혼자서 고난과 시련을 이겨낼 수 있는 내적 힘을 지닌 나라. 차분하면서도 끈기 있는 인내의 정신, 성실한 의지력과 절대적 자립심으로 자국을 식민지로 삼았던 러시아와의 갈등관계를 우호 관계로 전환시킬 만큼 강인한 나라. 부드러움이 강한 것을 이긴다는 사실을 나는 핀란드의 역사에서 발견하였다. 협상과 존중을 중요시하고 국제사회에서 의리와 평화를 위해 겸손한 리더십을 보여주는 핀란드인의 가치관은 우리가 주목해야 할 중요한 덕목이라는 생각이 들었다.

핀란드인의 덕목 중에 특히 관심을 끄는 것은 침묵이다. 그들에게 있어 침묵은 생존을 위한 중요한 소통의 하나였다. 침묵의 개념을 소통의 실패로 설정하는 것이 아니라 사회 작용의 중요한 일부로 받아들이는 모습은 우리에게 익숙하지 않은 문화였다. 침묵에서 나오는 소통의 정신은 타인에게 자신의 의견을 강요하지도 않고, 매사에 신중히 생각함으로써 논쟁을 불러일으키는 요소를 차근차근 제거하려는 노력으로 이어졌고, 핀란드 문화를 형성하는 데 중요한 요소가 되었다. 타인의 말을 잘 경청하고 서로의 말을 존중하고 귀중하게 여기며 타인의 의견과 제안을 신중하게 고려하도록 교육받은 핀란드 사람들은 그들만의 의사소통 방식으로 조용한 평화를 만들어내고 있었다.

서로 겸손하게 대하고 성실하게 원칙을 지키면서 윤리적 관계를 소중하게 생각하는 그들의 생활 자세에서 나는 동양적인 분위기를 느꼈다. 혹독한 자연환경 속에서 고난의 그 너머를 볼 줄 아는 지혜를 터득하여 주어진 삶과 자연에 순응하는 마음은, 끊임없이 자연에 도전하며 인간의 능력을 우선으로 치는 서양적인 문화와는 매우 다르다. 물질보다는 정신적인 면을 더 중요시하며 살아가고 있는 핀란드 사람들에 대해 리처드 D. 루이스는 "동서양의 균형적 문화를 보여주는 좋은 사례"라고 말했다. 이 주장은 내가 핀란드에 대해 새로운 시각을 갖도록 도와주었다. 지리적으로 유럽에 위치한 서구의 나라가 어떻게 동양의 정신적 세계와 조화를 이루면서 서양의 합리적 실용주의를 이상적으로 전개할 수 있었는지 흥미로웠다. 핀족이 우랄 산맥 근처의 시베리아 북서쪽 지역에서 발생하여 이동해왔다는 핀란드 기원설에 잠시 마음이 쏠린다.

은둔의 땅에서 만난 상쾌한 무력감

북유럽 교육 탐방을 오기 전, 나는 10여 권이 넘는 책을 읽었다. 핀란드와 북유럽의 교육을 이해하기 위해 복지, 디자인, 정치와 역사, 심지어는 북유럽 신화까지 다양한 영역을 넘나들며 모든 사람들이 입에 침이 마르도록 칭찬하고 부러워하는 북유럽의 속살을 낱낱이 들추어보면서 그들의 삶과 생각, 감정에 조금이라도 닿고 싶었다. 사실 핀란드에 대한 어린 시절의 추억과 상상, 그리고 동경과는 또 다른 세상이 있으리라는 기대감 때문이었는지도 모른다. 주변에 쏟아져 나와 있는 무수한 북유럽 이야기들을 들으며 북유럽의 참다운 모습, 특히 핀란드의 내면을 살펴보고 싶어졌다.

그러나 첫 번째 기착지인 핀란드 공항을 빠져나오면서 나의 마음과 머리는 하얀 백지가 되었다. 아무 생각도 하고 싶지 않았고 이미 내 의지는 현실적인 그들의 모습에 대한 어떠한 판단도 허용하지 않았다. 핀란드 하늘에 날아다니는 바람을 느끼는 순간, 이상하리만치 공허하고 투명해지는 느낌이 북유럽 교육에 대해 온갖 지식으로 무장했던 나의 머리를 일순간에 텅 비게 만들었다. 상쾌한 무기력, 가벼워진 마음과 느낌, 무제한으로 다가오는 자유의 냄새는 다른 나라의 문화를 이해하기 위해 7,000킬로 이상을 날아온 내 지식의 갑옷을 서서히 벗겨내었다. 핀란드의 바람과 햇살을 맞으며 잠시 눈을 감았다. 어느새 몸과 마음이 절대적인 외로움 속에서 정화되는 것 같았다. 이것이 바로 내가 북유럽과 만난 첫 느낌이었다.

어린 시절부터 막연하게 동경했던 나라, 눈과 얼음의 나라 핀란드, 호수와 산의 왕국 노르웨이, 바이킹의 야성이 살아 숨 쉬는 스웨덴 그리고 동화의 나라 덴마크. 지극히 순수하면서도 신비스러움에 싸인 빙토의 메시지를 남모르게 즐기면서 마음에 담아두었던 비밀스러운 나라들. 북유럽의 정갈하고도 명상적인 이미지를 이상향이라고 생각했던 어린 시절의 노스텔지어는 여러 권의 책 속에 담긴 이야기와 그들의 사회적·역사적 사실에 대한 객관적이면서도 다소 주관에 치우친 평가를 통해 서서히 진정되었고, 핀란드에 대한 무한 동경도 북유럽 문화와의 첫 만남으로 조금은 냉정하게 바뀌어갔다.

사실 북유럽을 향하면서 나는 일종의 소명의식 같은 것이 있었다. 핀란드를 비롯하여 스웨덴, 노르웨이의 좋은 교육 문화를 통해 갈등과 혼란에 휩싸여 있는 우리 교육의 방향을 바로잡을 수 있는 그 무엇인가를 발견해야만 한다는 의지와 의무감으로 똘똘 뭉쳐 있었다. 북유럽에서야말로 우리 교육의 문제에 대한 명쾌한 해답을 얻겠노라는 기대감으로 나는 한껏 들떠 있었다. 그러나 핀란드의 하늘과 바람을 느끼는 순간, 마음이 가라앉으며 옹골찼던 소명감도 희미해지고 말았다. 짧은 시간이었지만 핀란드 사람들과 얼굴을 마주하고 자연과 공존하면서 살아가는 모습들을 들여다보면서 북유럽에 대한 나의 지식과 이해가 너무도 단편적이며 피상적이라는 사실을 깨달았기 때문이다. 그리고 책을 통한 지식이나 겉으로 드러난 사회적 모습만을 가지고 그들을 이해하고 그것을 통해 우리 문제의 해답을 찾아가겠다는 욕심이 잘못된 것일지도 모르겠다는 생각이 들었다. 다른 문화에 대한 감지력은 지식이나 선입견에 좌우되는 것이 아니라 욕심 없이 자신을 열어서 상대를 받아들이고 진지하게 그들의 문화를 사유함으로써 얻어진다는 것을 깨달았다. 처음으로 보았던 핀란드의 거리, 겸손하게 움직이는 사람들, 절제된 건물, 학교와 기관에서 만났던 다양한 삶의 모습들과 관계들이 일방적인 편의나 물질적 기준이 아니라, 아직은 알 수 없는 철학적 원칙과 문화적 합의에 따른 높은 차원의 결과물일지도 모른다는 생각이 들었다.

핀란드 그리고 북유럽의 문화는 어떤 것이었을까?

8박 10일의 짧은 북유럽 교육 탐방은 자신에 대한 끊임없는 질문의 연속이었다. 핀란드는 내가 북유럽 문화를 이해할 수 있는 출발점이었다. 북유럽에 대한 통쾌하면서도 노골적인 찬사와 명쾌할 만큼 원칙에 따라 유지되는 일관성 있는 모습들, 학교에서 만났던 행복하고 자유로우며 자신감 넘치는 아이들, 그리고 규칙이나 규범을 통해 안정되고 조직적으로 적용되는 교육적 관계와 교육과정, 자연과 힘겨운 역사를 통해 배운 겸허와 절제의 의식을 생활철학으로 삼고 있는 북유럽 가정을 들여다보면서 공공의 선을 발전시키기 위해 과감하게 자신의 삶을 희생할 줄 아는 그들의 용감함과 균형감각은 도대체 어디에서 오는 것인지 궁금했다. 낙오자가 없도록 서로 도와주고 격려하는 과정을 통해 개인과 이웃이 스스로 발전하는 사회, 그런 사회가 가정과 학교를 지키며 공동체로서 서로 존중할 수 있도록 돕는 제도, 청렴과 원칙으로 국민의 신뢰와 기대를 저버리지 않는 국가, 정직과 정의로움을 삶의 가치로 여기는 민족성, 그리고 자연 앞에 겸손할 줄 알고 자연의 법칙에 순응할 줄 아는 지혜로운 사람들의 가치관은 어떻게 형성된 것일까? 어려움이 생기면 누군가를 탓하기보다 서로를 격려하고 함께 해결하는 방법을 찾아내고 마음과 힘을 모아 극복하는 강한 의지와 헌신적이고 책임감 있는 문화는 우리의 그것과는 사뭇 다른 모습이다.

하지만 유토피아 같은 사회에도 갈등과 대립, 사회적인 모순이 있었다. 길고 추운 겨울 탓에 더욱 우울해지는 심리적 고독감, 보장된 사회복지로 인해 발생하는 가정의 해체나 비가족적 구성, 핀란드에 유난히 많다던 알코올 중독자, 높은 세금으로 발생하는 불만과 저항, 사회 인력으로서의 보장이 제시하는 다소간의 무기력, 과거의 역사 속 상처로 남아 있는 처절한 기아와 폭력의 흔적들, 그리고 강대국의 속박과 그 관계 속에서 치러야 했던 불안함의 대가들이 고스란히 남아 있었다. 그런데 그럼에도 불구하고 부정적이고 비참한 상황들을 그들 나름으로 평화와 순응 그리고 협력과 소통의 과정을 통해 느리지만 차근차근 극복해가고 있었다. 모든 사람들이 만족할 수 있도록 최선을 다하는 정치와 사회적 합의 과정, 이런 모습이야말로 다른 나라들이 북유럽의 가치관과 사회질서 속에서 미래에 대한 희망을 찾고 싶어 하는 가장 중요한 이유라는 생각이 들었다.

학교를 중심으로 살펴보는 북유럽 문화는 매우 단편적이었지만, 학교에서 학생들과 선생님들을 직접 만나면서 그들의 신념과 가치, 학생과 교사 간의 신뢰와 유대감, 그들이 누리고 있는 환경과 사회 문화를 체험하면 할수록 북유럽의 다양한 모습들이 어떤 문화적 배경 속에서 실현된 것인지를 알아보고 싶다는 생각에 빠져들었다. 이런 감정적 몰입은 북유럽의 교육철학에 대한 탐구심을 불러일으켰다. 그리고 이런 의욕은 북유럽의 현재를 설명해낼 수 있는 문화적 가치와 신화에 대한 관심으로 이어지는 계기가 되었다.

외로움과 침묵의 땅에서 태어난 신화를 발견하였네

핀란드를 중심으로 한 북유럽 문화의 근원에 대한 실마리를 찾아낸 것은 바로 핀란드의 끼르꼬야벤 종합학교 도서실에서였다. 다른 한국 선생님들이 끼르꼬야벤 학교의 교장선생님과 질의응답 시간을 갖는 동안 나는 그 도서실에서 혼자 책을 찾아보던 한 여학생을 만났다. 이 책 저 책 찾아보던 그 학생이 반색을 하며 좋아하던 책 한 권. 나는 핀란드어로 쓰인 그 책이 어떤 책인지, 왜 그렇게 좋아하는지 물어보았다. 그 학생의 대답은 내가 한국에서부터 가지고 있던 의문을 풀어주는 열쇠가 되었다. 그것은 자기가 가장 좋아하는 북유럽 신화에 대한 책이라고 했다. 왜 그 책을 좋아하느냐는 질문에 그 여학생은 이렇게 말했다.

"이것은 단순한 신화가 아니에요. 이것은 우리 삶의 이야기거든요. 재미도 있고, 대단히 드라마틱하죠. 저는 어렸을 때부터 우리 신화 이야기를 들으면서 상상력을 키웠지요. 아마 핀란드 어린이 대부분이 신화를 가장 많이 읽을 거예요. 힘이 들거나 혼란스러울 때에는 저는 이런 신화를 읽곤 했어요. 그러면 힘이 나는 것 같아요."

서툰 영어로 전달해주는 그 몇 마디에 나는 정신이 번쩍 나는 것 같았다.

'그래, 바로 신화다. 그것이야말로 이 북유럽의 문화와 북유럽인들의 삶이 탄생한 배경이 되었을 거야. 우리나라에서는 고등학생이 마음이 심란하거나 힘이 들어서 신화를 읽는다는 이야기는 한 번도 들어본 적이 없어. 도대체 북유럽의 신화에는 무슨 내용이 들어 있길래 고등학생이 힘을 얻기 위해 신화를 읽는다는 것일까? 이들의

신화가 혹시 그들의 삶을 설명해줄
수 있는 근원적인 배경을 가지고 있
을지도 몰라.'

이런 생각을 하면서 나는 북유럽
신화를 건성으로 읽었던 것을 후회
했다. 만일 내가 조금이라도 의미를
찾아가면서 읽었더라면 더 빨리 북
유럽 문화의 근원 특히 핀란드의 특
별한 정치철학과 삶의 윤리를 이해

끼르꼬야벤 종합학교 도서실

할 수 있었을 것이다. 나는 귀국하자마자 북유럽 신화를 다시 읽기
시작했다. 그리고 인간 중심의 소통과 평화라는 핀란드와 북유럽의
문화적 키워드를 신화의 곳곳에서 더듬어보기 시작했다.

신화는 현대 사회에서 하나의 문화 콘텐츠로 자리 잡고 있다. 신
화는 문학의 바탕이 되기도 하고 예술로 형상화되면서 낯설지 않게
한 나라의 민족적 정서를 사람들에게 전달해준다. 특히 신화의 설
화적 구조가 북유럽 사회를 설명할 수 있는 중요한 요소가 될 수 있
다는 점은 매우 흥미로운 사실이었다. 민족의 문화적 배경을 근본적
으로 살펴볼 수 있는 이 요소가 지금의 핀란드와 북유럽 사회의 문
화적 구심점에 맞닿아 있다는 근거를 핀란드의 「깔레발라」에서 발
견했을 때의 놀라움은 잊을 수가 없다. 「깔레발라」는 세대를 이어오
면서 구전으로 전해진 핀란드의 신화이며 서사시이다. 이 신화가 마
침내 전 북유럽 문화의 근본이 되었다는 점은 핀란드만의 특성을
새롭게 느끼게 해주었다. 황폐하고 척박한 땅에서 근원도 알지 못하
는 사람들이 모여서 만든 미지의 나라 핀란드, 독특한 문화유산도

없고 역사도 그 뿌리가 명확하지 않은 이상한 나라 핀란드, 그래서 그들을 북유럽의 외로운 늑대라고 하였을까? 북유럽의 그 어느 나라에도 어울리지 않는 이방인의 삶과 시간들, 사실 내가 서울에서 보았던 것은 핀란드의 현재뿐이었다. 과거가 없는 나라, 우리나라와 비교하면 너무나 짧은 역사, 문화만으로 그들의 정체성을 이야기하기에는 얼마나 부족한 것이 많은가? 이런 핀란드에 대한 한계와 지식을 뛰어넘을 수 있는 정신적 세계, 북유럽 문화의 산실인 그들의 신화를 만난 것은 교육적 소명감으로 가득 찬 나를 흥분시키기에 충분했다. 그 신화 속에는 인본적 교육관이 속 깊이 담겨 있었다.

내가 신화를 북유럽의 정신적 출발로 삼은 것은 신화가 사람들의 기본적인 사고나 감정을 반영하고 그것을 통해 민족을 이해하는 데 도움을 받을 수 있다는 믿음 때문이었다. 나는 오늘날 북유럽이 자랑하는 교육적 현상이나 사회적 복지문화에 대한 그들의 기원적 가치관이 바로 그들의 신화로부터 출발했을 것이라고 추측해보았다. 사람들은 북유럽의 길고 긴 겨울과 추위라는 시련이 인간적 한계를 극복하는 강인한 생존력을 지니게끔 했을 것이라고 말한다. 자연환경이 주는 고난과 역경을 이겨내기 위해 그들은 자신들의 정신세계를 끊임없이 단련시키려고 노력했을 것이다. 그런 민족정신의 근본은 어디에서 찾을 수 있을까? 북유럽 신화 속에 그 해답이 있을 것 같았다. 단순히 신화를 통해 오늘날의 북유럽 문화와 사회를 해석한다는 것이 다소 무모할 수도 있을 것이다. 하지만 분명 노르웨이, 스웨덴, 핀란드의 민족성과 그들의 삶의 철학이 어디에 뿌리를 두고 있는지, 그리고 앞으로 이 신화 속의 인본주의적 인간교육을 통해 미래를 어떻게 만들어갈 수 있을지 알려 주는 적절한 답이 될 것이

라는 신념이 생겼다. 특히 핀란드가 그 신화의 주인공 같은 느낌이
들었다.

신화에서 문화로 이어지는 철학의 세상을 만났네

  북유럽의 신화가 여느 신화처럼 불멸과 무한의 세계가 아니라 휴
머니티를 가지고 있다는 점은 매력적이었다. 실존적이며 논리적인
사회 상황을 해석하기 위해 인과관계가 존재하지 않는 신화의 구조
에 비추어본다는 것이 어떤 면에서는 무모하지만 한편으론 재미있
는 발상임에는 틀림없었다. 북유럽의 신화는 매우 인간적이다. 인간
적인 절망과 한계가 신화의 카테고리이며 그 속에는 관계에 대한 그
들만의 약속과 철학이 존재한다고 느껴졌다. 그리고 오늘날 북유럽
사회의 모습이 신화 속에 고스란히 담겨 있다는 것은 북유럽의 신
화가 단순한 이야기가 아니라 그들 삶 그 자체이며, 역사와 문화의
터전이었음을 증명하는 게 아니고 무엇이랴.
  북유럽 신화를 연구한 학자들에 따르면, 신화 속에 나타나는 장
면이나 인물, 사건의 상황과 그것을 해결하는 과정의 흔적들이 오늘
날 북유럽 생활문화나 제도, 사회적 모습 그리고 사람들의 가치관
속에 다른 나라에 비해 강하게 남아 있다고 한다. 실제로 나는 북
유럽 신화를 읽으면서 북유럽인들이 외따로 떨어져 자연과 싸우던
치열한 삶의 모습을 찾아볼 수 있었다. 특히 신화에 자주 등장하는
배경과 인물 그리고 사건들 하나하나가 현대 사회의 교훈으로 살아
남은 것이 놀라웠다.

나는 신화 속에 존재하는 시간의 방향에서 강한 인상을 받았다. 북유럽 신화 속에는 과거와 현재와 미래가 모두 있었다. 그리고 철학이 숨 쉬고 있었다. 그 철학적 요소가 신의 이야기를 인간의 이야기로 변화시키고 있었다. 이런 특징은 마침내 신화 속의 신들을 우리 삶의 주인공으로 내려오게 했다. 신이라는 존재를 인간의 희로애락과 인간적 비극을 감수해야 하는 한계적인 존재로 만들어버린 것이다. 이 과정에서 신들은 기꺼이 절망하고 한계를 느끼며 고통받는 인간적 실존을 받아들였다. 다른 신화에서는 볼 수 없는 비극적 구조. 신도 죽어야 하는 세상, 불멸을 꿈꾸는 어리석음보다는 과감하게 죽음을 맞이하는 운명적이며 순응적인 이야기들이야말로 오늘의 북유럽 사회를 이해할 수 있는 문화의 장이라는 생각이 든다. 아마도 북유럽 사회를 지배하는 평등의식과 한계를 인정하는 겸손의 가치관은 이런 신화적 특징에서 비롯된 것은 아닐까.

신화를 읽으면서 현대 북유럽의 평등의식이 신의 한계성을 과감하게 인정하고 있는 가치관에서 나왔음을 자연스럽게 느낄 수 있었다. 신화가 권력과 인간의 욕망을 아름답게 그려내기 좋은 영역임에도 불구하고 북유럽 신화에서는 최고의 신 오딘Odin조차도 늑대에게 잡아먹힌다. 신을 죽게 하는 신화. 왜 그들은 그런 신화를 만들었을까? 가장 힘이 세고 우직한 농경의 신 토르Thor도 거대한 뱀 요르문간드의 독 때문에 죽는다. 신들은 자신의 죽음을 미리 알고 있었고 세상과 함께 멸망함으로써 자신들이 모순과 아이러니를 가진 한계적인 존재임을 인정한다. 참 특이한 내용이다. 어느 나라 신화에도 이런 모습의 신들은 존재하지 않는다. 이것은 분명 서양적이지 않다. 무한한 능력도 최고의 권력도 마지막에는 무너질 수밖에 없는 허황

된 것이라는 철학적 가치관은 동양적 허무주의와 연결되어 있는 것 같았다. 그래서 리처드 D. 루이스도 북유럽 신화를 읽고 난 뒤 "북유럽은 동서양의 조화로운 세계"라고 생각했던 것일까?

신들의 결함과 장애는 또 다른 가치관을 제시하는 기초가 되었다. 신들은 자신들의 결함과 부족함, 그리고 장애로 인한 고통과 어려움을 운명으로 받아들이고 그것을 통해 다른 내면의 힘을 얻으려고 노력한다. 최고의 신 오딘Odin은 지혜를 얻는 대신 한쪽 눈을 잃었고, 지혜를 상징하는 거인 미미르Mimir는 머리만 있을 뿐 몸뚱아리가 없다. 맹세의 신인 타르Tyr는 맹세할 때 쓰는 오른손을 잃었다. 무엇인가 결핍된 세계, 결함을 가지고도 세상을 이끌어가는 신들로부터 우리는 비장한 리더십을 느낄 수 있다. 그러한 신들의 태도와 의식이 오늘날 사람들의 삶을 위한 지침이 되고 생활철학으로 자리 잡았다는 생각이 드는 것도 무리는 아닐 듯싶다. 장애인을 보듬어주는 사회, 사회적 결함이 생기면 모두 힘을 모아 그것을 극복하게 도와주거나 그 자체의 능력을 개발할 수 있도록 돕는 북유럽의 사회적 모습이 이런 신화에서 출발한 것은 아닐까? 이런 생각이 다소 비약이라 하더라도 그렇게 믿고 싶은 것은 '인간적인 너무나 인간적인' 신화의 매력 때문일 것이다.

이제부터 좀 더 신화에 밀착하여 북유럽 신화와 현재 인본주의적 사회 모습을 비교해보자. 북유럽 신화에 나타나는 중요한 신은 오딘과 토르, 로키라는 이름의 신이다. 세계를 창조한 '오딘'은 신들의 우두머리이자 왕이다. 그는 특별한 신이다. 절대적 위치에 있지만 독단적으로 권력을 휘두르지 않는다. 오딘은 세계에 큰 변화가 생기거나 어려운 일이 발생하면 다른 신들을 자신의 거처로 불러 모아 회의를 열었다. 협상하고 타협하며 의견을 이끌어내고 경청하는 소통의 상징이 오딘이다. 또한 오딘은 전사들을 수호하는 전쟁의 신이기도 하다. 오딘을 믿는 전사들은 어떤 위험 속에서도 용감하게 칼과 도끼를 휘두른다. 그들을 이끄는 오딘이 전사들에게 부활과 영생을 약속했기 때문이다.

북유럽 신화 '오딘' 모습

현대 사회에서 요구되는 리더십 가운데 한 모습이다. 북유럽 사회를 이끄는 정신적 주축 중 하나인 사회적 신념과 관계 속에서의 신뢰는 이러한 오딘의 태도에서 비롯된 것은 아닐까. 신화에 나오는 오딘의 약속은 오늘날 북유럽 사회의 정치가들에게 보이는 국민들의 '신뢰'의 출발이었을 것이다. 오딘의 이야기는 여기서 그치지 않는다. 오딘은 세계를 감시하면서 질서를 수호하는 역할을 한다. 약속을 지키지 않는 사람에겐 죽음의 벌을 내리기 때문에 그는 계약과 약속의 수호신으로도 여겨졌다. 오딘은 한번 맺은 약속이나 계약은 절대로 깰 수 없거니와 깨서도 안 된다고 생각하는 신이었다.

세상의 질서가 거짓과 위선으로 어지럽혀지는 것을 세상의 종말이라고 여겼던 그들의 결벽이 부럽기까지 했다. 북유럽 사람들이 교육을 믿고 사회를 믿고 정부를 믿는 것이 단순히 제도의 힘 때문일까? 절대 그렇지 않을 것이다. 그것은 그들의 역사와 문화 속에 녹아 있는 믿음과 계율의 정신 때문일 것이다. 핀란드 복지사회를 서술한 어느 책 목차에 '양심을 속이려면 핀란드를 떠나라'라는 내용이 있다. 철저하게 신뢰와 협력 관계 속에서 유지되는 사회 질서는 제도만으로 만들어진 것이 결코 아니라는 생각이 든다. 신화 속 오딘의 존재는 북유럽 사람들의 가치관을 알 수 있게 하는 배경이 되기도 한다. 핀란드에서 가장 사랑받았던 최초의 여자 대통령 타르야 할로넨이 신화 속의 오딘이 보여주었던 소통과 신의의 가치를 21세기를 살아가면서 사람들과 함께 실현했다는 사실은 그들의 신화가 죽은 신화가 아니라 살아 있는 신화임을 보여주는 예라고 생각한다. 국민들이 지도자를 사랑하고, 지도자는 국민을 존중하는 사회적 분위기는 그들의 정신 속에 배어 있는 전통 같았다.

북유럽 사람들의 지도자들에 대한 신뢰에는 우정이 깃들어 있다. 지금도 스웨덴의 경영자들은 경영상의 합의를 위해 높은 직급 임원부터 가장 낮은 직급 직원에 이르기까지 원형으로 둘러앉아 모두의 의견을 구한다. 물론 신속한 의사결정은 어렵겠지만, 신뢰와 존중을 바탕으로 한 인간관계를 형성함으로써 어려움을 함께 극복해 가는 에너지를 얻게 되고 진정한 민주적인 모습을 실현하는 기초가 되었다.

전쟁의 신 오딘의 또 하나의 덕목은 '지혜'였다. 오딘은 북유럽의 영화나 문학, 그림에서 항상 한쪽 눈이 없는 애꾸로 나타난다. 그가 눈 하나와 지혜를 맞바꾸었기 때문이다. 오딘이 지혜의 원천인 미미르의 샘물을 마시려 했을 때 미미르는 그 대가로 눈 하나를 요구했다. 그러자 오딘은 주저하지 않고 눈을 내주고 미미르의 샘물을 원하는 만큼 마셨다. 그 후 오딘이 지혜로 충만한 미미르의 머리를 차지함으로써 지혜의 최고점에 이르게 되었다는 이야기는 현대 북유립 사회의 인문학과 예술에 대한 사랑을 시사해주는 연결고리이기도 하다. 소중한 것을 과감하게 버림으로써 더 크고 고귀한 것을 얻으려는 오딘의 자세는 북유럽의 역사 속에서 '희생'의 가치를 고귀하게 여기는 문화로 정착되었던 것이다. 10만여 명이 목숨을 잃은 핀란드의 처절했던 기근, 스웨덴의 대학살, 노르웨이의 척박한 자연, 북유럽 역사 속 희생의 시간은 한 사회가 성장하기 위한 결연한 선택과 큰 인내가 되었다. 그들은 그 모든 과정을 지혜로운 교훈이라고 말하고 있다. 북유럽 신화 속 신들의 힘은 신성으로 주어진 것이 아니다. 스스로를 희생해 얻어내었다는 점도 주목해볼 일이다. 오딘이 마법의 힘을 얻으려고 자기 몸을 창으로 꿰뚫는 모습은 지혜란 희생 없이는 절대 주어질 수 없다는 교훈을 보여준다. 죽음을 무릅쓰고 최고의 가치와 힘을 얻고자 했던 오딘, 그의 정신은 북유럽의 후예들이 전쟁과 고통의 시간을 거치며 참된 지혜를 찾기 위해 상생하는 노력으로 현재의 삶 속에 살아 있다.

전쟁의 신이자 최고의 신인 오딘이 지혜를 얻으려고 자신을 과감하게 희생하여 새로이 태어나는 스토리는 고대 북유럽 사람들이 지혜와 힘 중에서 지혜의 가치를 더 높이 인정했음을 나타낸다고도 볼 수 있다. 전쟁에 이기기 위해서도 단순한 힘보다는 정보와 지혜가 더 중요한 요소라는 것을 북유럽의 근대사에서 자주 찾아볼 수 있다. 오딘이 양어깨에 얹어 기르던 두 마리의 까마귀를 아는가? 오딘은 후긴(Huginn, 사념)과 무닌(Munnin, 기억)이라는 까마귀를 기르고 있었다. 그들은 매일 세계를 날아다니다가 오딘의 어깨에 앉아 보고 들은 것들을 그의 양쪽 귀에 속삭여 주었다. 오딘은 오늘날 북유럽 사람들의 정신 속에 살아 있는 지혜의 수호자이다. 신화를 읽으면서 지혜를 소중하게 생각하는 사람들, 침묵 속에서도 신중함과 예지력을 잃지 않는 그들의 현명함은 바로 신들의 왕 오딘의 경청과 통찰에서 시작되었다는 생각이 들었다.

북유럽의 신화에서 오딘 다음으로 중요한 신은 '토르'이다. 오딘과 대지의 여신 표르긴 사이에서 태어난 토르는 천둥의 신이며 타고난 장사로 몸에 두르면 힘이 더욱 세어지는 허리띠까지 있어 어떤 신들도 토르와 정면으로 맞붙으려고 하지 않았다. 토르의 진정한 힘은 그가 가지고 다니는 물니르라는 망치에서 나온다. 이 망치는 어디로 던지든

북유럽 신화 '토르' 모습

지 다시 토르의 손으로 돌아오는 힘의 부메랑인데, 토르는 이것으로 '정의'를 실현한다. 북유럽 사회가 정직을 소중하게 생각하고 정의로움을 최고의 미덕으로 삼는 것은 토르의 정신에서 출발했을 것이다. 힘과 정의가 균형을 이루어 시대를 수호하고 그것이 오늘날 북유럽의 시민정신으로 나타난다.

노르웨이의 어느 중학교 교감 선생님께 시민교육의 역사에 대해 물었더니, 100년 이상의 전통적 커리큘럼을 가지고 있다고 자랑하였다. 교육과정이 수없이 바뀌는 우리 교육의 현실에서는 상상할 수도 없는 일이다. 사회적 정의와 윤리를 소중하게 생각하고 그것의 실천을 당연하게 여기는 시민교육의 역사가 그들의 삶을 지속적으로 발전시키는 원동력임을 이해할 수 있었다. 신화가 단순한 옛이야기가

아니라는 생각이 점점 더 강하게 느껴졌다.

원래 토르는 전쟁과 거리가 먼 농업의 신이요, 농부의 수호자였다. 풍요를 베푸는 신으로 더 유명한 토르의 이야기는 북유럽의 척박한 자연환경과 관계가 깊다. 신화에 등장하는 서리 거인들은 바로 북유럽의 척박한 자연환경으로 인간을 괴롭히는 존재들이었다. 이런 황량하고 추운 대지와 날씨 속에서 농사를 짓는 것이 얼마나 힘들고 고된 일이었는지 추측해볼 수 있다. 토르는 서리 거인이 일으키는 추위와 거친 날씨를 인간들이 이겨낼 수 있도록 돕는 신으로 등장한다. 그가 서리 거인을 망치로 무찌르는 내용은 인간이 거친 자연의 두려움을 벗어나 농사를 마음놓고 지을 수 있도록 도와주는 정신적 수호자이면서 지도자였음을 알게 해준다. 토르를 통해 느낄 수 있는 것은 인간을 위한 신의 사랑이다. 어려움에 처한 인간을 돕기 위해 최선을 다하는 신의 모습은 북유럽 신화만이 가진 독특한 구조이다. 신화가 철저하게 사람을 중심으로 전개되고 역사 속에서 생명력 있게 계승되고 있다는 생각이 들자, 핀란드의 끼르꼬야벤 종합학교 도서실에서 만났던 여학생이 떠올랐다. 비로소 그 여학생이 힘들거나 어려움이 있을 때 신화를 읽는다고 했던 말이 이해가 되었다. 북유럽 신화는 그들의 생활이었다. 신화가 이렇게 진화할 수 있다니 얼마나 놀라운 일인가.

북유럽 신화 중 가장 흥미있는 신은 '로키'이다. 로키는 '창의와 창조력'의 상징이다. 불의 신인 로키는 신의 세계에서 문제를 일으키는 말썽쟁이지만, 본인이 일으킨 문제를 직접 해결하는 창의적인 신이다. 불의 양면성을 신화 속에서 잘 보여주는 존재라고 할 수 있다. 인간에게 불은 문명의 발전으로 가는 입구였다. 경작과 정착의 시대로 들어간 것도 불의 덕이며 인간다운 생활도 불의 이용에서 시작된다. 그러나 이렇게 인간에게 지대한 영향을 미친 불도 잘못 사용하면 대재앙을 불러온다. 불의 특징은 로키가 지닌 이중성과도 일치한다. 북유럽의 신화에서 로키가 중요한 신들의 반열에 오른 것은 불을 통해 문명의 중요성을 알고 있었기 때문이다.

북유럽 신화 '로키' 모습

로키는 문명을 상징하는 특성을 많이 보여준다. 로키가 신들에게 선물한 세 가지 물건의 의미는 오늘날 북유럽 국가의 정치, 사회, 경제의 밸런스를 암시해주는 듯하다. 로키는 무엇이나 무섭게 불어나는 마법의 반지 드리우프니르, 과녁을 빗나가는 법이 없는 강력한 마법의 창 궁니르(이것으로 오딘은 자신의 강력한 권위를 표현했다), 마지막으로 토르의 묠니르를 가지고 있었다. 가족이나 부족, 국가를 적의 침략에서 보호할 수 있는 군사력과 생존의 상징인 이 세 가지 선물은 결국 북유럽 국가가 원하던 안정된 사회의 필수 요소였다. 무한반지로 나타나는 풍요로움, 하나로 집중되는 강한 권력, 그리고 정의를 추구하는 힘이야말로 오늘날 북유럽의 균형적 발전을 유지하는 기초가 되었다. 국민들의 행복한 생활과 제도와 규칙, 질서를 완성하는 권력 그리고 그것을 정의롭게 지켜나가는 힘의 삼각대. 정치나 경제의 편중에 의해 사람들의 삶이 피폐해지지 않도록 지금까지 그 균형을 유지해왔던 것은 정말 놀라운 일이 아닐 수 없다.

로키는 못된 장난과 간시한 지혜로 신들은 그를 악동 취급했다. 그러나 로키의 이러한 성향은 북유럽 사람들이 가지고 있는 다양한 창의성의 기원이 되기도 했다. 그중에서도 핀란드 사람들의 독창성을 이야기할 때 로키의 재치를 떠올리게 된다. 신들의 어려움을 번쩍이는 재치로 해결해주고 미묘한 갈등 관계를 적절하게 풀어주는 역할도 도맡아 했던 로키. 핀란드가 강대국 사이에서 벌였던 외교와 협상의 재치가 떠오르는 것은 지극히 자연스럽다. 그렇다면 신화 속에서 로키의 오만한 지혜와 후안무치한 행동이 양날의 칼처럼 짜인 이유는 무엇일까? 로키는 결국 신들에게 붙잡혀 온갖 고통을 받게 된다. 나는 신화를 읽으면서 로키는 북유럽 사람들이 만든 경계와 교훈의 이미지라고 생각했다. 언제나 매사에 한계가 있음을 인정하고 무한 권력을 경계했던 사람들이 그들의 신화 속에서 로키를 교훈으로 삼았던 것은 자연스러운 결정이었을 것이다. 신화 속에 나오는 신들은 인간사회를 돕기도 하고 한편으로는 인간에게 경고의 메시지를 보내기도 한다. 끊임없이 인간과 소통하는 북유럽의 신화, 그것은 바로 그들의 현재이며 또한 미래이다.

북유럽 사회에서 경험한 인간과 자연의 공존, 민주적 사고방식은 그들의 신화를 읽어보면 더 빛나게 다가왔다. 그리고 그 옛날의 이야기들이 오늘날 북유럽 사회를 이끌어가는 삶의 철학이 되고 있다는 생각에 행복해졌다. 이런 과감하고도 철저한 노력의 역사, 정의와 신뢰를 목숨처럼 생각하는 용기의 역사, 지혜를 귀하게 여기고 오만을 경계하며 더불어 살아가야 한다는 절체절명의 시대의식을 통해 최선을 다했던 인내의 역사가 고스란히 그들의 신화 속에 들어 있었다. 그 역사를 통해 형성된 문화의 빛깔이 교육, 사회, 경제, 정치,

예술 모든 분야에서 순수하고 진실되게 나타나고 있었다. 신화는 역사였고 문화의 근원이었다. 북유럽의 오늘과 미래를 엮어갈 날실과 씨실이었음을 느낀 것은 즐거운 일이었다.

이제 우리도 신화에서 미래에 대한 로드맵을 찾아보면 어떨까? 우리의 신화 속에도 틀림없이 인간을 위한 철학과 휴머니티가 숨 쉬고 있을 것이다. 지금 이 순간부터 과거와 현재 그리고 미래가 공존하는 신화의 세상으로 가보자. 우리 신화 속에 살아 있는 나를 만나고 더불어 살아가는 우리의 미래를 만날 수 있다면 얼마나 기쁘겠는가!

2

교사의 눈으로 바라보고,
학생과 부모의 마음으로 귀 기울이다

느린 아이에게도 웃음을 찾아주세요

교육감님, 안녕하세요?

제가 이렇게 편지를 쓰는 이유는 북유럽의 학교를 보고 배울 수 있는 기회를 얻게 된 것에 대해 감사의 뜻을 전하면서, 이를 통해 깨달은 점을 교육감님께 꼭 말씀드리고 싶었기 때문입니다.

학력 향상 중점 학교의 기억

저는 2009년에 'ㄱ' 중학교에서 학력 향상 업무를 맡았습니다. 당시 국가적으로 학업성취도 평가를 강화하면서 학습 부진 학생이 많은 학교가 '학력 향상 중점 학교'로 지정되었습니다. 제가 있던 학교는 서울에서도 학력이 낮은 지역에 속해 있었습니다. 업무를 맡았을 땐 사실 앞이 캄캄했습니다. 이전에도 학습 부진 학생을 위한 프로그램이 없었던 것은 아니었습니다. 성적이 떨어지는 아이들이 방과 후에 남아서 영어·수학 위주로 보충 수업을 해왔습니다. 그러나 가장 어려운 점은 아이들을 불러 모으는 일이었습니다. 아이들은 방과 후에 남는 것을 별로 생각했고, 수치심을 느끼기도 했습니다. 간식을 주고 여러 가지 방법을 써보았지만 쉽지 않았습니다. 전혀 동기부여가 안 되어 있는 아이들을 가르치려니 선생님들도 무척 힘들어했습니다. 이런 상황에서 아이들의 성적을 올리라는 임무를 받았으니 얼마나 막막했는지요?

북유럽 교육에 관심을 갖고, 두 차례 핀란드로 교육 탐방을 가면서 그때 생각이 났습니다. 과연 핀란드는 이 문제를 어떻게 해결하고 있는지 궁금했습니다. 핀란드는 전체적으로 학력이 높을 뿐 아니라 학생들 간의 격차도 가장 적다고 알려졌지요. 그 비결이 무엇인지 꼭 알고 싶었습니다.

제가 발견한 해답은 '느린 학생들을 위한 특별한 도움'이었습니다. 어찌 보면 간단하고 당연한 것인데 그것이 왜 그렇게 생소하게 느껴지던지요? 핀란드는 '특별지원교사'가 있습니다. 우리나라의 특수 교사와는 좀 다릅니다. 장애 여부와 무관하게 배움이 느린 학생들을 도와주는 역할을 하고 있습니다. 어떤 학교는 팀티칭을 통해서 수업 시간에 느린 학생들을 도와주고, 좀 더 도움이 필요한 학생들을 위해서는 별도의 소그룹으로 특별 지도를 하고 있으며, 그래도 안 되는 아이들에게는 일대일 특별 지도를 시행한다고 합니다. 책에 보니 핀란드 학생의 약 30%는 특별지원교사의 도움을 받는다고 합니다. 학생들은 특별지원교사의 도움을 받는 것을 별로 부끄러워하지 않고, 누구나 필요하면 도움을 받는 것을 자연스럽게 받아들인다고 합니다.

우리의 교육 이념

헬싱키 대학에서 교환 교수를 지냈던 경희대학교 김병찬 교수님의 강의를 들은 적이 있습니다. 그분은 핀란드 교육에 대해서 이렇게 설명했습니다.

"핀란드 교육의 핵심적 이념은 평등이다. 그런데 그들은 그것을 말로만 하는 것이 아니라 철저히 실천을 한다. 그것은 핀란드 사람의 특징이기도 하다. 화려하게 꾸미지 않고 실천할 수 있는 것을 말하고, 말한 것은 반드시 실천하려고 한다. 그들은 사회적으로 충분히 토론한 끝에 교육 이념에 대한 합의에 도달했고, 그 합의를 강력하게 실천하고 있다."

저는 그 말을 들으면서 전율을 느꼈습니다. '아, 이것이 핀란드 교육의 힘이구나!' 하는 깨달음을 얻었습니다.

우리나라의 교육 이념이 무엇인지 잠시 생각해보았습니다. 쉽게 떠오르지 않았습니다. 도덕성, 창의성, 홍익인간, 꿈과 끼 등 좋은 단어들을 들은 기억은 있지만, 과연 그것이 우리나라 교육의 방향성을 실제로 담보하는지 선뜻 동의하기 어려웠습니다. 정권이 바뀌고 교육과정이 바뀔 때마다 새로운 이념과 목표를 제시해왔으나, 그것은 그야말로 잠시 문서에만 존재하다 사라지는 것들이 아니었던가요?

어쩌면 우리 교육을 실제로 지배하는 이념은 '무한 경쟁'이 아닌가 합니다. 가장 많은 학습 시간과 가장 낮은 학업 흥미도, 높은 청소년 자살률과 낮은 행복지수. 이런 것들이 우리나라 무한 경쟁 교육의 지표들이 아닌가 싶습니다. 이러한 경쟁 시스템의 밑바닥에 학습 부진 학생이 있는 것이겠죠. 초등학교 때부터 학원을 전전하면서도 성적표 앞에서 기가 죽고, 부모가 나무라기 이전에 스스로 자책하며 부모님 보기가 죄송하여 손톱을 깨무는 아이들. 알아듣기 어려운 수업 시간에 하루 종일 오로지 인내심과 다른 생각으로 무력하게 버텨야 하는 이 아이들의 심정을 생각하니 갑자기 눈물이 나려고 합니다.

누구의 잘못인가요?

이것이 이 아이들만의 잘못일까요? 만약 이 아이들이 핀란드에 태어났더라면 어떤 대접을 받았을까를 생각해봅니다. 예전에 우리나라에서 학습 부진아로 취급받던 아이가 외국에 가서는 우수 학생으로 대우받았다는 이야기를 들었습니다. 그러다가 다시 우리나라로 돌아와서 학습 부진아가 되었다는 웃지 못할 이야기였지요. 아이가 문제일까요? 교육 시스템이 문제일까요? 제대로 된 도움만 받으면 누구나 잘 배울 수 있다는 생각은 교사라면 기본적으로 지녀야할 전제이자 신념이어야 한다고 믿습니다.

그런데 안타깝게도 빨리 달리지 않는 아이들은 버려두다시피 하는 것이 우리 현실입니다. 이렇게 된 이유에 대해서 이해는 갑니다. 가난했던 나라에서 뒤떨어지는 아이에게까지 관심을 가질 여유가 없었던 것이었겠죠. 뒤처지는 아이들을 챙기기보다는 뛰어난 아이들에게 투자해서 국가 발전을 해야 한다는 강박증이 있었겠지요. 아니, 뒤처지는 아이들은 반드시 있어야만 하는 존재들이었다는 생각이 듭니다. 저임금을 받고 공장에서 일하면서도 '나는 공부를 못했으니까 힘든 일을 하는 것이 당연해.'라고 생각하는 사람들이 필요했는지도 모르죠. 학교에서 행해지는 상대평가 체제는 이 시스템을 유지하기 위한 필수적인 장치였는지도 모르겠습니다. 상대평가 체제는 마치 선착순 게임처럼 누군가를 패배자로 만들어버리지요.

우리나라도 성취평가를 한다고 합니다. 반가운 마음이 들면서도 한편으로는 냉소하는 마음이 드는 것도 사실입니다. 수우미양가를 ABCDE로 바꾸는 것 외에 과연 무엇이 달라질까 의문이 앞섭니다. 어차피 고등학교를 갈 때는 역시나 석차백분율로 선발할 것입니다. 또 대학에 들어갈 때는 수능 1~2점에 당락이 결정되겠지요. 여전히 힘을 갖고 있는 경쟁 시스템이 교육학 책에 나오는 고상한 절대평가의 원리를 비웃을 것입니다.

여기까지 쓰고 제가 쓴 글을 읽어보니 참 슬프고 절망적인 느낌이 듭니다. 그러나 저는 절망의 이유를 설명하고자 한 것이 아니라 희망을 말하고 싶었습니다. 희망은 어디에서 발견해야 할까요?

진짜 절대평가

이런 생각을 해보았습니다. 진짜 절대평가라면 모든 학생이 A를 받는 것을 목표로 해야 하지 않을까라고 말입니다. 1등과 꼴찌를 반드시 가릴 필요가 없다면 한 명도 실패하지 않고 모두 A를 받도록 하는 것이 가장 이상적인 결과가 아니겠습니까? 교과서가 너무 어렵고 분량이 많다면 그것을 재구성하고, 시험 문제를 일부러 어렵게 내지 않고, 잘 모르는 학생이 있다면 최후의 한 명까지 다 이해해서 모든 문제를 맞힐 수 있도록 도와주는 것이 절대평가의 취지라는 생각을 합니다. 이것을 성적 부풀리기라고 할 수는 없겠죠? 이렇게 해도 실패하는 학생이 있다면, 과연 학생이 문제인지, 교사가 문제인지, 그것도 아니라면 시험 문제나 교과서의 문제인지를 꼼꼼히 따져 보아야 할 것입니다.

그동안 우리는 평균 성적 70점 정도를 정상적인 것으로 생각하고, 평균이 90점 정도가 되면 이상하다고 지적을 받아왔습니다. 그러나 모두가 성공하는 것이 진짜 우리의 목표라면 평균이 90점, 아니 100점에 가까운 것이 정상이 되고, 평균 70점은 문제가 많다고 생각해야 하는 것은 아닐까요? 그게 아니라면 아직도 우리는 모두의 성취가 아니라 여전히 변별을 진짜 목표로 하고 있음을 자인하는 것이라 생각합니다. 저는 제 속에서부터 이런 생각을 버리려고 합니다. 실패의 책임을 아이들에게 전가시키지 않고, 저의 책임으로 생각하려고 합니다. 이것이 핀란드 교육에서 배운 바를 개인적 차원에서 적용하고자 하는 부분입니다.

이제 교육감님께 부탁드리고 싶습니다. 만약 이런 생각이 틀리지 않았다고 생각하신다면 저를 도와주십시오. 아니 우리 아이들을 도와주십시오. 느린 학생들을 특별히 도와주십시오. 이 아이들이 배움의 기쁨을 누릴 수 있도록 기다려주십시오.

아이의 웃음

다시 우리의 현실과 핀란드의 현실로 돌아가겠습니다. 2009년 학력 향상 중점 학교 예산이 1년에 4,000만 원 정도 내려왔습니다. 이 돈으로 우리 학교는 도움을 필요로 하는 아이들에게 학습보조교사를 지원했고, 희망하는 학생들은 도움을 받을 수 있었습니다. 그중에는 학기 말에 성적이 많이 올라 기뻐하는 학생도 꽤 있었습니다. 학습보조교사의 열의와 역량이 좋은 결과를 이끌어낸 관건이었습니다. 그런데 안타깝게도 그 학습보조교사는 한시적으로 고용되었고, 사업이 끝나면서 원위치로 가고 말았습니다.

이에 비해 핀란드의 특별지원교사는 정규 교사 중에서 전문적인 교육 훈련을 받은 사람입니다. 왜냐하면 느린 학생들을 도우려면 더 높은 전문성이 요구되기 때문이라고 합니다. 느린 학생들에게 높은 전문성을 지닌 교사를 지원한다는 것은 당연한 이치입니다. 그런데 우리나라는 느린 학생들을 가르치는 가장 어려운 일을 전문성도 부족할 수 있고 보수도 낮은 외부 임시 교사에게 맡기고 있습니다. 그나마 그 예산도 한시적으로 있다가 사라져서 지금은 그조차도 기대할 수 없는 상황입니다.

보조 교사와 관련한 개인적 경험이 있습니다. 우리 집 아이가 4학년 때 수학이 어렵다며 수학을 '수악'이라고 불렀습니다. 시험 점수가 50점 정도 나오자 주위 아이들과 비교하며 스트레스를 받았습니다. 하지만 수학을 위해 별도의 사교육을 받게 하고 싶지는 않았고, 부모가 틈틈이 도와주기로 마음을 먹었지만 생각만큼 쉽지는 않았습니다. 그러던 중 학교에서 담임선생님과 면담 시간이 있었고, 고민을 토로하자 선생님께서 조심스럽게 제안하셨습니다.

"학교에 학습보조 선생님이 계신데 혹시 원하신다면 도움을 받도록 하면 어떨까요? ○○도 성적이 낮았는데 도움을 받더니 성적이 올라서 무척 좋아했어요. 하지만 어떤 부모님들은 꺼리시는 경우도 있어서요."

저희는 당연히 그런 도움이 있다면 받겠다고 했습니다.

그리하여 아이는 수학 시간에 별도로 그 선생님과 몇 번 수업을 했습니다. 그러고는 집에 와서 이렇게 이야기했습니다.

"엄마, 수학이 이제 이해가 돼."

그러면서 자신감을 되찾고 시험 성적도 많이 올랐습니다. 시험지를 들고 당당하게 웃으며 자랑하던 아이의 환한 미소가 떠오릅니다. 학년이 바뀌어 그 선생님의 도움을 받지 못하게 되면서, 최근에는 다시 수학을 어려워하는 아이를 보며 학교에서 조금만 더 도움을 줄 수 있다면 얼마나 좋을까 아쉽습니다.

구명대가 필요해요

얼마 전 핀란드의 교육부 장관이 우리나라에 와서 한 말이 기억납니다. 핀란드 교육의 목표가 무엇이냐는 질문에 "같은 배를 탄 학생들이 한 명의 낙오자 없이 모두 무사히 항구에 도착할 수 있도록 돕는 것"이라고 말했습니다. '같은 배를 탄 학생'이라는 표현에서 인간에 대한 따뜻한 마음이 느껴졌습니다. 급하다고 물에 빠진 아이를 버려두고 가는 것이 아니라 누가 실수로 물에 빠지면 잠시 배를 멈추고 구명대를 던져 구해준다는 것입니다.

저는 그 구명대와 같은 존재가 '특별지원교사'라는 생각이 듭니다. 특별한 도움을 필요로 하는 학생에게 특별한 도움을 주는 교사가 바로 구명대와 같은 존재이겠죠. 물에 빠진 아이에게 구명대를 던져주는 것을 낭비라고 생각하지 않듯이 특별한 도움을 필요로 하는 아이에게 특별지원교사를 붙여주는 것은 분명 낭비나 특혜는 아닐 것입니다.

저는 정책에 대해서는 잘 모릅니다. 돈이 충분한지도 잘 모르겠습니다. 그러나 다른 어떤 예산보다 더욱 긴급하고 중요한 것이 낙오하는 아이들을 돕기 위한 예산이라는 것은 분명합니다. 공교육이 존재하는 이유가 바로 도움이 필요한 아이에게 공적으로 도움을 주기 위한 것이기 때문입니다. 이를 위해 '특별지원교사'가 필요하다고 생각합니다.

그리고 또 하나 분명한 것은 특별지원교사는 일반 교사보다 더 뛰어난 전문성과 사명감을 지녀야 한다는 것입니다. 학습 부진 학생을 가르치는 것은 참으로 쉽지 않은 일입니다. 배움의 동기가 낮고, 집안의 뒷받침이 부족하며, 자신감이 낮은 아이들이 많기 때문입니다. 그런데 지금까지 우리는 이 어려운 과제를 저임금의 임시 보조교사들에게 책임지라고 했습니다. 마치 중병이 걸려 병원에 갔는데 간호사에게 책임을 지라는 것과 마찬가지가 아닐까 싶습니다. 바라건대 사명감을 지닌 교사들이 전문적 훈련을 받아 배움이 느린 학생들을 도울 수 있도록 해주시기 바랍니다. 그리하여 우리 교육도 한 명의 낙오자 없이 무사히 항구에 도착하는 교육이 될 수 있기를 꿈꾸어봅니다.

교육감님! 제가 말씀드린 것이 과연 실현될지 믿기는 어렵습니다. 핀란드도 오랜 세월 고민하고 토론하고 만든 합의라고 하는데, 핀란드보다 훨씬 경쟁이 심한 우리나라에서 교육에 대한 합의를 만드는 것이 결코 쉬운 일이 아니겠지요. 무한 경쟁의 사회 시스템 속에서 방향을 거스른다는 것은 기적과도 같은 일일 수도 있겠습니다.

그러나 저는 성공 가능성을 고민하기보다는, 그것이 우리가 배운 교육학의 이상에 부합한다면 다른 사람은 몰라도 교육에 종사하는 우리들은 분명히 그 이상을 붙들어야 한다고 생각합니다. 우리 교육계를 대표하는 교육감님께서 이 믿음의 선구자가 되어주시길 소망합니다. 그리하여 아무리 경쟁의 세찬 바람이 몰아쳐도 우리 아이들이 안심하고 배움의 기쁨을 누릴 수 있도록 해주시기 바랍니다. 모든 아이들이 배움의 기쁨을 누리는 행복한 학교를 만들어주시길 바라며 펜을 놓습니다. 감사합니다.

키우루 핀란드 교육장관 방한 "아이들 성적만으로 평가 말라"
난 노동자 집안 출신 장관, 비결은 평등의 교육– 크리스타 키우루(Krista Kiuru, 39) 핀란드 교육장관은 "좋은 교육이 밝은 미래를 창조한다."고 강조했다. 한국과 핀란드의 교육 협력 방안을 논의하기 위해 방한한 그를 11월 21일 인터뷰했다. 2005년 핀란드 적십자 부총재 시절 방문한 이후 8년 만의 방한이다.

그는 "나야말로 핀란드 교육 시스템 덕분에 이 자리까지 오게 됐다."고 말했다. 키우루 장관은 핀란드 서부의 작은 해안 도시 포리에서 공장 노동자인 아버지와 병원 노동자인 어머니 사이에서 태어났다. 가난한 집안에서 자랐지만 핀란드의 무상교육 덕분에 돈 걱정 없이 공부할 수 있었다. 정치학 석사 학위를 딴 뒤 고등학교 교사, 포리 시의원을 거쳐 주택통신장관을 지냈다. 핀란드어·영어·프랑스어·스웨덴어·에스토니아어 등 5개 국어를 구사한다.

그는 "인구 542만 명인 핀란드는 삼림 이외에는 천연자원이 거의 없는 작은 나라"라며 "우리가 가진 가장 큰 자원은 바로 사람의 재능"이라고 말했다. 이어 "우리는 사람에게 투자할 수밖에 없다. 한 아이의 재능이라도 놓칠 여유가 없다."고 강조했다.

핀란드의 교육 투자는 결실을 거두고 있다. 선진국 모임인 경제협력개발기구(OECD)가 34개 회원국의 만 15세 학생을 대상으로 3년마다 실시하는 국제학업성취도평가(PISA)에서 핀란드는 최근 연속 1위를 차지했다. 한국은 핀란드에 이어 2위다.

키우루 장관은 핀란드 교육의 최우선 가치로 평등을 꼽았다. "누가 대통령이 될지, 유명한 가수나 훌륭한 언론인이 될지 모른다."며 "성적만 갖고 아이를 평가하고 줄 세우는 건 위험하다."고 말했다. 그러면서 "누군가는 수학이 약할 수 있고 누군가는 언어를 못할 수도 있으나 우리는 부족한 부분을 채워주며 함께 가르친다."며 "모든 아이에게 똑같이 투자하고 똑같은 교육 여건을 제공하면 최선의 결과가 나온다."고 설명했다.

핀란드에서는 빈부나 성별, 내·외국인 차별 없이 유치원부터 대학원까지 무상교육을 한다. 현행 핀란드 교육은 1970년대 초 교육개혁이 밑바탕이 됐는데, 당시 목표는 "같은 배를 탄 학생들이 한 명의 낙오자 없이 모두 무사히 항구에 도착할 수 있도록 돕는 것"이었다고 한다. 영재 학교와 우열반, 수준별 수업을 폐지하고 등수를 없앤 배경이다. 국가 주관의 시험도 대학 입시 한 차례로 줄였다. 교사가 학생의 학업성취도를 4~10까지 숫자로 표시하고 하위권은 더 관심을 가지고 지도했다. 핀란드 교육은 한국과 대비된다는 얘기가 많다.

키우루 장관은 교육의 두 번째 가치로 신뢰를 들었다. 핀란드에서는 좋은 학교, 나쁜 학교를 구분하지 않고, 예산은 각 학교에 균등 배분된다. 학생과 학부모는 어디서나 질 높은 공교육을 받을 수 있다고 믿는다고 한다. 교사 수준도 우수하다. 유치원을 제외한 모든 학교의 교사는 반드시 석사 학위를 따야 한다. 핀란드에서는 가장 인기 있는 직업이 교사다. 의사나 변호사를 앞지른다. 그는 "좋은 교사가 좋은 교육을 만든다."며 "우수한 젊은이들이 교사가 돼 열심히 가르치기 때문에 교사가 존경과 믿음을 받을 수 있다."고 말했다.

키우루 장관은 "공부는 결국 다른 사람이 시키는 것이 아니라 자기 자신이 하는 것"이라며 "학생이 스스로 동기 부여를 통해 공부해야 하기 때문에 사회·학교·가정의 협력이 필요하다."고 강조했다.

『중앙일보』 2013년 11월 27일.

'우리들'의 교장선생님이 되어주세요

이선화_서울문화고등학교

기억 속의 교장선생님

#1 누구를 위한 교지인가?

교감 네, 교장선생님, 그렇게 전달하겠습니다. (전화기를 내려놓고는) 연구부장님, 잠시 좀 보시죠. (연구부장 교감 옆에 선다.) 딴 게 아니라 교장선생님께서 8월이 정년퇴임이신 건 잘 아실 테고. 교지 담당 선생님이 올해 와서 잘 모를 수 있으니까 부장님께서 신경 좀 쓰세요! 이번 주까지 계획서 올리라고 하시고요. 가보셔도 됩니다. (혼잣말로) 체육부장도 정년이라 이거 영 곤란해졌네⋯⋯ 같이 퇴임식을 할 수도 없고⋯⋯.

연구부장 (수업 끝나고 나온 담당 선생님을 불러서는) 교감선생님께서 교지 계획서 올리라고 하십니다.

교사 편집부 아이들이랑 다음주 CA 시간에 역할 분담 정할 건데요, 특집 주제는 애들이랑 상의해보고 계획서 올렸으면 하는데요.

부장 저기⋯⋯ 올해 교지는 8월에 내셔야 합니다. 교장선생님 정년퇴임호니까 특집은 그걸로 하면 될 거예요. 학부모회랑 운영위원장 그리고 몇몇 선생님께 축사는 미리미리 부탁하시고요, 교장선생님께 어떤 내용을 싣고 싶으신지 여쭤보고 계획서 작성하시면 됩니다.

교사 8월에요? 특집을 무조건 교장선생님 퇴임 기사로 하라는 건 무리가 있다고 생각하는데요. 아이들과 상의도 해봐야 하고요.

교감 (교사를 향해) 잠깐 나 좀 봐요. (교사는 얼떨결에 교무실 한가운데에 벌서듯이 서 있다.) 부장이 시켰으면 그냥 그대로 하면 되는 거지 무슨 말이 그리 많아요? 학교의 가장 웃어른이 퇴임하시는데 같이 기뻐하고 축하해주는 건 당연한 거 아닙니까? 애들한테 맡기면 제때 못 나오니까, 선생님이 여름방학 때 나와서라도 무조건 8월 중순까지는 만드세요! 아, 내가 예산도 넉넉하게 천만 원이나 잡아뒀으니까 앞에는 컬러로 교장선생님 사진도 여러 장 넣으시고요! 참, 교장선생님께서 오타 있는 거 아주 싫어하시니까 신경 쓰셔야 합니다.

(올해 새로 온 까닭에 낯선 분위기인 데다가 주변 선생님들이 흘낏거리며 쳐다보니 아무 말도 못하고 자리로 돌아와서는 힘없이 털썩 앉는다.)

#2 없어서 편한 사람?

교사1 (행정실에서) 교장선생님 안에 계세요? 결재 직접 받아서 팩스 넣어야 하는데…….

행정실 교직원 출장 가셨는데요.

교사1 (별도로 있는 5층 작은 교무실로 올라와서) 자기야, 혹시 교장선생님 출장 가셨다는 말 들었어?

교사2 또요? 우리 학교 오신 지 6개월도 안 돼 분위기 파악도 바쁘실 텐데.

교사1 더 좋은 학교로 옮겨서 정년퇴임하고 싶다고 늘 말씀하시더니 그래서인지도 모르지.

교사2 그래도 학교에 자주 없으시니까 저는 좋던데요. 지난번 집에서 라디오를 듣는데, 가장 피하고 싶은 상사 1위로 머리는 나쁜데 부지런한 상사가 뽑혔더라고요. 완전 공감했죠!

교사1 하긴. 지난번 교장선생님은 어휴, 말도 마. 월요일 아침마다 교직원회의에서는 유인물에 다 있는 거 부장이 말하지 교감이 한 번 더 하지 교장이 마지막으로 또 말하지, 이런저런 잔소리만 골라서 하시는 게 시어머니와 시누이 콤비가 따로 없었다니까!

교사2 어차피 의견 수렴도 아니고 전달만 하는 회의를 왜 하나 모르겠어요.

#3 쾌유를 빕니다!

교사 (수술 후 퇴원하고 집에 돌아와서는) 엄마, 저 화분은 뭐야?

엄마 어제 택배로 왔더라. 너희 교장선생님이 보냈나 보던데.

교사 (불편한 몸으로 화분 가까이 가서 리본을 들추며) 어, 진짜네? 어제는 전화까지 해서 한 달 동안 아무 걱정 말고 푹 쉬면서 빨리 나으라고 하셨는데. 엄마, 우리 교장선생님 괜찮지?

엄마 마음이 따뜻하시네. 너 학교 돌아가면 더 열심히 해야겠다.

위에 나온 에피소드들은 주변에서 듣거나 직접 겪은 경험을 재구성한 것인데 학교에 근무하고 있는 교사라면 내 얘기라고 맞장구칠 수 있는 그런 부분도 있을 것이다. 물론 인격적으로 본받을 만한 교장선생님도 우리 주변에 여럿 있다. 그러나 비리로 인해 법정을 배경으로 기자들의 카메라 세례를 받으며 황급히 사라지던 분도 있었고, 정년퇴임하자마자 근무하던 학교의 급식업체 이사로 재취업했다는 황당한 소식을 접하게 한 분도 있었으며, 교직원과의 회식 자리에서 하지 말아야 할 언행을 하여 손가락질을 받은 분도 있었다. '교장선생님은 어떤 모습을 보여주어야 하는가'라는 질문에 그저 좋은 분이면 된다라고 말하는 게 과연 리더십을 바라보는 올바른 접근인지 의문이 들기 시작했다.

사실 이 글을 쓰면서 그동안 내가 만난 교장선생님이 몇 분이나 되는지 궁금해졌다. 평소에는 전혀 기억조차 안 나기에 잠시나마 디지털의 힘을 빌려 근무했던 학교 홈페이지를 찾았고, 학교 연혁을 클릭하니 낯익은 이름들이 불쑥 튀어나왔다. 헤아려보니 교직 생활 20여 년 동안 11명의 교장선생님과 지냈는데 교사들처럼 한 학교에서 4년 내지 5년의 임기를 다 채운 분은 매우 드물었다. 짧게는 1년, 대체로 2년마다 바뀌는 일이 가장 흔했다. 교장으로서의 책임감을 보여주고 장기적인 미래 비전을 제시하기에는 너무 짧은 시간이다. 그러다 보니 단기적인 행사에 급급하게 되고 본인의 치적을 쌓는 일에 치우치는 일이 허다했던 것이다. 교직 생활이 길어질수록 교장선생님의 바람직한 모습은 어떠해야 하는지에 대해서도 생각이 깊어갔다. 그저 뒤에서 불평만 늘어놓기에는 뭔가 찜찜했던 것이다.

일반 회사와 달리 학교는 위계질서가 별로 없는 곳이라서 갑을관계는 찾아보기 어려울 것이라고, 학교 밖에서는 생각한다. 그러나 학교 안의 모든 일은 단 한 명의 존재, 즉 교장의 명命에 의해서 이루어지기 때문에 어떤 교장이 와서 어떻게 리더십을 펼치느냐에 따라 학교 전체가 좌지우지되는 일이 많다. 요즘 들어서는 내부형 공모 교장제도를 선택하여 근무하던 학교의 평교사가 선출되어 직무로서 교장직을 맡았다가 임기 후에는 다시 평교사로 돌아와 수업하는 사례도 있고, 학교 특성에 따라 교육계가 아닌 외부 인사를 교장으로 선출하는 개방형 공모 교장제도도 있으며, 기존의 교장들 중에서 학교 발전에 공헌하겠다는 분을 모시는 초빙형 공모 교장제도도 있다. 새로운 공모 교장제도를 통해 장기적인 안목에서 새로운 학교 문화 만들기를 실현하고 있으니 교장의 역할에 대한 사회적인 기대와 요구가 점차 바뀌고 있음에는 틀림이 없다.▪

북유럽에서 만난 교장선생님

'2013 학습연구년 특별연수 서울 초중등 교사 북유럽 3개국 교육 탐방'의 기회를 갖게 되었다. 빠듯한 일정이었기에 우리의 교육과 무엇이 어떻게 다른지 알기 위해 그들의 사회문화와 역사적 배경도 미리 살펴보고, 이미 출간된 북유럽 교육 관련 책들을 읽으며 함께 토론도 하고, 비록 짧은 시간이지만 주마간산走馬看山이 되지 않기 위해 준비를 철저히 했다.

▪ 『교장제도 혁명』(한국교육연구네트워크)에 따르면, 2007년부터 교장공모제가 실시되었는데, 교장의 자격을 다양하게 확대할 목적이었던 내부형과 개방형은 법령에 의해 점점 축소되었고, 대신에 교장 자격증을 지닌 교장만이 공모할 수 있는 초빙형이 계속 확대되고 있다고 한다.

북유럽 학교를 방문하면서 주변 환경에 어울리면서도 학생들의 편의와 효율성을 고려하는 세심한 디자인에 놀랐다. 천편일률적인 시멘트 건물 속에서 오글오글 지내야 하는 우리들을 떠올리니 마음이 헛헛해지기도 했다. 하지만 더욱 인상적인 것은 그들의 내면이었다. 시시때때로 변하는 우리의 교육철학과는 달리, 사회적 합의를 바탕으로 서로 다른 목표와 방법을 지향하며 개성적인 학교 문화를 만들기 위한 그들의 노력이 곳곳에서 보였다.

북유럽은 '평등·자율·신뢰'가 지난 100여 년간 사회적으로 합의된 시민정신의 근간이며, 가정과 국가는 후손들에게 이를 가르치기 위해 온 힘을 다한다고 한다. 물론 교육의 중심에는 학교가 있다. 그러다 보니 학교의 책임자인 교장선생님의 교육철학과 삶의 태도 그리고 민주적인 운영 방식이 매우 중요해진다. 특히나 북유럽 학교들은 선택한 학생 수에 따라 예산이 지원되고 학생 수가 너무 적으면 폐교도 된다고 한다. 또한 학교 전반에 대한 모든 정보가 학생과 학부모에게 투명하게 드러나므로 학교를 살리기 위한 노력과 책임의식은 교장선생님이 지녀야 할 필수불가결한 부분이라 하겠다.

#4 핀란드 종합학교를 가다

헬싱키에 도착한 이틀째 아침 우리는 끼르꼬야벤 종합학교 Kirkkojarven Koulu▪를 방문했다. 훤칠한 키에 중후한 분위기를 지닌 카리 루히부오리Kari Louhivuori 교장선생님이 로비에서 직접 우리를

▪ 학교 홈페이지
http://www.espoo.fi/fi-FI/Paivahoito_ja_koulutus/Perusopetus/Peruskoulut/
Yhtenaiset_peruskoulut/Kirkkojarven_koulu

끼르꼬야벤 종합학교 전경과 목공실에서 루히부오리Louhivuori 교장선생님

반겨주었고, 학교의 역사를 들려주고 나서 교내 이곳저곳을 안내하며 우리의 호기심을 채워주었다. 30년 넘게 교단에 섰기에 교육 현장의 세세한 상황을 누구보다 잘 알고 있었고, 3년 전에야 지금의 학교에 교장으로 부임하여 본격적으로 행정적인 일을 하게 되었다고 스스로를 소개했다. 여기서 행정적인 일은 말 그대로 학교가 돌아가는 모든 일을 직접 처리한다는 것을 뜻한다. 2월 초 학부모와 학생들에게 학교를 홍보하는 일, 각종 예산을 원칙에 따라 집행하며 결산하는 일, 학교 운영과 관련된 각종 회의를 주관하는 일, 교사를 새로 뽑거나 재임용하는 일, 지역사회와 학교가 함께 풀어가야할 일 등등을 몇몇 직원들과 함께 실행하는 것이다. 다시 말해서 교사는 행정에서 벗어나 수업과 학생들에게만 신경 쓰면 된다는 것이다. 행정과 수업을 분리하여 각자의 책임을 다하고 있음을 알 수 있었다.

아기자기한 도서관을 소개하다가 갑자기 교장선생님이 밖으로 나간다. 복도의 학생들과 잠시 이야기를 나누고는 조용히 다시 들어온다. 무슨 일인가 궁금해했더니 수업종이 쳤는데도 바로 교실로 가지않아서 지도하였다고 한다. 우리와 이야기를 나누고만 있는 줄 알았는데 창밖의 아이들이 시야에 들어왔나 보다. 학교의 책임자로서 묵묵히 자기 일을 하는 모습이 인상적이었다. 누구보다 학교를 위해 많은 일을 하고 그 일에 대해 책임을 지는 것, 그것이 바로 바람직한 교장의 모습이 아닐까 싶다.

#5 스웨덴 중학교를 가다

밤새 내내 실자라인 배를 타고 스웨덴의 수도 스톡홀름에 도착하자마자 오전에는 지역교육청을, 오후에는 미르허 초·중등학교Myrsjö skolan[*]를 방문했다. 짧은 금발의 우아한 정장을 입은 여교장선생님이 현관에서 우리를 반겨준다. 아이들이 직접 만든 것이라며 현관에 그려진 태극기를 환한 미소와 함께 보여주는데, 교장선생님 역시 아이들이 적어준 한글 명찰을 달고 있었다. 인터넷 번역기를 이용해 만든 것이라고 한다. 먼 길을 찾아온 우리들에 대한 존중과 따뜻한 마음이 오롯이 전해온다.

또한 레나Lena 교장선생님은 PPT로 학교에 대한 안내를 일목요연하게 전달하면서도 여학생 2명을 안내 도우미로 불러와서 중간중간 교장 자신의 이야기가 맞는지 실제로는 다르게 느끼는지를 물어보면서 생생한 이야기를 전해주려 했다. 아쉽게도 정규 수업은 이미 끝나서 참관이 어려웠다. 우리가 난처해하자 교장선생님은 방과후 수업을 진행하고 있을 것이라며 교실 이곳저곳을 직접 찾아다니며 안내를 해주었다. 교장선생님을 비롯하여 외부 손님 여럿이 갑자기 교실에 들어왔으나 교사도 학생들도 그다지 당황하거나 싫어하

■ 학교 홈페이지
http://www.nacka.se/underwebbar/myrsjoskolan/Sidor/default.aspx

61

는 기색 없이 원래의 수업을 이어나갔고, 교장선생님은 우리가 궁금해할 질문을 먼저 던지기도 했다. 방과 후 수업을 둘러보고 나니 시간이 한참 흘렀다. 우리는 교사들과 잠시라도 질의응답 시간을 가질 수 있는지 조심스럽게 물었다. 그러자 방과 후 수업이 끝난 수학 교사와 인터뷰할 시간을 마련해주었고, 학생들이 대한민국에 대해 관심이 많으니 나중에 다시 방문해 소개해주었으면 좋겠다고 말한다.

내가 누군가로부터 존중받고 있다고 느낄 때는 상대방이 내 말을 경청하면서 공감해줄 때이다. 레나 교장선생님은 수많은 우리의 질문과 요구에 두 귀를 활짝 열었고, 교사들과 학생들의 다양한 목소리를 우리에게 조금이라도 많이 전달해주려고 노력하였다. 그렇다! 우리가 만나고픈 교장선생님은 단지 사람 좋다라는 평가에 국한되는 것이 아니라 학교라는 거대한 시스템을 이끌어나가는 데 필요한 강점을 지녀야 한다. 학교는 무엇보다 사람을 중심에 놓고 움직이는 구조이다. 따라서 교사도 학생도 관리자도 서로가 존중하고 존중받는다고 느낄 때 시너지를 불러일으킨다. 바람직한 교장선생님은 더 이상 갑甲이라는 권위만을 내세워서는 안 된다.

미르허 초·중등학교 현관의 환영 문구와 한글 명찰을 단 레나 교장선생님

뵈예넨가 중학교 전경과 크리스티안 부교장 선생님

#6 노르웨이 중학교를 가다

일정한 목표가 있는 단체를 인솔하면서도 세부 일정을 제대로 조율하지 못한 주최 측의 실수가 무척 아쉬웠다. 노르웨이 오슬로 인근의 뵈예넨가 중학교Vøyenenga Skole˙에 도착한 금요일 오후는 일주일간의 가을방학이 시작되는 날이었다. 오후에 도착하니 이미 아무도 없었다. 간단한 학교 소개를 하기 위해 부교장만이 기다리고 있었다. 우리 때문에 황금연휴를 망치는 게 아닌가 미안함이 앞섰다. 그럼에도 부교장은 오늘 오전에 있었던 학생들의 프로젝트수업 발표로 이야기를 꺼내면서 좋은 시간을 함께하지 못한 아쉬움을 표한다. 이어서 학교 건물이 디자인 공모로 이루어졌다는 것과 2월이면 늘 많은 학부모들이 본교를 선택하고 있다는 이야기를 하며 강한 자부심을 보여주었다.

북유럽 학교들은 학생이 거주하는 지역과 상관없이 지원한다. 각 지역의 특성을 고려한 교육 목표나 운영 방식을 지닐 때 지역에 살고 있는 많은 학생과 학부모들에게 매력적으로 다가갈 수 있다니 우

■ 학교 홈페이지
http://www.voyenengaskole.no/

리에게도 시사하는 바가 크다 하겠다. 개성적인 학교 문화를 만들기 위해서 새로운 것을 찾아내려 급급하지 않고 지역과 자연스럽게 어울리는 비전을 갖고 있어야 하는 것이다. 따라서 교장은 서로 다른 환경에 놓인 학교가 저마다 발전할 수 있도록 고민해야 한다. 각 학교마다 지니고 있는 강점과 단점을 파악하여 기를 것은 더욱 키우고 개선할 것은 함께 바꿔나가야 한다. 지역과 더불어 성장하는 학교의 비전을 제시해야 한다.

#7 돌아오고 나서

북유럽을 다녀온 후 학습연구년 교사들과 성찰 독서모임을 하면서도 그들의 교육에 대해 이런저런 이야기를 나누었다. 그들의 단면을 보고 우리들이 침소봉대針小棒大하지는 않았는지……. 마찬가지로 나 역시 세 분의 교장선생님을 옆에서 잠시 지켜본 것뿐인데 이렇게 글로 쓰는 것이 적절한지를 스스로에게 질문하였다. 그러나 교장의 일부 모습일지라도 본받을 점은 분명히 있는 것이고, 교실로 공간을 축소하면 바람직한 교사의 모습과 일맥상통하기에 나의 고민은 유의미하겠다라는 답변을 내렸다.

그동안 우리가 만났던 교장선생님 중에서도 앞서 말한 '업무 능력이 뛰어나면서 책임감 있는 모습', '경청을 바탕으로 존중하는 모습', '비전을 제시하고 실천하는 모습'을 보여준 분들이 있을 것이다. 아직 없었다 하더라도 앞으로 꼭 만날 것이라는 생각을 버리고 싶지는 않다.

우리들의 교장선생님

어느 날 2호선 지하철을 탔는데 출입문에 붙은 조그마한 스티커가 눈에 확 들어온다. 믿을 신信 자는 사람 인人과 말씀 언言으로 이루어진 한자이다. 그런데 그 스티커는 사람 인人 부분이 부서져 있었다. 말만 허공에 남아 신뢰가 깨어진 형태를 이미지화한 것이다. 신뢰는 말로는 만들어지지 않는다. 신뢰는 행동과 말이 일치할 때 만들어진다. 학교는 사람을 중심으로 움직이는 곳이기에 그 밑바탕에는 무엇보다 신뢰가 있어야 한다. 하지만 우리들은 어떠한가?

어둠 속을 달리는 지하철 차창 너머를 바라보다가 초중등교육법 제20조 1항에 명시된 교장의 역할이 문득 떠올랐다. "교장은 교무를 통할하고 소속 교직원을 지도 감독하며 학생을 교육한다." 지도 감독이라는 단어에 가슴이 답답해진다. 죄수가 된 느낌이랄까. 흔히 학교를 감옥에 비유하는데, 어쩌면 여기서부터 잘못된 것은 아닐까?

저 멀리 환한 플랫폼이 가까워지면서 내 머릿속에서는 새로운 문장이 떠오른다.

"교장은 학교 구성원의 의견을 수렴하여 바람직한 목표를 이끌어 내고, 신뢰를 바탕으로 학교 문화를 함께 만들어가며, 교사와 학생이 배움에 전념할 수 있도록 온 마음을 다해 도와준다."

#8 12월의 어느 교직원회의

교장 지난 1년 동안 아이들을 위해 여러모로 애쓰신 모든 선생님들께 진심으로 감사드립니다. 며칠 전 박웅현이 쓴 『여덟 단어』

린 책을 읽었는데 CEO 장 마리 드루가 인용한 말이 인상적이더군요. 프랑스 속담에 "재능은 다른 사람의 재능을 발견하는 것이다." 교육에 몸담고 있는 우리 모두가 갖추어야 할 덕목이라는 생각이 들었습니다.

기말고사 이후에 학년 말 업무로 바쁘신 담임선생님을 대신해서 제가 각 교실에 한 시간씩 들어가 우리 학생들의 살아 있는 목소리에 귀 기울여보았는데요, 교장인 제가 할 일을 많이 발견할 수 있어서 참 행복했습니다. 오늘은 내년도 우리 학교 발전방안에 대해 선생님들께서 그간 분과별로 논의한 사항을 들어보도록 할까요?

북유럽 초등학교를 스케치하다

임창균_중곡초등학교

북유럽에서 '여유'와 '믿음'을 생각하다

북유럽 3개국 핀란드, 스웨덴, 노르웨이의 교육기관을 탐방하면서 내 마음에 가장 와 닿은 단어는 '여유'와 '믿음'이다.

각 나라별로 하나의 학교만 탐방하고, 1~2시간 정도로 정말 짧은 시간 동안에 북유럽 학교의 특징을 알기에는 많은 무리가 있다. 그리고 북유럽 국가들과 우리나라는 자연과 문화 환경이 매우 달라 무엇보다 수업 내용이나 교육제도 중에서 특별히 와 닿지 않는 면도 있었다. 언어의 장벽도 작용했겠지만, 수업 참관을 해보니 교사의 활동이 특별히 눈에 띄거나 학생들의 활동이 역동적이라는 느낌을 받지는 못하였다. 그래서 약간은 실망스러웠다. 오히려 수업 방법에서는 우리나라 교사들이 훨씬 더 다양하고 재미있게 진행하고 있다는 느낌을 많이 받았다. 우리나라도 초등은 학급당 학생 수가 많이 줄어 북유럽 국가와 비슷한 수준인 학교도 있고, 공개 수업을 참관하다 보면 개별화 수업 및 협동 학습을 통해 학생들이 활동을 많이 할 수 있도록 수업을 진행하고 있다.

북유럽 학교를 가다

 핀란드에서는 끼르꼬야벤 종합학교Kirkkojarven에서 수학 수업을, 스웨덴에서는 미르허 초·중등학교Myrsjöskolan에서 체육 수업을 그리고 노르웨이의 베름 베르크 초등학교Baerum Verk Skole에서는 방과후 수업을 참관할 수 있었다.

 핀란드 끼르꼬야벤 종합학교에 도착했을 때, 맨 먼저 들어오는 풍경은 학교 주변에 자라고 있는 많은 나무들과 삼삼오오 이야기를 하거나 자유롭게 서 있거나 앉아 있는 학생들의 모습이었다. 핀란드는 야외 활동 시간이 있다는 이야기를 책을 통해 접했지만 실제 이렇게 모든 학생들이 학교 건물 밖으로 나와 있는 모습을 보면서 놀라웠다. 특히 우리나라 중고등학교 현장을 생각하면 더더욱 그러하다. 이렇게 일과 중 일정 시간을 반드시 학교 건물 밖에서 지내게 하는 그 여유로운 마음과 믿음이 정말 부러웠다. 그리고 학교 주변의 놀이터에는 초등학생 정도로 보이는 학생들이 깔깔대고 웃으며 초록 나무와 잔디가 안정감을 더해주는 환경 속에서 뛰어놀고 있었다. 이런 환경 속에서 지내는 학생들은 삶의 여유를 누리며 지내는 것 같았다.

 핀란드의 7학년 수학 수업 내용은 다음과 같다. 전시 학습으로 소인수분해를 배웠고 이번 시간에는 분수를 배우는데, 대분수로 고치는 법과 기약분수로 고치는 법을 알고 문제 익히기까지 넘어갔다. 우리나라와 비슷하게 교과서는 단원 내용 연습문제의 형태로 편제되어 있었으며 두껍지는 않았다. 수업 방식도 모둠 같은 소집단으로 나누지 않고 전체 수업을 하였으며, 개념을 제시하고 확인하는 과정에서는 질문과 대답을 반복하며 평범하게 진행하였다. 현재 우리나라의 경우 수준별이라든지 협동 학습 혹은 소집단 등을 통하여 매우 다양한 방법으로 수업하는 것에 비해 그들의 수업 방식은 매우 단순해 보였다. 특별한 학습 활동지도 사용하지 않았으며, 전자칠판과 e-북을 활용한 수업으로 판서 위주의 수업도 아니었다. 그리 복잡한 내용을 다루지 않았으며 많은 유형의 문제도 제공되지 않았고, 수업 시간에 배운 내용을 그대로 잘 활용할 수 있는 문제들로 구성되어 있었다.

우리나라는 매우 다양하면서도 복잡한 문제들을 다루는 데 비해 교과서에 실린 문제들도 단순하였다. 다만 인상적인 것은 연습문제를 풀고 있는 동안엔 교사가 끊임없이 돌아다니며 학생들의 요청에 도움을 주었다. 학생들이 질문이나 답을 많이 했고, 교사는 기다려 주고 그때그때마다 답을 해주곤 했다. 이 장면이 나에게는 크게 다가왔다. 진도를 맞추느라, 계획된 분량을 가르치기 위해, 학생들이 완전하게 배움을 정립할 때까지 기다리지 못하고 바로 다음 단계로

핀란드 7학년 수학 수업

넘이가곤 했던 기억들이 떠오르면서 핀란드 교사의 기다리는 '여유'가 가슴에 와 닿았다.

　최근에 교육과 관련된 많은 책을 보고 선생님들과 토론도 하면서, '배움은 학생들이 스스로 한다'는 것을 다시 한 번 되돌아보니, 이 수업에서는 정말 기본 중의 기본인 학생과 교사의 의사소통이 매우 잘된 수업이었다는 생각이 들었다. 물론 그 중심에는 학생들이 스스로 배움의 길을 갈 수 있도록 기다릴 수 있는 교사의 '여유'와 학생들이 스스로 배움을 즐기고 학습을 할 수 있다는 교사의 '믿음'이 자리 잡고 있다.

　스웨덴의 미르허 초·중등학교에서는 체육 수업을 참관하였다. 교사는 단순히 놀이 방법을 알려주었고 학생들이 서로 술래가 되면서 계속해서 이어지는 활동이었다. 학생들은 쉴 새 없이 달리고 잡고 하였다. 참관 시간이 15분 정도여서 그 뒤에 어떻게 진행되었는지 알 수 없었으나 술래잡기를 하는 동안 교사가 특별하게 학생들을 구속하지 않았고, 학생들도 웃으며 여유롭게 체육관에서 놀면서 즐기는 모습을 보니 이 나라도 '여유'와 '믿음'이 엿보였다.

　노르웨이 베름 베르크 초등학교를 방문했을 때는 가을방학이 시작되기 바로 전날인 금요일 오후여서 정규 수업을 참관할 수 없었으나, 방과 후에 학생들이 활동하고 있는 모습은 볼 수 있었다. 그런데 여기에서 '믿음'이 얼마나 교육 방법을 바꿀 수 있는지를 다시 생각하게 되었다. 방과 후에 저학년 학생들은 강당에서 영화를 보고 있었다. 4학년 이상의 학생들은 아주 자유롭게 학교의 여러 곳에서 태블릿PC를 들고 인터넷을 보거나 게임을 하거나 친구들과 이야기를 나누고 놀이를 하고 있었다. 4학년 이상의 학생들 모두에게 태블릿

PC를 학교에서 지급하여 사용하고 있다는 설명을 들었을 때, '초등학교 4학년에게 태블릿PC를? 고장나면? 분실하면?' 이런저런 생각으로 잘 이해가 되지 않았다. 고장나거나 분실하면 본인이 책임을 지는 것이고 교육을 위해 학생들을 믿고 나누어준다는 관계자의 말에서 이 나라의 경제력도 부럽지만 학생들에 대한 '믿음'이 더욱 부러웠다.

전자 교과서를 개발하는 우리나라 관계자들 이야기에 따르면 우리도 조만간 학생들에게 태블릿PC를 나누어준다는데 그게 가능할까? 교사 입장에서 정말 어려울 텐데……. 방과 후 학교 안 이곳저곳에서 자유롭게 즐기고 있는 학생들을 우리는 두고 볼 수 있을까?

노르웨이 아이들을 지켜보면서 이런 '여유로운 교육은 아마도 학생들에 대한 믿음에서 오지 않았을까?' 하는 생각이 들었다.

북유럽의 여유와 믿음은 어디서 유래하는가

그렇다면 이런 북유럽의 '여유'와 '믿음'은 어떻게 형성된 것일까?

- 누구나 공부하고 싶으면 언제든 다시 한 번 공부를 할 수 있는 무상교육제도!
- 어떤 병이든 병원에서 아주 적은 비용으로 치료할 수 있는 의료제도!
- 자녀를 키우기 위해 1년 넘게 사용할 수 있는 육아휴직제도!
- 꼭 대학을 나오지 않더라도 보편적인 수준의 생활을 할 수 있는

이런 것들이 바탕이 되어 일선 현장인 교실에서도 여유를 누릴 수 있는 게 아닐까? 그렇다면 우리나라는 이러한 복지제도를 실시하지 못해서 여유가 없는가? 모두 무언가에 쫓기듯이 진도 나가기에만 급급해야 하는가?

북유럽 국가와 같은 복지제도는 아직 어렵지만 우리나라도 이제는 사회 환경이 많은 발전을 이루어가고 있다. 물론 아직도 경제적으로 매우 불안정하고 어려운 학생들도 많이 있다. 그렇다고 계속 비관적인 시각으로만 본다면 우리는 절대로 여유 있는 교육을 실시할 수 없을 것이다.

우리의 현실을 돌아보다

"선생님 너무 빨라요. 천천히 해주세요."

북유럽에서 돌아온 후 서울의 어느 초등학교 2학년 수업을 참관하였다. 곱셈을 배우고 그것을 재미있는 놀이를 통해 익히는 수업이었다. 교사의 발문, 태도, 언어 등 모든 것이 북유럽의 수업보다 역동적이고 재미있고 좋았다. 단지 북유럽에서 느낄 수 있었던 '여유'가 없었다. 골든 벨 형식을 통해 학생들이 출제한 문제를 해결하는 과정에서, 계산 시간이 너무 짧게 주어져 좀 느린 학생은 옆 친구들의 답을 보고 쓰는 모습을 보면서 다시 한 번 북유럽의 '여유'가 떠올랐다. 공개 수업을 한 교사와의 대화에서 "왜 이렇게 빨리 진행을 하나요?"라고 물으니, 학생들이 낸 문제를 모두 보여주고 싶어서 그랬다는 것이다. 꼭 그 시간에 모두 보여주어야 했을까? 다음 시간을 이용하면 어땠을까?

내가 평소에 수업을 할 때도 항상 느끼지만, '우리는 많은 것을 학생들에게 가르쳐주려고 하고 짧은 시간에 완벽한 결과를 기대하고 있지는 않나?', '진도를 맞추려면 어쩔 수 없다'라는 말로 우리를 가둔 것은 아닌가 싶다.

공통 진도를 맞추어야 한다는 생각은 교과서의 내용을 모두 가르치게 하고, 학년 말 평가의 시험 범위에 맞추어야 한다는 고정관념에서 나왔을 것이다. 단원평가를 중요시하고 수시로 학급별로 담임이 출제하라고 해도 여전히 옛날 방식대로 답습하고 있는 것이다. 교사 스스로 여유를 가지려면 새로운 것을 찾고, 받아들이고, 적용하려고 시도해야 하지 않을까? 그러려면 교사가 눈과 마음을 멀리 그리고 넓게 가져야 할 것 같다.

우리나라 초등학교 곱셈 수업 장면

우리나라 초등 교육의 가야 할 길을 묻다

초등 교실에서 어떻게 하면 '여유'와 '믿음'을 가지고 교육을 할 수 있을까?

물론 각종 공문서 처리 같은 행정적인 업무의 간소화와 지나친 학습량 해결이 무엇보다 중요하겠지만, 교사들 스스로 생각을 전환해야 한다. 나를 포함한 우리 교사들 대부분은 여유를 가지지 못하는 이유를 자신보다는 외부에서 찾으려 했던 것 같다.

이번 1년간의 학습연구년제와 짧지만 의미 있던 북유럽 교육 탐방을 통해 교육에서 가장 중요한 문제는 바로 '교육의 주체인 교사가 어떠한 철학을 가지고 교육을 하는가?'라는 것을 깨달았다. 특히 초등학교 교사들은 담임제이므로 1년간 함께 지내며 학생들에게 결정적인 영향을 미칠 때가 많다. 따라서 학생 개개인에 맞추면서 속도보다는 기다림을, 혼자보다는 함께를, 남을 이기는 것이 아니라 나 자신을 발전시키는 교육을 하겠다는 마음을 가진다면 초등학교 교실에서도 여유가 살아나리라 생각된다.

올여름 초등 수학과 연구회 연수에서 최혜경(대구 들안길 초등학교 수석교사) 선생님의 수학 수업에 대한 연수를 받았다. 선생님의 수업은 핀란드의 교육처럼 모든 학생들이 다 함께 가는 것을 목표로 한다. 학생들이 모두 질문하고 발표하는 형식으로 진행하는 모습을 보니 진도 걱정 탓에 교사 위주로 하는 수업의 여러 문제들이 모두 해소된 듯했다. 사교육을 많이 받아서 미리 배울 내용을 다 알고 있는 학생도, 저학년 때 수학 결손으로 수학 부진아가 되어버린 학생도, 어느 정도 수업에 따라갈 수 있는 중간 학생도 모두 함께하고 있었다. 모두가 학습에 집중하여 개념을 획득하고 수학이 정말 재미있다는 것을 느끼게 해주는 수업이었다. 조급함을 버리고 여유를 가짐으로써 멋진 수업이 되었다고 최 선생님은 말씀하였다.

그럼, 이렇게 여유 있는 수업, 삶의 근간은 무엇일까?

최혜경 선생님의 연수와 수업을 직접 듣고 참관하고 나서 수업에 대해 좀 더 이야기를 나눌 기회가 있었다. 나에게 와 닿는 한마디! 나의 마음을 요동치게 한 한마디!

"아이들은 스스로 배우는 것을 매우 좋아한다."

내가 담임으로 있던 초등학교 교실에서는 많은 아이들이 배움을 지겨워하고, 조금이라도 더 놀려고만 한다고 생각했는데 배우는 것을 좋아한다니?

다른 사람들을 만나 우리 반 학급 운영에서 가장 중요한 것이 무엇인지 이야기할 때면 난 항상 '학생들을 믿어주는 것'이라고 말하곤 하였다. 그런데 배움에서는 학생들을 온전히 믿어주지 못했던 내 모습을 이 순간 발견하였다. 교사인 내가 믿음을 확고히 가졌더라면, 공부 시간에 지겨워서 몸을 비비 꼬거나 과제를 대충 아무렇게나 하거나 기초가 부진하여 현재 학년의 공부를 따라가지 못하는 많은 학생들에게 정말 힘이 되었을 텐데……

교사의 믿음은 학생들의 신뢰를 이끌어낸다. 최혜경 선생님의 수업에서도 학생들의 교사에 대한 신뢰가 정말 대단함을 느낄 수 있었다. 그 신뢰를 바탕으로 수업에 몰입하는 모습! 교실에서는 모두가 수업의 주인이었다. 특히, 교사가 학생들의 발표를 끝까지 들으면서 경청하는 모습은 학생들이 다른 학생의 발표를 경청하는 모습으로 이어졌다. 대부분의 선생님들은 학생들이 발표할 때, 발표를 듣기보다는 다른 학생들이 말을 잘 듣고 있는지 살펴본다고 한다. 즉, 감시하는 데 신경을 쓰고 있는 것이다. 왜 이런 현상이 일어날까? 그것은 아마도 학생들을 믿지 못해서일 것이다. 학생을 믿으면 믿는 만큼 다시 교사에 대한 신뢰로 찾아온다는 것을, 그리고 스스로 배움에 몰입하는 학생들을 보게 된다는 걸 우리는 잊고 지냈던 게 아닐까?

학생들을 믿고 좀 더 여유를 가진 교사가 학생들 스스로 몰두하며 탐구하는 가운데 배움의 즐거움을 찾아가도록 기다리며 안내한다면, 학교 가기를 마냥 즐거워하는 학생들을 볼 수 있게 되지 않을까 기대해본다.

나는 대한민국의 교사다! 그리고 엄마다!

2012년에 학생들이 "우리 엄마랑 똑같아요."라고 들려줬던 온라인 유머가 있다. 초등학교 1학년부터 고등학교 3학년까지 엄마가 아이에게 주로 하는 말들이라고 한다.

초등학교 1학년 때 엄마는 아이에게 이제 초등학교 들어가니까 공부를 열심히 해야 하고,

초등 2학년 때는 후배들이 생겼으니까 모범을 보이며 공부를 열심히 해야 하고,

초등 3학년 때는 1년만 있으면 고학년이니까 공부를 열심히 해야 하고,

초등 4학년 때는 고학년이니까 공부를 열심히 해야 하고,

초등 5학년 때는 1년만 있으면 6학년이니까 공부를 열심히 해야 하고,

초등 6학년 때는 1년만 있으면 중학교 가니까 공부를 열심히 해야 하고,

중학교 1학년 때는 중학생이니까 공부를 열심히 해야 하고,

중학교 2학년 때는 1년만 있으면 중3이니까 공부를 열심히 해야 하고,

중학교 3학년 때는 1년만 있으면 고등학교 가니까 공부를 열심히 해야 하고,

고등학교 1학년 때는 내신이 중요한 고등학생이니까 공부를 열심히 해야 하고,

고등학교 2학년 때는 1년만 있으면 고3이니까 공부를 열심히 해야 하고,

고등학교 3학년 때는 무조건이니까 공부를 열심히 해야 하고…….

이 이야기가 웃기면서도 그 이유 하나하나가 공감되는 것은 어쩐란 말인가.

만약 이 글을 중학교 1학년인 딸에게 보여주면 "엄마랑 똑같다."라고 말할까? 그런 말을 들으면 왠지 싫을 것 같다. 그래도 나는 학생들을 잘 이해한다고 생각했던 교사인데, 우리 딸에게도 이렇게 말하고 있었다는 걸 인정하고 싶지 않은 게 솔직한 마음이다.

이것저것 생각 많은, 나는 대한민국의 17년 차 교사이자 두 딸을 둔 13년 차 엄마이다.

엄마로서의 나, 교사로서의 나

"안녕하세요. ○○ 엄마예요. 중학교 과학 교사로 근무해요."

해마다 새 학년이 되어 엄마들끼리 모이는 자리에서 서로를 소개할 기회가 있을 때마다 좀 부끄럽게 나를 소개한다. 그러면 어머니들은 이렇게 말하곤 한다.

"어머, 그럼 딸에게도 잘 가르쳐주시겠네요. ○○는 좋겠다. 과학도 잘하죠?"

내가 부끄러워하는 이유는 교사이자 엄마인 나를 바라보는 그들의 시선이 부담스럽기도 하지만, 교사라서 자녀를 잘 지도할 것이라는 그들의 생각에 마음이 쓰라리기 때문이다.

사실 중학교 1학년인 딸은 수학을 제일 싫어하고 그다음으로 과학을 싫어한다. 시험 볼 때 가장 낮은 점수를 받는 과목도 수학이다. 같이 공부도 해보고 과외나 학원의 도움도 받아보았지만 여전히 좋은 성과를 거두지 못하고 있다. 딸아이는 성적이 계속 낮게 나오니 자신감도 많이 떨어졌다. 수학 시험을 보고 온 날이면 시무룩해하거나 지난번보다 점수가 1점만 올라도 호들갑을 떨면서 좋아한다.

"지난번보다 수학 점수가 더 올랐어?"

"응, 지난번엔 40점 맞았는데, 이번엔 50점을 맞았어. 잘했지?"

"음…… 더 나아졌네, 그래도 아직 평균 이하잖아."

지난번보다 성적이 올라간 건 분명한데, 난 만족스럽고 대견해하는 게 아니라 아쉬움이 가득한 얼굴로 아이와 이야기를 한다.

그런 딸이 가장 열심히 하고 좋아하는 과목은 영어다. 그래서인지 성적도 잘 나온다.

"지난번보다 영어 시험 더 잘 봤어?"

"아니, 지난번에 97점이었는데, 이번엔 94점이야. 그래도 잘했지? 엄마."

"응, 잘했네. 그런데 맨날 한 개, 두 개씩 틀리네. 실수하지 말고 차분하게 시험을 봐야지."

94점은 못한 점수가 아닌 게 분명하지만 100점을 맞을 수 있는 실력인데도 실수가 많다는 아쉬움에 아주 기쁜 마음으로 아이를 칭찬하지 못한다.

수학은 지난번보다 나아졌지만 아직도 낮은 성적이라고 실망하고, 영어는 여전히 좋은 성적이지만 지난번보다 떨어졌다고 실망한다. 엄마로서 우리 아이가 전교 1등을 한다면 만족하고 아이를 진심으로 칭찬하게 될까? 잘하지 못하는 수학과 과학에서 높은 성적을 거두게 되면, 그것만으로도 아이의 성적을 자랑스러워할까? 단언컨대, 난 '아이의 성적에 대해 만족할 줄 모르는 엄마'이다.

이번에는 교사로서의 내 모습을 살펴보자.

해마다 3월에 학부모 총회가 열린다. 학부모들은 대체로 '우리 아이의 담임선생님은 어떤 분일까?'라는 궁금함을 가지고 학교를 찾는다. 나는 처음 만나는 자리에서 교사로서 우리 반을 이끌어가는 교육철학과 학부모에게 전하는 당부를 약 30분간 전하고 나서 개인적으로 면담 시간을 갖는다.

나는 학부모님께 주로 이렇게 말한다.

"아이들의 눈높이에 맞춰 아이들 이야기에 귀 기울이고 따뜻한 마음으로 좋은 관계를 유지해주세요."

"아이들은 학교생활 자체만으로도 힘들어할 때가 많다는 것을 알아주고 집에서라도 편안할 수 있도록 만들어주세요."

한마디로 말하면 "집에서 성적으로 아이들을 들들 볶지 말아달라."는 부탁이다.

또 우리 반 학생들에게는 조종례 시간을 이용해 이런 이야기를 한다.

"학교 성적이 낮아도 나는 괜찮은 사람이라는 자존감을 절대 잃지 말자."

"자신을 믿고 사랑할 줄 아는 사람이 다른 사람을 믿고 이해할 수 있는 사람으로 성장한다."

"이런 사람들이 모인 우리 반은 서로 배려하고 이해하는 문화가 있는 반이다."

그러면 학생들은 자신의 문제를 나에게 얘기하면서 학교생활의 어려움을 같이 풀어나가려 한다. 지금까지 학생들과 큰 불편함을 느끼지 못했고 그럭저럭 학생들을 이해하려고 노력한 교사였다고 스스로 생각한다.

그러나 교사로서의 나의 자부심은 집에 와서 딸에게 하는 말과 행동을 돌이켜볼 때마다 자괴감으로 바뀐다. 아이의 행복보다는 미래에 대한 근심 때문에 성적에 더 신경을 쓰는 내 모습은, 학교에서 학생들에게 그리고 학부모님들에게 그러지 말라고 했던 나의 말들을 부끄럽게 만든다. 오, 이런 인생의 이율배반! 나의 교육철학과 실제 삶이 일치하지 않는 불편함은 나를 더욱 힘들게 만든다. 이 시대를 살아가는 엄마로서, 교사로서 나는 이 불편함을 어떻게 해소할 수 있을까?

북유럽에서 들린 내 마음속 울림

'2013 학습연구년 특별연수 서울 초중등 교사 북유럽 3개국 교육 탐방'으로 스웨덴에 갔을 때, 미르허 초·중등학교Myrsjöskolan의 교장 선생님께 이런 질문을 했다.

"이 학교에 보내는 학부모들은 어떤 점들을 만족해합니까?"

"첫째, 학교가 정확하게 정보를 제공하고 있다는 점입니다. 우리 학교는 학생들이 학교에서 경험하는 일들을 정확하게 전달하고 있습니다. 둘째, 학생들이 안전하게 학교에서 공부하고 있다는 점입니다. 셋째, 학생 수가 18명 이내의 작은 규모의 학급이라는 점입니다."

스웨덴 엄마들은 학교의 정보를 잘 알 수 있다는 점과 학생들이 학교에서 안전하게 공부할 수 있다는 점을 학교만족도의 가장 중요한 기준으로 삼는다는 것이 낯설었다. 그건 학교의 가장 기본적인 역할이 아닌가.

'중학교 1학년 딸아이를 학교에 보낼 때 어떤 점을 만족해하면서

스웨덴 미르허 초·중등학교의 전경

학교에 보내고 있지?'라고 생각해보니, 그 학교의 특목고 진학률과 면학 분위기가 나의 기준이었다. 아이가 학교에 가서 어떻게 지내는지, 배움의 과정이 일어나는 환경과 과정이 어떤지를 살피는 것이 아니라, 성적·진학 등의 결과만 보고 좋은 학교에 다니고 있다고 생각했다. 엄마로서 아이가 학교에서 어떤 생활을 하고 어떻게 성장해 가는지를 사랑으로 지켜봐주는 가장 기본적이면서 중요한 것을 잊고 있었다. 왜 나처럼 우리나라 엄마들은 엄마의 본분을 잊고 성적에 지나친 관심을 가지며 아이들을 힘든 학업의 스트레스 속에 내몰고 스스로도 힘들게 살고 있는 것일까?

그 해답을 북유럽 교육에서 찾는다는 것은 어쩌면 우리나라의 문화와 현실을 무시한 오답일 수도 있다. 북유럽은 가정과 학교·지역 사회가 서로 협력하며 개인의 잠재력을 최대한 발휘할 수 있는 교육 제도를 만들고 있지만, 우리나라는 교육과 양육의 거의 모든 의무와 책임을 부모가 지고 있고, 입시 경쟁 때문에 부모의 정신적·물질적 고통이 매우 큰 것이 현실이다. 세계에서 손꼽히는 저출산국이 된 것도 그런 교육 환경이 크게 작용했기 때문이다. 이런 고통의 교육 환경을 벗어나려 해도 나처럼 자녀의 미래를 걱정하며 모두 같은 길을 걷고 있어 아이도, 엄마도, 옆집 엄마도, 학교 교사들도 모두가 힘들어하는 교육 문화가 굳건히 유지되고 있는 것이다.

그러나 북유럽의 교육 현장을 본 내 속에 작은 울림이 들려왔다.

'그렇게 사는 넌 안 힘드니?'

'아이의 얼굴이 행복해 보이니?'

'이제 학부모가 아닌 엄마로 돌아가자. 나만이라도 과속으로 달리는 열차에서 내려서 한숨 쉬고 아이를 바라보자.'

'우리 이이가 어떤 생각을 가지며 살고 있는지 아이의 말에 귀 기울일 수 있는 여유를 찾아보자.'

엄마로, 교사로 제자리 찾기

결혼하고 3년 만에 낳은 아이는 나의 기쁨이었다. 처음 유모차를 밀고 나갔을 때, 아이의 분유를 사러 마트에 갔을 때의 그 기쁨을 지금도 잊지 못한다. 그때는 아이가 먹는 분유의 양이 평균치에 미치지 못해도, 변을 하루에 몇 번씩 싸도, 이불에 오줌을 싸서 빨랫감을 만들어도 나와 마주쳐 웃는 것만으로 세상을 다 얻은 것 같았다. 그때나 지금이나 아이는 내가 그런 따뜻한 엄마로 곁에 있어주길 바랄 것이다.

엄마가 자신을 따뜻하게 보듬어 주는 울타리가 아니라, 평가하고 분석하는 교육자가 되어버리면 아이는 자신의 마음을 털어놓을 안식처를 잃어버리게 된다. 공부하는지를 늘 감시하고 아이의 성적을 철저히 관리하는 매니저가 되어버린 엄마는, 아이가 잘 보여야 하는 대상일 뿐 세상에서 가장 포근한 대상은 아닐 것이다. 아이에게 필요한 엄마는 성적에 대한 열의를 가진 엄마가 아닌 사랑으로 가득 찬 엄마이다.

집에서 나는 우리 아이에게 교사가 아니라 '엄마'이다. 우리 아이에게는 엄마가 필요한 것이다. 더 이상 교사로서 우리 아이를 바라보지 말고 이제는 엄마로서 아이를 바라봐야 한다. 아이의 성적과 관련된 학교 교육은 학교의 교사에게 맡기고 아이의 든든한 울타리인 엄마로, 집에서의 나의 역할을 분명하게 찾는 것이 아이와 나의 관계를 개선하는 첫걸음이다.

고2·고1·중2 세 자녀를 키우는 교사 부부가 갑자기 직업을 버리고 아이들의 학업도 중단한 채, 545일 세계여행을 떠나 인생의 참 의미를 배운 옥패밀리 이야기 ❋는 엄마로서 역할이 무엇인지 잔잔한 울림을 준다. 중학교에 들어간 큰아이의 낮은 성적 때문에 생겨난 가족 간의 갈등은 결국 더 이상 이렇게 살 수 없다고 결심하는 계기가 되었고, 그들은 그길로 세계여행을 떠났다. 부부는 아이를 있는 그대로의 모습으로 봐주는 것이 아니라 성적이라는 한쪽 면만 보는 냉철한 평가자가 되었기 때문에 아이를 비난하였고, 결국엔 같이 있는 것만도 고통인 관계가 되어버렸다. 관계 회복을 위해 떠난 세계여행에서 가족은 여러 가지 어려움을 같이 극복하고, 아이들의 다양한 가능성을 진실된 눈으로 보게 되면서, 아이들을 믿는 부모 본연의 모습으로 돌아올 수 있게 되었다. 그런 부모의 변화는 아이들에게도 영향을 미쳤고, 자신의 인생을 책임질 줄 아는 성숙한 사람으로 성장하게 되었다. 여행을 마치고 다시 일상으로 돌아온 그들에게 어려움은 있을지 몰라도 좌절이란 없는 단단한 가족이 되었다.

엄마로서, 아빠로서의 역할은 아이들이 성장할 수 있는 환경을 만들어주고 지켜봐주는 것이라는 메시지를 이 책은 우리에게 전해준다. 지켜만 봐주어도 아이들은 자신의 어려움을 스스로 극복할 힘이 있다고 믿는 것이 부모의 역할이라는 것을 잊지 말라고 가르쳐준다.

■ 박임순(2011). 『세상이 학교다 여행이 공부다-옥패밀리 545일 세상 학교 이야기』, 북노마드.

니도 아이의 가능성과 능력을 믿는 엄마의 역할을 잇지 않겠다. 영어 점수가 100점이든 수학 점수가 50점이든 성적에 애달파하지 않고 학교에서 어떤 공부를 하고 있는지, 하고 싶은 것은 무엇인지, 어떤 하루를 보내고 있는지 아이가 하는 이야기를 따뜻한 시선으로 지켜보겠다. 교사로서 얻는 직업적인 나의 소양을 집으로 가져와 엄마로서의 역할을 잊는 오류를 범하지 않도록 노력해야겠다.

엄마로서의 나의 다짐이 쉽사리 흔들리지 않으려면 학교에서 교사의 역할도 중요하다. 왜냐하면 아이가 학교에서 충분히 배워야 엄마들이 불안하지 않기 때문이다. 교사는 자신의 인격과 지성으로 학생들을 배움으로 이끄는 사람이다. 학생들이 배우지 않아도 전혀 불편함을 느끼지 못한다면 교사로서 역할을 다하지 못하는 것이다. 학생들의 배움이 잘 일어나고 있는지 자신이 쌓아온 교사로서의 자질을 총동원해 살펴보고 엄마들이 더 이상 교사의 역할로 나서지 않도록 믿음을 줘야 한다. 교직의 매뉴얼대로 움직이는 교사가 아닌 학생들의 생각을 읽고 마음에 눈을 맞춰 가르치는 진정한 스승이 필요하다.

학부모들에게 "아이들의 공부는 학교에 맡겨주세요. 학생들이 어떤 생각을 하고 어떤 배움을 하고 있는지 잘 살펴보겠습니다. 공부에 대한 잔소리는 제가 다하겠습니다. 그리고 학생들이 집에 가면 공부 얘기는 하지 마시고, 오늘 하루 어떻게 지냈는지 아이들과 재밌게 얘기를 나누세요."라고 자신 있게 말할 수 있는 교사가 되려고 노력해야겠다.

나도 이런 교사가 되고 우리 아이 학교의 교사도 이런 교사가 될 수 있도록 먼저 해야 할 것은 교사들의 교육을 엄마로서 믿어주는

것이다. 아이가 모르는 것을 정확하게 질문할 수 있도록 도와주어야
한다. 교사를 믿고 배우려 하는 자세를 길러주어야 한다.

"모르는 것이 뭐니? 모르는 게 무엇인지 잘 적어볼래? 엄마도 모
르니 전문성을 지닌 학교 선생님께 여쭤보렴."

손쉽게 사교육을 접할 수 있는 강남에 살면서 학과와 관련된 어
떤 사교육도 하지 않고 오직 학교 교육만으로 좋은 학교에 아이를
입학시킨 지인의 이야기는 이 방법이 틀리지 않다고 알려준다. 사교
육에서 절약한 비용으로 가족과 여행을 다니고, 가족 간의 유대도
공고히 하면서 행복한 삶을 사는 지인의 모습에서 학교 교육에 대
한 희망을 본다. 그리고 그 희망은 아이들을 열정적으로 가르치는
학교 교사로서의 삶과 아이를 믿는 엄마로서의 삶에 지표가 될 것
이다.

- 첫째, 2013년 북유럽에서 들린 내 마음속 울림
- 둘째, 고2, 고1, 중2 세 자녀의 학업을 중단한 뒤 545일 세계여
  행을 떠나 부모의 역할을 찾고 자녀에게 인생의 산 의미를 배우
  게 한 옥패밀리 이야기
- 셋째, 사교육이 판치는 강남에서 오로지 학교 교육을 믿고 아이
  를 훌륭하게 키워내신 지인의 이야기

엄마로 돌아가고, 교사로 돌아가려는 나의 결심이 흔들리고 노력
이 힘겨울 때마다 앞에서 말한 세 가지 교훈을 떠올리며 근본으로
돌아가기 위해 힘쓰려 한다.

학교가 안전해야 학생이 행복해집니다

　학생들이 좋아하는 학교, 학생들이 가고 싶은 학교, 부모가 원하고 보내고 싶은 학교는 과연 어떤 학교일까? 공부를 잘 가르치고 좋은 상급학교나 대학에 잘 진학시키는 학교라면 대다수의 학부모가 흡족해할지도 모르겠다. 학교 교육에서 진학은 학교나 학부모의 입장에서 매우 중요한 일부임에는 틀림없다. 그러나 이러한 교육의 성과를 이루는 과정에서 학생이나 학부모, 그리고 교사 모두가 행복하지가 않다면, 진정한 교육철학을 담은 교육을 했다고 말하지는 못할 것이다. 그렇다면, 지속가능한 행복교육을 실행하는 학교는 어떤 학교일까?

　2013년 가을 스웨덴 스톡홀름의 외곽 낙카Nacka라는 지역의 한 학교를 방문한 적이 있다. 레나 교장은 학교 소개를 하면서 낙카 지방교육위원회 소속 학교 가운데서 국가시험 평가에서 우수한 성적을 거두기도 하였지만, 교장으로서 가장 자랑하고 싶은 것은 이 지역 교육위원회 소속 학교 가운데 학부모가 가장 보내고 싶어 하는 학교인 것이라고 말한다.

　"시설도 그다지 좋아 보이지 않는데 그 이유가 무엇이냐?"라는 질문에 학생의 안전을 최우선으로 하기 때문이라는 것이다. 그런 이유로 학생들이 학교에 가기를 좋아한다는 것이다. 무엇보다도 학생들이 학교에서 생활하는 것이 행복하다고 말한다는 것이다. 놀라운 것은 학부모가 학생의 성적이나 좋은 학교 진학이 아니라 자녀가 원하기 때문에, 그리고 자녀의 안전을 최우선으로 하기 때문에 선호한다는 것이다.

과연 이와 같은 학교에 대해 우리의 부모님들은 어떤 평가를 내릴지 사뭇 궁금해진다. 최신 교육 기자재를 확보하여 구비해놓은 것도 아니다. 스톡홀름 시내 중심에 있는 것도 아니다. 단지 안전을 특성화하여 교육할 뿐이다. 그런데 학생들은 학교에 가고 싶어 하고, 학교생활이 행복하다고 한다. 그래서 부모도 자녀를 보내고 싶어 한다. 혹시나 해서 몇몇 학생들에게 질문을 해보았다.

"학교에 오는 것이 좋니? 선생님이나 친구와의 문제로 인해 혹 학교에 가고 싶지 않을 때가 있었니? 선생님과의 관계는 원만하니? 수업 중에 선생님과 또는 친구와 협력이 잘 이루어지니? 학교생활을

스웨덴 중학생과의 행복한 대화

통해 행복감을 어느 정도 느끼니?"

대담을 나눈 모든 학생들이 진실 어린 대답을 해주었고, 무엇보다도 그들의 얼굴에서 참 행복해하는 표정을 느낄 수 있었다는 점에서 더욱 놀라움을 금할 수가 없었다. 학교에서 안전이 확보되면 우리의 학생들도 이 아이들과 같이 학교에 가고 싶어지고 학교생활이 행복해질 수 있을까? '우리나라 학교에서도 안전이라는 울타리를 마련하여 그 안에서 즐겁게 생활할 수 있는 장치나 제도를 마련하는데 아이디어를 모아야겠다.'라는 생각을 가슴에 담고 돌아왔다.

학교는 서로 다른 인격체가 만나 서로를 인정하고 공정한 기회와 교육을 통해 학생 각자가 사회의 구성원으로서 올바르게 자리매김을 해나가는 곳이며, 안전하다는 믿음 하에서 행복하게 성장할 수 있는 사회화의 장소이다.

학교 폭력을 알면 안전이 보여요

학교 폭력은 학교 내외에서 학생을 대상으로 발생한 상해, 폭행, 감금, 협박, 약취·유인, 명예훼손·모욕, 공갈, 강요·강제적인 심부름 및 성폭력, 따돌림, 사이버 따돌림, 정보통신망을 이용한 음란·폭력 정보 등에 의하여 신체·정신 또는 재산상의 피해를 수반하는 행위이다

폭력에 대한 정의는 각 나라마다 또는 학자마다 제각각이며, 철학

자의 관점과 경제학자의 관점에서 바라보는 폭력에 대한 정의 또한 약간의 차이가 존재한다. 폭력에 대한 정의는 우리나라는 '교육과학기술부(2012) 학교 폭력 대책법 제2조'에 위와 같이 기술되어 있다.

이 정의에서 특이한 것은 학교 폭력이 학교라는 물리적 장소에 국한되지 않고 학교 밖의 사안에 대해서도 학교 폭력으로 인정하고 있다는 것이다. 학교 밖에서 이루어진 폭력은 더욱 가혹하고 잔인하게 진행되고 있다는 것을 신문 지면이나 TV 보도를 통해 학부모들은 접하곤 하였다. 실제로 학교 현장에서도 학교 폭력과 관련하여 문제를 일으킨 학생들을 대하다 보면 대부분의 큰 사건들은 다른 학생의 시선이나 교사의 감시를 벗어난 곳에서 은밀하게 이루어졌던 적이 많았다. 따라서 학교 폭력은 학교 관계자뿐만 아니라 학부모, 경찰 등 사회 구성원 모두가 지켜보고 감시해야 할 공동의 책무인 것이다.

학교 폭력, 예방이 최우선이다

핀란드, 스웨덴, 노르웨이 이들 세 나라는 복지국가라는 타이틀 외에도 성공적인 교육정책으로 다른 나라의 이목이 집중되고 있다. '학업성취도 국제비교연구PISA'에서 2003, 2006년에는 최상위권, 2009년에는 6위·3위·2위에 들었을 정도로 교육개혁이 성공한 나라로 부러움을 한 몸에 받게 되었다. 교육 방법뿐만 아니라 학교 폭력 예방에 있어서도 세계적인 모범국가로 평가받고 있다. 이들 세 나라에도 우리나라의 학교와 마찬가지로 집단 따돌림과 폭행이 존재한다. 알콜, 마약문제, 그리고 이민자 자녀 문제로 인해 우리나라가 안고 있는 문제보다 더 많이 시름하는 나라이다. 특히 조사 기관에 따라 차이는 있지만, 학교 폭력 발생률이 3~4%로 매우 낮으며, 다른 나라들의 발생률이 평균 10% 대란 점을 감안한다면 절반 정도에도 미치지 않는다. 학교 폭력 발생 비율이 이토록 낮은 이유는 전국민이 함께 관심을 가지고 문제를 해결하려는 의지가 강하였고, 시의 적절한 예방 프로그램을 만들어 시행했다는 점이다. 사후 약방문 두드리는 정책이 아니라 약방에 가기 전에 환부가 발생하지 않도록 사전에 폭력을 차단하는 데 중점을 두고 예방 교육이 이루어졌다는 점이 우리와는 확연히 다르다. 이들 나라의 학교 폭력 예방 프로그램을 살펴볼 필요가 있다.

핀란드어로 '좋은 학교'라는 뜻의 '키바 코울루KiVa Koulu 프로그램'은 학생들이 학교 폭력을 방관하지 않고 적극적으로 대응하도록 교육하는 학교 폭력 예방 프로그램이다. 키바는 사례 기반의 구체적 활동으로 짜여 있으며, 학생들이 피해자를 보호해야 한다는 인식을 하게 되는 계기를 만들었다. 키바 프로그램은 가해자와 피해자 간의 문제로 학교 폭력을 소극적으로 해결하려는 것이 아니다. 왕따나 폭력을 목격하고도 방관하는 학생들의 협조와 협력을 통해서 문제를 해결해나가는 것이다.

키바는 예방을 위한 전반적 교육과 사후 해결을 위한 표적 상담이라는 두 가지 방향으로 이뤄져 있다. 또한 학년에 따라 세 단계로 다른 프로그램이 운영된다. 전반적인 교육은 학급단위로 연간 20시간(2시간 10회)을 정규 교과과정으로 정해서 시행되는데, 모든 학생들이 학교 폭력 예방 토의 수업, 비디오 영상 수업, 컴퓨터 게임, 역할극, 소규모 그룹 활동에 참여하도록 하여 2011년 핀란드 학교 전체의 90% 이상이 참여했다. 이를 통해 아이들은 왕따가 자신과 친구들에게 어떤 영향을 미치는지 자각하고, 왕따에 대한 자신의 인식과 대응 태도의 불일치를 극복할 자신감을 갖게 되며, 왕따에 직면했을 때의 대처 방식을 친구들과 머리를 맞대고 스스로 하나씩 만들어내는 과정을 밟는다. 키바 코울루 참여 학교는 비참여 학교보다 학교 폭력이 약 30%가량 줄어들었고, 핀란드에 이어 네덜란드, 미국 델라웨어주, 영국 웨일스로도 확대됐다.

우리나라 교육부도 키바 코울루 프로그램을 모델로 국가 수준의 학교 폭력 예방 교육을 위한 '어울림' 프로그램을 개발하여, 2013학년도 2학기부터 300개교 시범 운영을 시작으로 2017년까지 모든 학교에 적용한다는 계획을 세우고 있다. 공감, 의사소통, 갈등 해결, 학교 폭력 인식·대처 등 6개 분야로 구분되는 어울림 시간에 심리·상담 전문 '어울림 카운슬러'가 교사와 함께 놀이·음악·미술·역할극 등 체험활동을 진행한다. 기존의 일회적·집합적·일방통행식 교육 방식에서 벗어나서 역할극, 음악·미술 활동, 집단상담 등 체험형으로 구성하였다는 점에서 이전과는 다르게 접근하고 있다.

스웨덴의 경우는 프렌즈Friends라는 전문적인 기관http://www.friends.se/에서 학교 폭력을 관리하며 학교 폭력 캠페인과 공익광고를 제작하여 방영하고 있다. 공익광고를 통해 약자를 괴롭히는 것을 '악'으로 간주하고 분명하게 인식시키는 메시지를 담아 전달하고 있다.

노르웨이는 학교 폭력에 시달리던 학생 3명이 잇따라 목숨을 끊은 사건을 계기로 학교 폭력 예방에 국민적인 관심을 갖게 되었다. '멈춰' 프로그램은 또래 괴롭힘bullying이라는 용어를 처음 사용한 노르웨이 학자 올베우스Olweus가 주창하여 개발한 것으로서 사회 전체가 나서서 실천하는 괴롭힘 근절 실천운동Manifesto Against Bullying이다. 이 프로그램은 폭력 예방 및 상황 발생 시 어떻게 대처해야 하는지에 대한 구체적인 행동지침을 마련하고 있다. 핵심적인 프로그램은 학생 행동 규칙의 실천적 내용을 담은 다음의 4대 규칙과 멈춰 제도, 그리고 역할극이다.

- 우리는 다른 학생을 괴롭히지 않을 것이다.
- 우리는 괴롭힘당하는 학생을 도울 것이다.
- 우리는 혼자 있는 학생과 함께할 것이다.
- 만약 누군가 괴롭힘당하는 것을 알게 되면, 우리는 학교나 어른들에게 이야기할 것이다.

교사와 학생은 괴롭히는 행동을 목격하면 "괴롭힘 멈춰Stop Bullying"라고 외친다. 피해 학생이 '멈춰'라고 외치면 주변의 아이들도 함께 '멈춰'라고 외침으로써 다수의 학생들이 방관자가 아니라 방어자가 될 수 있게 하는 학교 폭력 예방 프로그램이다. 소수의 외침보다 다수의 외침이 폭력을 막을 수 있는 더 강한 힘을 발휘한다는 사실을 적용하였다. 프로그램 실시 후 2년 만에 학교 폭력이 50% 이상 감소하였을 정도로 효과를 발휘하였으며, 영미와 일본, 그리고 우리나라 등에서 초등학교 과정부터 멈춰 프로그램을 정규 교과목에 편성하여 가르치면서 학교 폭력을 예방하고 있다.

학교 폭력, 달라도 너무 달라요

학교에서 발생되는 폭력의 형태와 양상은 학교 밖에서 벌어지고 정의되는 폭력과는 사뭇 다르다. 이러한 차이를 지각하지 못하는 부모나 사회의 시각으로 학교 폭력을 바라보면 올바른 해결을 도출해 내는 일이 쉽지 않고, 오히려 해결을 더욱 어렵게 하기도 한다. 학교에서 벌어지는 폭력의 성격과 형태는 학교라는 작은 사회 조직이 갖는 특수한 환경으로 인해 학교 밖의 어른들이 생각하는 사회와는 다르게 나타나며 법에서 정의하고 있는 폭력처럼 명확하게 정의될 수가 없으며, 따라서 복잡한 특성을 지닐 수밖에 없는 것이다.

학교 폭력의 특성 중 하나는 일반 사건과 달리 폭력을 당하고도 피해자가 드러내지를 않으려 한다는 점이다. 학교 폭력은 증거가 있어도 신고되지 않고 감춰진다는 데 더 큰 문제가 있다. 피해 학생이 분명한 신체 외부에 폭력으로 인한 상흔, 즉 명확한 증거가 있는데도 불구하고 신고를 하지 않으면 가해자를 찾아 여죄를 물을 수가 없다. 학급을 관리하는 교사가 피해자의 눈에 보이는 폭력의 흔적을 발견하고 물어볼 경우에도 피해자가 사실을 말하지 않으면 알 길이 없다. 혹시나 가정 폭력으로 인해 생긴 상처가 아닌가 생각되어 이때도 무척 조심스럽다. 부모에게 전화를 걸어 확인을 해보지만 대부분은 역시 부모도 모르는 경우가 허다하다. 이와 같은 은폐는 학급 담임이 모르면 부모도 거의 모르기는 마찬가지이다. 가해자가 피해자를 더욱 옥죄는 협박은 부모를 경계하기보다는 학교와 학급 담임을 더 경계하기 때문이다.

한국교육개발원이 보급한 '어울림 학교 폭력 예방 프로그램'(중학

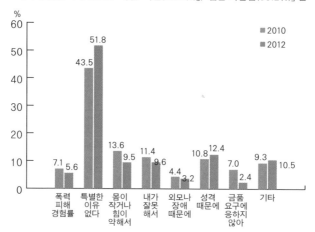

★ 2013 청소년 통계 자료(통계청, 여성가족부) ★

중·고등학생의 폭력 피해 경험은 5.6%
폭력 피해 이유는 「특별한 이유 없다(51.8%)」임

2012년 중·고등학생이 최근 1년간 폭력(폭행, 갈취, 협박, 왕따 등) 피해 경험은 5.6%임
• 폭력 피해 이유로는 「특별한 이유 없다(51.8%)」, 「성격 때문에(12.4%)」 순
• 폭력 유형별 피해 경험은 「욕설·폭언(56.2%)」, 「집단 따돌림(38.2%)」 순

교 교사용, 2013)에서 알 수 있듯이 폭력이 이유 없이 저질러지는 경우가 절반 이상으로 나타나고 있다. 가해자는 피해자를 지속적으로 인격적으로 놀리고 신체적으로 괴롭히고 자신들의 노리갯감 정도로 여긴다. 그러는 과정에서 학급 분위기가 가해자들이 피해자를 괴롭히는 것을 재미있게 여기게 되고 다수의 목격자들이 암암리에 동조를 하거나 구경꾼이 되어버린다. 피해자는 이유도 없이 힘에 의해 그리고 다수의 방관과 암묵적 동조에 폭력을 당하게 된다. 폭력이 하나의 놀이로, 공동의 재미로 바뀌고 오직 가해자와 피해자만이 존재하게 된다.

시작은 몇몇의 가해자가 소수의 피해자를 괴롭히는 것으로 시작됐지만, 결과적으로는 학급 전체가 가해자가 되어버리는 것이다. 이러한 과정이 지속됨에 따라 의지할 곳이 없어진 피해 학생이 겪는 고통은 이루 말할 수가 없으며, 이러한 고통에서 자신을 구해줄 사람이 없다는 현실 때문에 자신의 존재감에 대해 부정적으로 생각하고 극단적인 선택을 하기도 한다는 것이다.

이렇게 하면 어떨까요?

북유럽에서 왕따와 같은 폭력사건이 발생하게 되면 교사는 책임을 지고 문제를 해결해야 하고, 문제가 학교 차원에서 해결이 안 되면 즉시 지방교육위원에 신고를 하게 되며, 지방교육위원회는 문제 해결을 위해 적극적으로 나서게 되어 있다. 북유럽 3개국의 학교 당국자들을 보면서 깨달은 것은 이들은 문제가 발생하면 원칙에 따라 신속하게 문제를 해결하려고 한다는 것이다. 무엇보다도 가해자와 피해자 학부모가 학교의 중재를 신뢰하고 공동으로 문제를 해결하려고 노력한다는 것이다. 문제 해결이 잘 안 되어 지방교육위원회에 올라오게 되면 보상의 문제가 발생하고 그렇게 되면 학교에 배정되는 예산이 그만큼 줄어들기 때문이기도 하다. 예산이 줄면 학교의 특색을 살리는 교육을 실시할 수가 없게 됨으로써 학생이나 학부모의 학교에 대한 평가가 나쁘게 나와 학교 지원율을 떨어뜨려 학교 재정이 다시 악화될 수밖에 없다. 이 때문에 학교에서는 무엇보다도 학교의 안전을 내세워 학생들이 학교를 가고 싶어 하고 학교에서의 생활이 재미있고 실용적이며 미래를 준비하는 데 도움이 된다는 인식을 확산시키려고 노력하는 것이다.

우리나라에서도 북유럽을 통해 얻게 되는 몇 가지 혜안을 통해 무엇보다도 학생의 안전이 확보되고 학교생활이 행복할 수 있는 제도적 장치와 해결 방법들을 모색하고자 한다.

첫째, '안전한 학교' 공시제도가 도입되어야 한다.

학생은 학교에서 행복할 권리가 있고 그 시작은 안전의 확보이다. 학생의 안전을 보장하려는 노력을 하지 않는 학교에 학생을 보내야 하는 부모의 심정과 학생의 불안감을 누가 보상해줄 수 있단 말인가? 학생의 안전을 책임져야 하는 것은 학교 당국자의 당연한 책무이며, 책무를 다하지 못한 학교에는 그만큼의 책임을 물을 수 있는 장치가 마련되어야 할 것이다. '안전한 학교' 공시제도를 통해 학부모와 지역사회가 학교의 노력을 감시하고 동시에 안전한 학교 조성을 위한 협력자로 발전해나갈 수 있도록 하는 장치를 마련해야 한다. 학교는 공시제도로 인해 안전을 위한 노력의 결과가 지역사회에 알려지게 되고, 안전하지 못한 학교가 되면 학교의 평판이 나빠지고 결국은 기피 학교가 되어 어려움을 겪게 될 것이다. 반대로 안전한 학교로 공시되고 소문이 나면 학교에 대한 긍정적 인식과 학부모의 협조로 인해 더욱 발전하는 학교로 변모해나갈 수 있는 계기가 마련될 것이다.

학교 폭력의 상처가 생각보다 깊은 것은 드러내는 것을 두려워하고 쉬쉬하는 풍조가 한몫을 더했다고 해도 과언이 아니다. 폭력과 관련한 모든 사안을 관할 교육청이 감시하고 정직하게 학부모에게 공시하게 함으로써 학교와 교육청, 그리고 학부모 간의 신뢰를 쌓아가는 출발점으로 삼아야 한다.

둘째, 확고하고 엄격한 학교 폭력 처리 매뉴얼이 보급되고 지켜져야 한다.

학교 현장에는 학교 폭력 사건을 처리하는 과정을 담은 학교 폭력 예방과 대책에 관한 매뉴얼이 보급되어 있다. 관련 법령과 매뉴얼에 대한 학교와 교사의 숙지가 반드시 선행되고, 엄격하게 준행되어야 법이 설 수가 있음을 명심해야 한다. 교사나 학교가 자신의 이익을 위해 편법을 쓰는 일은 없어야 하며, 편법은 오히려 더 큰 피해를 일으킬 수 있음을 알아야 할 것이다.

교사의 문제 해결 노력에 학교는 다수의 횡포에 대해 중립적이고 원리 원칙에 의거하여 문제를 해결해나가야 할 것이다. 부모도, 교사도, 학교도, 그리고 학생들은 어떠한 폭력도 정당화될 수 없다는 사회적 정의에서 벗어나면 안 된다. 다수의 부모가 횡포를 부린다고 학교나 당국이 휘둘려서는 문제를 해결하는 것이 아니라 더 큰 문제를 만들어낼 수 있음을 잊지 말아야 한다. 학교가 학교 규칙에 근거하여 엄격한 잣대로 잘잘못에 대해 분명하게 판단하고 공표할 때, 가해자나 가해자의 부모가 잘못을 인정하고 선처를 구하게 된다. 그러나 어떤 경우 학교가 피해자의 편에 서지 않고 다수 또는 힘 있는 가해자를 두둔하거나 피해자에게도 문제가 있다는 식으로 얼렁뚱땅 넘기려다간 가해자 부모와 피해자 부모와의 싸움으로 확대되는 빌미를 제공할 수도 있음을 명심해야 할 것이다. 약자를 보호하고 피해자를 감싸주는 것이 교사와 학교 당국, 그리고 우리나라 사회 전체가 따라야 할 기본자세라고 생각한다. 따라서 소수의 피해자를 보호하려는 교사나 학생, 그리고 부모를 우리 모두는 지원해주고 문제를 해결할 수 있도록 격려해주어야 한다.

셋째, 사회적 공감대가 확산되어야 한다.

피해자가 따돌림이나 폭력을 당해 부모가 신고를 하게 되면 보통의 학교 폭력이 그렇듯이 가해자는 다수고 피해자는 한 명이거나 소수라는 것이다. 다수가 소수에게 위해를 가하는 것은 어떤 상황에서도 용납될 수 없는 일이지만, 이러한 상황에서도 부모들은 자기 자식만을 생각하기에 이른다. 피해자의 부모에 대해 자식이 부모를 닮아서 그렇다느니, 맞을 만하다느니 하면서 다수의 횡포로 말미암아 부모끼리도 가해자와 피해자가 만들어지는 또 다른 학교 폭력의 양상을 종종 보게 된다. 이렇듯 부모 간의 싸움으로 변질되면서 감정의 골은 더 깊어져 문제를 해결하여 자녀들을 계도할 생각을 못하고 상황이 더욱 꼬이게끔 한다.

장난도 폭력이 개입되면 장난이 아니며, 성장과정 중에 있을 수 있는 일이라고 생각해서도 안 된다. 내 자식이 피해자면 폭력이고 내 자식이 가해자면 장난이라고 말하는 부모는 되지 말아야 한다. 폭력은 어떠한 경우에도 용납될 수 없으며 그 자체가 '악'이라고 자녀에게 가르쳐야 하며, 가해자보다는 피해자의 마음과 고통을 먼저 생각해주는 성숙한 부모가 되어야 한다. 내 자식이 언제까지나 가해자만 되고 피해자가 되지 말라는 법은 없다. 실제로 가해자로 군림하던 학생이 또 다른 피해자가 되어 학교 폭력이 발행한 경우가 여러 번 있기도 하였다. 이런 경우는 더 심각한 싸움이 되어, 마음의 상처가 다른 경우보다 더 커서 다시 원래 상태로 회복되기가 쉽지 않음을 알 수가 있었다. 말다툼도 하고 싸우면서 자랄 수도 있겠지만, 육체적으로 심적으로 씻을 수 없는 어떠한 상처도 서로에게 가해지면 안 된다는 것을 가정에서 어릴 적부터 교육을 시켜야 마땅할 것이다. 내 자식만 안전하고 무사하면 된다고 생각할 것이 아니라 모두가 내 자식이라는 생각에서 서로 이해하고 협력하면서 잘 어울릴 수 있도록 지도해야 할 것이다.

넷째, 학부모위원회의 권한을 확대해야 한다.

스웨덴에서 방문한 학교는 학부모위원회가 학교에 요구하는 사항이 있으면, 이들의 요구에 맞춰 학교의 교육과정과 정책을 수립해나간다. 학부모위원회가 하는 일은 최적의 학교 교육 환경을 만들어나가기 위해 조언을 하고, 성적으로 학생을 줄 세우지 않는 현실에서 학교 교육의 질을 높이기 위한 노력들을 학교와 함께하고 있다. 1년에 여름과 겨울에 각각 1회씩 전체적으로 공식 회의를 갖는다. 학급별 학부모회의도 있으며, 학급별 개별 회의도 1년에 2~3회씩 개최하고 있다. 학급별 학부모회의는 학생들의 대변인 역할을 한다. 교장이 교사의 연봉을 책정하는데 교장은 개별 교사와 1년에 1학기 1회, 2학기 1회, 총 2회의 면담을 통해 교사의 연봉을 책정하게 된다. 이 때는 학부모의 의견이 반영되기 때문에 교사가 성의 없이 수업을 하기란 쉽지 않으며, 우리나라처럼 교사의 재교육이나 연수 프로그램이 활성화되어 있진 않지만 교과회의나 자발적 연수를 통해 교사 스스로가 자신을 개발해나갈 수 있도록 무언의 압력을 가하게 된다.

제도적으로 우리나라와는 차이가 많지만, 학부모위원회의 자격과 역할에 대해 재고할 필요가 있다고 본다. 고학력과 전문성을 갖춘 다양한 경력을 소유한 학부모가 위원회 회원으로 참여하여, 행사 때나 동원되는 행사도우미로서의 역할이 아닌 학교의 교육 환경

올 개선하고 학교 교육의 질을 높여나가는 데 무언의 압력을 가할 수 있는 존재로 자리매김할 필요가 있다고 생각한다. 자식을 학교에 맡긴 부모로서 늘 학교는 갑이고 부모는 을이 되는 것이 아니라 자녀가 소속된 학교의 발전과 교사들의 노력을 지켜보면서 그 속에서 자녀가 올바르고 안전하게 그리고 행복을 누릴 수 있도록 조력하는 학부모위원회가 된다면 학교는 지속가능한 교육을 실현할 수가 있을 것이다. 학교와 교사를 학부모가 신뢰할 수 있도록 만들어나가는 것 또한 학부모위원회의 역할의 일부가 되어야 한다. 아울러 학교와 교사는 학부모위원회를 존중하고 신뢰하면서 협력적 연대가 이루어질 수 있도록 노력함으로써 학교 폭력의 문제, 학력 저하의 문제 등 학교가 안고 있는 제반 문제들이 줄어들고 사라지도록 해야 한다.

다섯째, 국제 문화 이해 교육을 실시해야 한다.

북유럽 나라들의 교육제도가 아무리 우수하다고 해도 그 안에는 나름의 고민들이 많이 있고 그것들을 해결하기 위해 관계기관에서 심혈을 기울이고 있는 모습을 보았다. 많은 이민자로 인한 교육성과의 저하와 이들을 지원하기 위한 예산 배정 등에서 골머리를 앓고 있었다. 결혼 이민으로 다문화 가정이 많아지고 있는 우리의 현실과 비슷한 양상들이 이들 나라에도 있었던 것이다. 그렇지만 문제를 바라보고 해결을 위해 접근해가는 방식에 있어서는 우리와 큰 차이를 보이고 있다. 북유럽 3개국 모두가 평등 교육이라는 철학에 입각하여 자국의 학생과 동등하게 이민자의 자녀를 돌보고 있으며, 이들이 그 나라의 국민으로 바로 성장할 수 있도록 모든 지원을 아끼지 않고 있음을 목격할 수 있었다. 반면에 우리의 현실은 어떤가? 정부

차원에서의 지원책과 지방정부의 노력이 가시적 성과를 거두고 있긴 하지만 이따금씩 공중파를 통해 보여지는 다문화 가정의 모습은 자녀들이 남들과 다른 피부색과 자아 정체성의 혼란, 이들을 바라보는 주변의 왜곡된 시선 탓에 대한민국의 일원으로 당당하게 자리매김을 하는 데 어려움을 겪고 있는 것이 사실이다. 이러한 문제를 해결하려면 우선 학교 교육에서 이들을 위한 돌봄 서비스 확충과 방과 후 지원 활동을 통해 국가나 지방정부가 가정에서 채워주지 못하는 부분을 해결해주는 한편, 일반 국민들보다 더 많은 관심과 배려가 있어야 할 것이다. 북유럽 국가에서 이들에게 끝없는 관심을 갖는 것은 사회에 나가서 부적응으로 인해 발생할 수 있는 피해와 이를 해결하기 위한 사회적 비용이 더 크다는 것을 알고 있기 때문이다. 이 점을 우리 정부도 잊지 말아야 할 것이다.

아울러 다문화 가족의 학생들 스스로가 가질 수 있는 외모 차이에서 오는 소외와 위축감을 교사의 교육을 통해 해결하는 노력이 요구된다. 국가나 지방정부의 노력도 도움이 되겠지만, 전시성 행정의 일환으로 오히려 상처를 주는 경우도 많기 때문이다. 학교 교육에서 다문화 가정의 학생들을 위한 격려는 이들 학생의 자존감을 높이고 다른 학생들에게는 문화 이해의 폭을 넓힘으로써 서로를 이해하고 문화적 식견을 넓힐 수 있는 좋은 계기가 될 수 있기 때문이다. 이를 위해 교사는 다문화 가정의 부모가 속한 나라의 문화를 소개하고 장점을 부각하여 문화적 다양성에 대한 이해의 기회를 제공하고, 모두가 같은 국민이라는 것을 깨닫게 해줄 필요가 있다. 문화적 다양성은 다름을 이해하는 데서부터 출발하며, 세계 시민으로 성장하는 학생들에게 있어 갖추어야 할 덕목이다. 같은 나라에서 존재히는 문화적 다양성에 대한 이해와 포용이 없는 사람은 세계 무대에서 결코 성공할 수 없음을 학교 교육에서 강조되어야 할 것이다.

여섯째, 학교에 대한 생각의 전환: 학력이 아닌 심력과 창의력을 키워야 한다.

학교가 학생들이 공부를 잘하게 하여 좋은 학교, 좋은 대학을 가도록 공부시키는 곳으로 생각하는 학교 당국이나 학부모의 고정관념을 바꿀 필요가 있다. 학교에는 공부에 관심 있는 아이도 있지만 공부 이외에 다른 것에 관심을 갖고 있는 학생들이 더 많다는 것을 잊지 말아야 한다. 무조건 공부를 시켜 경쟁에서 우위를 차지하게 하려는 부모와 학교의 욕심이 학생들의 정서를 망치고 결국 싸워서 이겨야 한다는 잘못된 인격체를 양산하는 결과를 낳았다. 이러한 경쟁 중심적 학교 교육은 학생 간의 협동과 협력보다는 갈등과 경쟁을 조장하고 결국은 공부를 잘하는 학생이나 못하는 학생 모두에게 스트레스이고 무거운 짐이 된다. 그러니까 결국 학생들이 스트레스를 풀 곳이 마땅하지 않은 우리 현실에서는 부정적이고 일탈된 행위들, 즉 술, 담배, 약물 복용, 그리고 폭력으로 표출되고 마는 것이다. 이러한 환경에서 학생들은 누구나 폭력의 피해자이자 가해자가 될 수 있는 것이다.

이들 가해자와 피해자를 구제할 수 있는 방법은 없을까?

우선 경쟁 중심, 진학 중심의 교육체계를 바꿔야 한다. 북유럽의 핀란드, 스웨덴, 노르웨이의 경우 평등 교육이 강조되고 무엇보다도 실생활과 관련 있는 목공예 및 가사실습 교육을 강조하고 있다. 일상생활에서 필요한 물건을 자신이 디자인하고 제작하여 완성이 되면 평가를 받고 나서 가정에서 바로 사용할 수 있도록 담당 교사가 적극 도와주고 있다. 이 과정에서 학생들은 실패도 해보고 그리고 다시 시작하여 완성의 길로 걸어가도록 교사는 옆에서 지원을 한다. 이처럼 실패를 경험하지만 다시 일어서는 용기를 터득하고 실생활에 사용되는 물품에 대해 관심을 갖게 되는 것이다. 이러한 노력의 결과 가구 및 가정 소품을 만드는 스웨덴의 거대 공룡 기업 이케아IKEA가 만들어진 것이다. 또한 열악한 환경 속에서 미래 산업을 이끌어나갈 미래 주역들에게 창의성을 계발할 수 있는 내용이 교육과정 속에 녹아 있다. 다른 반의 공예 시간에는 자신만의 자동차를 디자인하고 제작하여 그 결과를 발표하는 시간이 있었다. 학생들이 발표 내용과 디자인을 보고 평가하여 가장 빠른 차, 가장 멋진 차, 가장 튼튼한 차 등을 선정한다. 이러한 교육 활동이 교육과정 속에 녹아 있고 정규 교육과정을 통하여 실습함으로써 디자인 선진국, 자동차 선진국을 만들어나갈 수 있었던 것이다. 스웨덴의 자동차 볼보와 화물차 스캐니아가 그냥 만들어진 것이 결코 아니다.

빈들에 봄이 오듯이,
교실에도 웃음꽃 활짝 필 것입니다.

핀란드, 스웨덴, 노르웨이에서 우리가 만난 아이들의 표정 속에서 행복해하는 모습을 읽을 수가 있었다. 학교생활이 즐겁니? 예, 재미있어요. 거짓 없이 그리고 주저 없이 아이들의 대답은 비슷했다. 이들 나라도 왕따와 학교 폭력, 그리고 이민자 자녀 그리고 학력 저하의 문제로 걱정을 하고 있다. 그러나 최소한 우리가 만난 아이들과 학교에서는 이러한 걱정이 전혀 부질없을 것 같았다. 목공일을 하고 음식을 만들고 도예를 하고 그림을 그리는 데 진지하다 못해 몰입을 하고 있는 모습이 눈에 들어왔다. 체육도 좋고, 진로교육도 좋고, 자유학기제도 좋지만, 교육정책을 장기적인 안목에서 인내를 가지고 접근할 필요가 있다. 무엇보다도 정치가의 정책에 의해 그리고 몇몇 학자들의 논리에 의해 교육정책이 좌지우지되어서는 안 된다. 모든 학생들을 운동장에 내보내면 다 해결되는 것처럼 하지 말고, 학생들의 다양한 바람과 시대의 흐름에 맞는 교육 프로그램이 마련되고, 학생들이 안전하게 보호되는 가운데 행복해할 수 있는 정책이 수립되어야 할 것이다.

학생의 에너지는 운동으로만 타오르는 것이 아니다. 오히려 자신이 좋아하는 활동을 함으로써 에너지도 열정도 활활 태울 수 있으며, 이런 학생들에게는 남을 괴롭히거나 나쁜 마음을 먹을 틈이 없을 것이다. 나무를 활용해 공작을 하고, 가사실에서 앞치마를 두르

노르웨이 중학생들과 함께

고 맛있는 요리를 하고, 부모님과 함께 차를 마실 다기를 굽고, 십대의 감수성과 열정을 악보에 실어 그룹사운드를 결성하여 연주하고, 넘치는 끼와 꿈을 무대에 펼치도록 해주어야 한다. 창의성과 인성이 계발되고 실패 속에서 스스로 문제를 해결해가며 재기할 수 있는 능력을 키워나갈 것이다. 이와 같이 실패는 있어도 포기할 줄 모르는 심력을 키워주는 교육이 마련되면, 북유럽 3개국에서 만난 아이들만큼, 아니 그 이상의 웃음을 우리의 교실에서도 볼 수 있을 것으로 확신한다.

빈칸 채우기와 나 표현하기

최은숙_목운중학교

언젠가 자일리톨이 혜성처럼 우리에게 나타났다. 핀란드 아이들은 자기 전에 이 자일리톨 껌을 씹는다는 광고가 상당히 인상적이었다. 양치질이 서툰 어린 자녀를 둔 엄마들에게 이것은 구세주였을지도 모른다. 왠지 모를 개운함 때문에 나도 이것을 자주 애용했다. 그런데 어느 날 꽤 충격적인 사실을 알게 되었다. 광고에서처럼 핀란드 아이들이 자기 전에 껌을 그렇게 자주 씹는 것도 아니거니와 우리가 씹는 자일리톨 껌이랑 핀란드 자일리톨이 상당히 다르다는 것이었다. 그 다음부터는 이상하게도 자일리톨 껌을 씹어도 예전처럼 개운하지가 않았다.

그렇게 핀란드는 자일리톨 하나로 우리에게 꽤 익숙한 나라였는데, 최근에 또다시 우리에게 혜성처럼 다가왔다. 특히 시험을 치르는데 선생님이 학생에게 답이 틀렸으니 다시 풀어보라고 했다는 핀란드의 이야기는 무척 놀라웠다. 그래도 아무도 항의하지 않는다는 이야기는 더욱 의아했다. 그 이유가 학생은 다른 학생과 경쟁하지 않고 자신의 지난 점수보다 향상되는 것을 목적으로 하기 때문이라는 설명을 듣고는 눈물이 날 지경이었다. 가림판으로 자신의 답지를 가리고 그것으로도 모자라 연필 움직임이 드러날까 자신의 팔로 답안지를 부둥켜안고 있는 불쌍한 우리 아이들 모습이 떠올랐기 때문이다.

얼마 지나지 않아 우리 교육계에서도 핀란드식 교육혁명이 전격 시삭뇌었고, 여기저기에서 핀란드를 비롯한 북유럽 교육이 경쟁에 지친 우리 교육을 해방시켜줄 듯 분주한 모방이 이루어졌다. 그리고 그 분주한 모방은 즉각 교사들의 몫이 되었고, 어느 순간부터 각종 수업 기법들이 교실에 총동원되는 현상이 나타났다. 심지어 어떤 학교는 모든 과목을 하나의 수업 기법—그것이 북유럽에서 온 것인지 아니면 일본에서 받아들인 북유럽 방식을 우리가 또 모방하는 건지 알 수도 없다—으로 진행한다는 도저히 믿어지지 않는 흉흉한 소문마저 난무하고 있다.

그런데 놀랍게도 2013년 가을 내가 만난 북유럽 교실은 굉장히 차분하고 소박했다. 특별한 수업 기법이나 전자칠판 같은 첨단 수업 기기를 사용하는 것도 아니었다. 우리가 그들의 수업에서 유심히 살필 것은 최소한 수업 기법이 아니라는 것은 분명했다. 그렇다면 그들의 수업에서 우리는 무엇을 찾아야 하지? 그런 질문을 가지고 핀란드·스웨덴·노르웨이의 교실을 참관하고 교사들과 인터뷰하면서, 조금은 다르지만 그들 수업이 지닌 공통점을 하나 발견하였다. 그들 수업의 방향은 '자신을 살피고 표현하며 이를 토대로 소통하고 있다'는 점이었다.

생각과 느낌 살피기

핀란드 수업 시간이었다. 교사가 수업을 주도하면서 학생과 문답하거나 수업 활동지를 주면 학생 활동이 이어졌다. 그런데 실물 화상기에 비친 활동지가 이상하다. 한가운데에 교사가 직접 쓴 단어 몇 개가 쓰여 있을 뿐이었다. 그리고 수업이 끝났는데도 학생들은 계속해서 그 활동지를 채워나갔다. 신기한 풍경이었다.

수업이 끝난 뒤 수업 내용에 대해 자세히 알 수 있었다. 자신들이 다니는 학교에 대해 배우고 학교에 대한 느낌이나 생각을 발표한 후 다시 그것을 자유롭게 표현하는 수업이었다. 여기서 나의 관심을 끈 것은 두 가지! 하나는 수업의 주제가 '우리 학교'에 관한 것이라는 점이고, 다른 하나는 여백 충만한 활동지였다. 물론 우리도 같은 주제로 수업을 진행할 수 있다. 그렇다면 우리 지금 바로 이야기해보자. '우리 학교' 하면 뭐가 떠오르는가? 교훈, 교화, 교목, 위치 등의 객관적인 정보와 교장선생님, 선생님 등등에 대한 인적 정보가 먼저 생각나지 않는가? 그리고 그런 것을 말해야 할 것 같지 않은가? 그런데 핀란드 수업에서 선생님이 학생들에게 요구한 것은 학생들의 '생각과 느낌'이었다.

두 번째로 인상적이었던 것은 수업 마무리 단계에서 학생들이 받은 활동지이다. 내가 만들었던 수업 활동지와 비교해본다. 최종 목적에 자연스럽게 도달할 수 있도록 위계적으로 설계되어 한 면 가득 채워진 활동지, 간혹 답을 찾기 힘든 학생을 위한 빈칸 채우기식의 서술식 문항이 들어 있는 활동지, 그리고 예쁜 캐릭터와 깔끔한 글자체로 인쇄된 활동지! 아니 이렇게 훌륭한데 왜? 물론 핀란드 수업에서 늘 그런 여백 충만한 활동지만이 쓰이지는 않을 것이다. 하지만 이 수업에서만은 이런 활동지가 유용할 수밖에 없다. 왜? 자신의 학교에 대해 자신의 생각과 느낌을 자유롭게 써야 하므로.

물론 우리 국어 시간에도 이런 표현 교육은 이루어진다. 그러나 그것은 주어진 학습 내용을 다 배운 후에야 가능하다. 내면화 단계에 가서야 비로소. 그런데 문제는 수업 시간에 이러한 내면화 단계가 충분히 이루어지기 어렵다는 것이다. 수업 시간이 충분하지 않을 뿐만 아니라, 무엇보다 이렇게 자신의 생각과 느낌을 쓰는 활동을 학생 스스로가 부담스러워하고 회피한다. 익숙하지 않을 뿐 아니라 우리 학생들은 이미 주어진 엄청난 분량의 학습 내용을 소화하기에도 너무 힘겹다. 자신의 생각을 살피고 정리할 여유가 부족한 것이다.

몇 년 전 같은 학년 국어를 가르치는 선생님의 제안으로 1, 2학기 중간고사를 모두 서술형으로 낸 적이 있다. 1학기 중간고사에 출제된 문제는 이렇다. 사랑을 주제로 한 시 세 편을 지문으로 준 후, "각 시에서 지은이가 말하고 싶은 사랑의 성격이 잘 드러난 구절을 찾고, 자신이 가치 있다고 생각하는 사랑은 어떤 모습인지 예를 들어 서술하라."는 그런 문제였다. 일단 서술형만으로 출제된 시험에 대한 학생과 학부모의 거부감, '자신이 가치 있게 생각하는 사랑'을 어떻게 채점해야 하는가에 대한 타당성 문제, 그리고 채점의 공정성을 어떻게 확보해야 하는가에 대한 문제 등등으로 참 아름다운 문제였음에도 불구하고 상당히 곤혹스러운 상황에 직면해야 했다. 그런데 신기한 것은 1학기보다는 2학기에, 1학년 때보다는 2학년 때 아이들의 답안지는 더 충실히 채워졌다. 가장 중요한 것은 자신의 생각을 쓰는 문제에 백지를 내는 아이들이 줄어들었디는 것이다. 몇 번의 시험을 체험하는 동안 아이들은 작가의 의도와 주제를 파악하는 것 못지않게 그와 관련한 자기 자신의 생각과 느낌을 살피고 그것을 표현하는 게 더 의미 있다는 것을 배워나갔다. 핸드폰이나 컴퓨터 등의 첨단기기를 통해 빛의 속도로 주어지는 무한한 정보의 세례 속에서 우리 아이들은 정작 자신의 욕구와 느낌 그리고 생각을 살필 기회를 잃어갔던 것이다.

이러한 상황에서 정말 필요한 것은 여백 충만한 활동지임을, 교사가 채운 활동지가 아닌 학생들이 채운 활동지라는 생각이 들었다. 당연히 각자 다 다른 느낌과 생각이 들어 있는 그런 활동지!

다 다르게 표현하기

스웨덴 목공 수업이었다. 목공 선생님과의 인터뷰가 있었다. 그는

각기 다른 색연필처럼 생각도 다르게

학생들의 작품을 먼저 보여주었다. 학생들이 만든 목공 작품이 다 다르다는 점이 인상 깊었다. 사용한 재료도 다르고 결과물도 다 다르다. 작품이 다 다른데 평가는 어떻게 하느냐는 질문이 나왔다. 그러자 "학생이 자신이 표현하고 싶은 것을 얼마나 적당한 재료로, 재료의 특질을 잘 살펴 표현했는가?"를 중점적으로 평가한다고 했다. 학생의 동기를 가장 중요하게 생각하며 그것을 얼마나 창의적으로 표현하는가에 평가의 초점이 놓여 있다는 것이다. 평가의 공정성이 강조되는 우리나라 교육과는 사뭇 다른 지점이다.

갑자기 우리 아이 방학 숙제가 생각났다. 한 학년 전원이 나무로 된 독서대를 만들어야 하고, 2학기 수행평가 점수에 반영되었다. '나무를 어디서 구해야 할 것이며, 또 나무는 어떻게 잘라야 하냐, 독서대는 도대체 어떻게 만들어야 하나?' 내가 이런저런 걱정을 하고 있는데, 아이가 회심의 미소를 지으며 하는 말이 "엄마 걱정 마. 독서대 재료하고 끼워맞추기만 하면 되도록 일차로 만들어놓은 것 문구사에 다 팔아!" 황당하기도 하고 반갑기도 한 이상한 감정…… 내가 다시 물었다. "근데 왜 독서대야?" 그랬더니 우리 아이의 대답 "그러게 말이야." 그 어디에도 자신이 만들고 싶다거나 표현하고 싶다는 욕구는 끼어들 틈이 없었다. 그리고 문제를 만날 필요도 없고 극복할 필요도 없다. 문구사에 다 있으니까!

이것은 목공 교육이 실생활과 연결되느냐 아니냐의 문제와는 별개이다. 자신이 만들고 싶은 것, 표현하고 싶은 것을 고민하게 하는 단계가 들어 있느냐 없느냐의 문제이다. 이런 점에서 우리는 아이들이 자신의 욕구를 다양하게 표현할 수 있는 충분한 시간과 기회를 주었는지 고민해보아야 한다. 사실 우리는 기다려줄 여유가 없었다

사물함이 자신의 것임을 알리는 각기 다른 그림들과 각기 다른 색연필처럼, 생각도 다르게.

고 고백해야 할 것 같다.

최근 들어 꿈과 끼를 키우는 교육이 새로운 유행이 되었다. 꿈과 끼, 행복이란 단어가 난무하고 있다. 그런데 정말 묻고 싶다. 꿈과 끼와 행복은 어떻게 얻을 수 있는지. 현재 봇물처럼 쏟아지고 있는 프로그램은 또 하나의 정형화된 모범답안을 아이들에게 강요하고 똑같은 틀 안으로 몰아넣을 위험은 없는지. 언제든 누구든 문구사에 들러 조립만 하면 되는 그런 꿈·끼·행복 조립품 만들기는 아닌지.

아이들이 꿈과 끼와 행복을 찾으려면 먼저 스스로 자신의 욕구를 살피고 성찰하며 또 고민하는 단계를 거쳐야 한다. 그리고 각자의 방향으로 그것을 키울 수 있도록 해야 한다. 그러기 위해서 교육이 꼭 해야 할 일은 충분한 시간을 두고 기다려주는 일이다. 그런데도 우리 사회는 벌써 조바심을 내고 결과를 보고 싶어 하며 행여나 조짐이 보이지 않으면 현장의 교사들을 닦달한다. 기다리고 있는 교사를 나태하다고 비난한다. 그런 틈을 타 각종 상술과 불온한 욕망들이 교육계에 침투한다. 어느새 아이들은 꿈과 끼와 행복 스펙 쌓기라는 또 다른 전쟁터로 내몰리게 된다. 조금만 더 기다리면 스스로 양치를 할 수 있을 터인데 급하게 자일리톨 껌을 강제로 씹게 하는 형국이다. 싹이 자라는 속도가 너무 느려 손가락으로 싹을 조금 잡아 올려서 결국에는 죽게 만들었다는 발묘조장拔苗助長이라는 고사성어가 연상될 지경이다.

대학을 졸업하고도 취업을 하지 못하는 우리나라 청년들이 중고 등학교 때 꿈과 끼와 행복 맞춤 교육–요즘 프로그램은 내가 보기에 거의 이 수준이다–을 받지 않아서 그런 상황에 이르렀는가? 절대 아니다. 그런데도 우리는 보기에 그럴싸한 꿈과 끼와 행복을 아이들에게 강요하고 있으며, 아이들은 또 주어진 꿈과 끼와 행복 숙제를 정신없이 해치우고 있다.

핀란드·스웨덴·노르웨이 각각의 학생들에게 똑같은 질문을 했다. 방과 후에 무엇을 하는지. 친구와 만나거나 논다고 한다. 아이들은 그 대답을 하는 동안 놀 궁리에 벌써 신이 난 듯했다. 우리 아이들은? 꿈과 끼와 행복이 자랄 시간이 없다.

이왕 이야기가 나온 김에 하나 더! 요즘 왜 이렇게 진로 결정을 빨리 하라고 난리인가? 의사나 교사가 될 것이 아님에도(의사와 교사는 최소한 그것을 목적으로 하는 특수대학으로 가야 하므로 전공 선택이 정확하고 빨라야 한다고 주장할 수도 있으므로) 생활기록부의 진로 희망사항은 꼭 자신이 갈 대학 전공과 유사하거나 일치하게 써야 유리하다고 난리도 아니다. 직업부터 정해놓고 거기에 맞춰 스펙을 준비하는 실정이다. 뭔가 거꾸로 된 거 아닌가?

진로 탐색은 자기 탐색부터 이루어져야 한다. 그런데 우리 교육에서 자기 탐색의 시간은 그리 충분하지 않은 것 같다. 그리고 그 탐색이라는 것도 몇 번의 적성검사에 굉장히 많이 의존한다. 도대체 자신의 흥미와 호기심·적성·좋아하는 것·싫어하는 것이 적성검사

한 빙으로 오케이? 그리고 바로 직업 탐색! 정말 우려스럽다.

꿈과 끼와 행복을 찾으려면 먼저 자신을 살펴야 한다. 그리고 그 것은 또 다 다르게 표현되는 것이 정상이다. 그런데 우리 교육은 자 신을 살피고 다 다르게 표현할 충분한 시간이 없어 보인다. 혹시 우 리 아이들이 꾸는 꿈과 가지고 있는 끼가 서로 비슷하거나 추구하 는 행복의 기준과 가치가 획일화되어 있지 않은지 점검해야 할 사항 이다.

표현하기는 소통하기로!

2013년 겨울, 대학교를 중심으로 한 '안녕하십니까?' 대자보가 사 회적으로 큰 이슈가 되었다. 무엇보다도 이 대자보는 우리 사회의 문 제에 관심을 기울이고 다 같이 '안녕'할 수 있는 방법을 고민하고 표 현했다는 것에서 의미를 찾아야 할 것이다. 진정한 자기발견과 자아 실현이 사회와 고립되어서는 이루어질 수 없음을 호소하고 있다는 점은 주목할 만하다. 이를 계기로 다시 다양한 시각과 논쟁의 담론 이 대두되었다. 이를 통해 우리는 그동안 자신이 미처 관심을 가지 지 못했던 부분을 다시 돌아보고 정리할 수 있었다. 자기표현이 결 국은 상호 간의 소통으로 이어질 수 있음을 보여준다.

이런 가운데 어느 고등학교에서도 한 여학생이 교내에 대자보를 붙인 일이 뒤늦게 알려졌다. 그런데 문제는 교장선생님이 그 대자보 를 경찰에 신고를 했고, 이 사실이 알려져 교장선생님이 오히려 여 론의 뭇매를 맞아 난처한 상황에 이르렀다. 그리고 교육부는 학생들이 대자보를 붙이지 않도록 지도하라는 공문을 일제히 내려보냈다. 그러자 또 여론은 학생은 공부만 하면 되느냐며 의문을 제기하고 나섰다. 여기서 우리가 짚어야 할 것은 학생들이 사회와 소통하는 방식에 대해 어떻게 조언해야 하느냐의 문제이다.

노르웨이 학교를 방문했을 때, 부교장 선생님은 그날 환경 관련 행사가 있었는데 우리가 참관하지 못해서 안타깝다고 했다. 환경보호를 주제로 학생들의 작품 전시와 퍼포먼스가 있었다고 자랑을 했다. 그중에서 제일 강조한 행사는 전교생이 모두 모인 자리에서 학생들이 자유롭게 나와 환경에 관한 자신들의 의견을 발표한 것이었다. 여기서 중요한 것은 자신의 생각을 표현할 기회가 주어질 뿐 아니라 그것을 공유할 기회가 충분히 주어지고 있다는 것이다.

한편 노르웨이에서는 학교의 중요한 문제에 대해 학생위원회가 주도적으로 참여한다고 한다. 뿐만 아니라 교사 평가에 중요한 역할을 하는 것도 이 학생위원회라고 한다. 우리나라는 교원 평가가 공식적으로 제도화되었다는 점에서 노르웨이보다 앞서 있지만 학생들의 참여에 대한 신뢰는 어떠한가? 학생들이 이성적이고 올바르게 교사와 학교를 평가할 수 있겠는가에 대한 우려와 회의가 더 큰 상황이다. 이번에 대두된 고등학교 학생들의 대자보 참여 문제도 성격은 다르지만 근본적인 시각은 유사하다.

노르웨이는 학생들의 정치적 행위조차도 인정하는 것으로 알려져 있는데, 그것은 노르웨이 특유의 정치사회적 배경을 고려하여 살필 일이다. 따라서 노르웨이 학생위원회의 역할을 한국에 바로 대입하려는 시도는 문제가 많다. 그러나 학생들의 의견과 문제 제기가 교사와 학교, 사회에서 신중한 고려 대상이 된다는 사실은 중요하다고 본다. 우리 학생들은 그동안 올바르다고 생각되는 가치관과 규범화된 지식만을 받아들이기에 치중했을 뿐 왜 그러한 과정을 거쳐왔는지에 대한 생각과 고민의 기회는 가지지 못했다.

학생들이 교원 평가 및 사회문제에 문제 제기와 의사 표현하는 것을 회의적으로 보거나 전면 차단하는 것이 능사가 아니다. 학생들이 이성에 근거하여 제대로 된 평가를 할 수 없다며 그 결과를 불신하기 전에 교원 평가의 취지와 방향, 그리고 학생들의 참여가 지니는 의미 등에 대한 충분한 교육의 기회가 필요하다. 마찬가지로 대자보만 못 쓰게 하는 처방이 아니라, 사회의 이슈를 살피고 그것이 이슈화된 배경, 상반된 의견과 근거에 대한 분석과 비판, 자기 의견 정리, 바람직한 방향에 대한 왕성한 토론의 기회가 주어져야 한다. 이런 분석과 비판이 왕성해진다면, 우리 학생들이 무조건 여론에 호도되어 잘못된 인식과 행동으로 사회의 불안을 조성하는 데 일조하리라는 우려는 접어두어도 좋을 것이다.

국어 교과과정의 토론 수업 중에 인터넷 토론과 관련한 수업 내용이 있다. 여론 형성의 중요한 수단이 되고 있는 인터넷 토론의 특성과 장단점, 바람직한 토론 참여 등이 주요 수업 목표이다. 사실 인터넷 토론이 정식 교육과정으로 들어오기 전에 이에 대한 우려가 많았다. 인터넷 토론은 신문 사설이나 기사 등에 비해 잘못된 여론 형성, 비어 사용, 부정확한 정보의 난립 등으로 문제가 많기 때문이다. 그럼에도 이것이 교육과정 안으로 들어온 것은 이미 학생들은 인터넷 환경에 그대로 노출되어 있으며 인터넷 토론에 다양한 방식으로 참여하고 있다는 현실 인식 때문이었다. 그렇다면 무조건 인터넷 토론에 참여하지 말라는 교육은 아무런 의미가 없다. 오히려 알맞은 교육이 시급한 시점이었다. 자기표현과 소통 방식이 잘못되었으면 그것에 대한 성찰과 표현 그리고 올바른 소통 방법에 대한 교육이 더욱더 필요하다.

자신을 찬찬히 살피기

오늘 신문을 넘기다가 '한국 교실에 질문이 없다'[*]는 기사를 보았다. 하루 이틀 된 문제는 아니다. 한국 어머니들이 예로부터 "학교 가서 선생님 말씀 잘 들어라."라고 가르쳤기 때문이라는 우스갯소리가 생각난다. 하지만 다시 생각해보면 또 그럴 수밖에 없기도 하다. 학급당 학생 수, 시험을 위해 배워야 할 과목별로 쌓인 많은 지식, 모난 돌이 정 맞는다는 묘한 사회 분위기 등등. 이런 상황에서 우리는 누군가 만들어놓은 틀에 묵묵히 빈칸을 채워가고 있는지 모른다. 그래서 내가 모르는 것이 무엇인지도 모르고 있다.

소통이 새 시대 키워드가 되고 있다. 질문이 없다는 것은 소통이 없다는 것이다. 그런데 이 소통은 어디서부터 이루어져야 할까? 바로 나와의 소통에서부터이다. 소통 전문가 김창옥 씨가 늘 강조하는 말이다. 교실에서 질문이 살아나려면 먼저 학생들이 자기 자신과 먼저 소통해야 한다. 그러기 위해서 학생들은 자기 자신의 욕구와 생각 그리고 느낌을 잘 살펴야 한다. 그렇지 않을 때 학생들은 오히려

■ 엄기호, 「쪽팔릴까 봐 질문 못하는 한국 교실-한국의 교육은 가이드북에 나온 내용을 확인하러 다니는 여행과 같다. 교육을 통해 무지를 확인하는 게 아니라 아는 것을 확인하고 만다」, 『시사IN』 2013년 10월 9일 기사.

흔들리고 남의 생각을 자신의 것으로 착각하게 될 우려가 많다. 교사는 그 방법을 교과와 관련하여 고민할 필요가 있다. 그리고 그것이 자기만의 메아리가 되지 않도록 긍정적으로 소통하는 방식을 적극적으로 마련해주어야 한다.

최근 문학교육학회에서 있었던 현장 교사의 논문 발표가 인상적이었다. 문학 교과과정을 좀 헐렁하게 짜고 이 헐렁함을 학생들 자신의 이야기가 담긴 르포 형식의 소설이나 인터넷 소설 등의 방식으로 학생들이 자신을 돌아보고 자신을 표현할 수 있는 시간으로 채우고 싶다는 주장이었다. 논문 토론의 과정에서 문학의 본질, 정전正典의 중요성, 교과과정의 필요성 등에 대한 많은 문제 제기가 있었다. 여러 가지를 고려해야 할 문제임은 분명하다. 그러나 주어진 교과과정과 그에 맞는 수업 목표를 달성하기 위한 빈칸 채우기도 필요하지만 학생들이 자신을 잘 살피고 그것을 잘 표현하는 그런 교과과정, 그런 수업과 평가가 더 활성화되어야 할 필요가 있다는 점에서 의미가 있다.

평소 내게도 이런 갈증이 많았을까? 웬지 이번 '2013년 학습연구년 특별연수 서울 초중등 교사 북유럽 3개국 교육 탐방'에서 유난히 머릿속을 떠나지 않았던, 그래서 유난히 북유럽의 이런 소박한 장면들이 더 눈과 마음에 들어왔는지도 모르겠다. 하지만 아직도 여전히 고민 중인 문제임은 틀림없다.

대한민국의 학습 독서, 북유럽의 생활 독서

이선희_신현중학교

독서 골든 벨을 울려라
경쟁에서 이기면 어린이 독서왕!

2013년 4월, 대한민국의 많은 초등학교들은 한 지상파 방송국이 기획한 어린이 독서왕 프로그램을 안내하는 가정통신문을 배부했다. '어린이 독서왕'은 초등 3~6학년생을 대상으로 선정 도서 40권에 대한 학교별 독서능력평가시험을 치른 후, 교육청 대회와 KBS 독서 골든 벨 대회를 거쳐 독서왕을 뽑는다는 프로그램이다. 일부 온라인 서점들은 이 대회에 편승하여 우승자에게 상금 100만 원을 거는 등 사행성을 조장하는 행태로 이어졌다.

결국 인터넷은 뜨거운 토론장으로 변하였고, 얼마 후 신문에 다음과 같은 기사가 일제히 실렸다.

'○○○ 어린이 독서왕' 결국 방송 안 한다(『한국일보』 2013년 5월 5일).

○○○ 방송국 '어린이 독서왕' 결국 폐지. 책읽기 활성화에 편법은 없다(『한겨레신문』 2013년 5월 6일).

말 많던 ○○○ '어린이 독서왕' 결국 제작 중단(『국민일보』 2013년 5월 5일).

애초에 이 프로그램은 KBS 한국어진흥원에서 어린이 독서 문화를 활성화하기 위한 목적으로 전국 시도 교육청의 후원을 받아 기획됐다. 하지만 학부모와 독서 전문가들 중심으로 독서를 시험 경쟁화한다는 사회적 비판 여론이 거세졌고 결국 방송 제작을 포기하는 해프닝으로 막을 내려야 했다. 시도 교육청까지 합세했던 이 해프닝의 이면에는 어떤 독서 활동이든 괜찮다는 실적주의에 대한 절대적 믿음이 깔려 있다.

우리 사회에서 펼쳐지고 있는 대다수 독서 활동의 목표에는 '무조건 많이 읽도록 하기', '더 많이 기억하도록 하기', '학습에 도움이 되는 책 위주로 읽기', '많이 읽은 것은 꼭 확인하기' 등이 담겨 있다. 이러한 이유로 학생들의 독서 활동은 더 방해받고 있는 것이 아닐까?

서울의 한 교육청에서 주최한 중고등학생 대상 '독서 UCC 만들기 대회' 수상 작품 속으로 들어가 보자. 책읽기가 싫다는 학생들에게 이유를 물었다. "선생님들이 권하는 책이 어려워요.", "꼭 독후감 쓰라고 해서 책읽기가 싫어요.", "학원도 다녀야 하고, 숙제도 많아서 시간이 없어요.", "교과서 읽기도 바쁜데요.", "시험에 나오지 않는 것까지 읽을 필요가 있나요?" 독서에 대한 우리 사회와 학생들의 동상이몽을 확인하는 순간이다.

그러면 독서가 전 국민의 취미생활이라는 북유럽 국가들의 모습은 어떠한지 살펴보는 것도 우리에게 도움이 될 듯하다.

핀란드 교육의 핵심은 '읽기'

핀란드, 스웨덴, 노르웨이 등의 북유럽 국가들은 독서 문화가 활발한 지역이다. 한 통계 자료에 따르면 핀란드 국민의 80%가 정기적으로 도서관을 이용한다고 한다. 또 한 해에 1인당 평균 11차례 도서관을 이용하며 19차례 책이나 자료 등을 대출한다고 한다. 이처럼 책과 도서관이 핀란드인의 삶 속에 녹아 있는 것은 국가가 책읽기 시스템을 삶과 연결시켜 지원한 결과이다.

실제 핀란드가 학교 교육에서 가장 중시하는 것은 읽기다. 단순한 지식 축적으로서의 독서가 아니라 생각하는 힘을 기르는 데 중점을 둔 '글을 제대로 이해하는 의미의 읽기'다. 핀란드의 읽기 중심의 문화는 사회 전반에서 발견할 수 있지만 특히 학교 교육에서 명백하게 드러난다. 즉 독서교육이 독립적으로 존재하거나 다른 교과 공부를 위한 수단이 아니라 독서가 바로 모든 공부의 중심이 되는 것이다. 핀란드에서 만난 교장선생님은 독서교육을 설명하면서 '읽기 교육'이란 말을 더 많이 사용했다. 그리고 학교에서 '읽기'란 단순 암기를 위한 학습이 아니라 제대로 읽기를 목표로 한다고 했다. 창의력 개발과 상상력, 종합적 사고력, 판단력을 골고루 기르는 것이 교육 목표라는 점에서 우리와 다르지 않았지만 읽기가 수단이 아닌 목표가 된다는 점에서 차이가 났다.

학교 교육에서 읽기 교육은 언제든 발견할 수 있다. 핀란드에서 일 년 동안 유학생활을 한 일본의 고등학생이 쓴 책에서 읽기가 어떤 의미인지 알 수 있는 장면이 있다.

핀란드에서는 시험 전에 학교에 있으면 친구들이 두꺼운 책을 안고 사물함 앞을 왔다 갔다 한다. "무슨 과제라도 있는 거니?"라고 물으면, "오늘 수업 시간에 시험이 있어서 읽어야 하거든." 핀란드 학생들은 시험 전에 '공부한다'고 말하지 않는다. 대신 '읽는다.'라고 한다.

타이에서 온 유학생이 생물 수업을 받고 있는데, 수업 내용을 따라가지 못해 "시험은 저한테 무리예요."라고 교사에게 호소하자, "그럼 도서관에 가서 신체의 각 부위에 관한 책을 읽어오세요."라고 말했다.[■]

'읽기'를 강조하는 핀란드에서 독서운동은 이미 독서 인구의 확대 또는 독서량 증가가 목표가 아니다. 우리나라가 아직도 다독을 권장하는 수준에서 벗어나지 못했다면 핀란드는 책을 읽고 이해할 수 있는 수준을 하나의 능력으로 보고 그것을 신장하는 데 관심이 있다. 그래서 읽기를 제대로 해내지 못하는 학생에 대한 교육 지원 시스템을 운영하고 있다. 잘하는 학생보다는 항상 부족한 학생에 대한 배려를 중시하는 핀란드에서는 읽기 능력도 같은 수준에서 관심을 기울이고 다양한 지원을 한다.

특히 핀란드에서는 읽기 능력이 뒤떨어지는 국민들을 질병 수준으로 구분하는 듯하다. 읽기 능력의 부족으로 옳고 그름을 잘 분간하지 못하고 정보 습득에도 뒤처지면 원활한 의사소통이 불가능해 결국 사회 통합의 장애가 된다고 우려한다. 즉 읽기 능력의 신장은

■ 지스카와 마유·지스카와 모토코(2009), 송태욱 옮김, 『핀란드 공부법』, 문학동네, pp. 109~110.

국가경쟁력을 확보하는 것이라고 생각한다.

그렇다면 제대로 읽었는가에 대한 평가를 어떻게 할까? 핀란드 시험에서 우리처럼 사지선다형 또는 오지선다형 문제는 찾아보기 어렵다. 주로 에세이 형식으로 이뤄지기 때문에 자신이 읽고 이해한 것을 자신의 글로 작성해야 한다. 제대로 읽어야 에세이를 쓸 수 있다는 것은 당연하다. 읽은 것을 암기해서 그대로 작성하는 것이 아니라 자신의 생각으로 정리하고 표현하는 평가 방법은 읽기 교육과 가장 적합한 짝이 될 수 있을 것이다. 이러한 평가 방법은 핀란드뿐 아니라 스웨덴, 노르웨이에서 공통적으로 실시하고 있었다.

핀란드에서는 읽기 교육이 학교 교과의 전 과정에서 이루어지고 있으며 별도로 특별한 독서교육 시스템도 운영한다. 북유럽 교육 탐방 중 만난 핀란드 끼르꼬야벤 종합학교의 교장선생님은 독서교육에 대하여 다음과 같이 설명했다.

"대체적으로 핀란드 아이들은 책을 좋아합니다. 그 이유 중 하나는 독서교육을 중시하는 학교의 프로그램 때문입니다. 모든 학년에는 그 학년 과정에 알맞은 독서 프로그램을 가지고 있습니다. 그리고 정규 교육과정에도 특히 핀란드어와 문학 교과에 독서 프로그램을 넣어서 구성합니다.

그리고 매우 독특한 북 트레이드 프로그램을 운영하고 있습니다. 독서를 좋아하는 학생들을 위하여 학교 내에서 인터넷으로 독서토론을 즐기는 것이죠. 각자 책을 읽고 학교에서 개설한 인터넷 공간에 의견을 자유롭게 표현합니다. 그러면 다른 학생들도 그것에 대하여 의견을 내기도 하고 함께 토론을 합니다. 일종의 가상 공간 상의 독서 클럽입니다."

"우리나라는 학교뿐 아니라 어디에서도 책을 읽는 사람을 볼 수 있는 나라입니다. 학력이나 직업과 상관없이 누구나 독서를 즐기며 그 생활 자체를 삶의 일부분으로 받아들입니다."

초등학교에서는 아이들이 책과 친해지도록 도서관에서 하루씩 묵는 프로그램을 운영하며, 학교 도서관에서는 사서가 주 2회 초등학교에 가서 책을 읽어주기도 한다. 또 중등학교의 경우 사서가 주 2회 근무하지만 학생들은 언제든 도서관을 이용할 수 있도록 일과 시간 중에 개방하고 있으며 교사들도 도서관에서 교과 수업 준비를 한다. 우리가 방문한 시간에도 도서관에서 한 교사가 수업에 필요한 자료를 검토하고 연구하는 중이었다. 도서관은 교사와 학생이 언제든 궁금증이 생기면 찾아와서 자료를 수집하고 공부할 수 있도록 운영된다. 또한 어떤 교사든지 학생들이 책을 빌릴 수 있게 도와주고 책에 관한 자신의 생각을 가질 수 있도록 지도한다. 도서관의 책이 우리나라보다 그리 많은 것 같지는 않았고, 시설도 우리나라와 별로 다를 것은 없었다. 수업 준비 중인 핀란드 교사에게 도서관 수업이 어떻게 이루어지는지 질문하였다.

"도서관은 단순히 자료를 찾는 곳이 아니라 수업의 연장이라고 보면 됩니다. 학생들은 교과서와 별도로 도서관의 책들을 이용해 수업 준비와 과제를 해결합니다. 수업이 교과서로만 진행되는 경우도 있지만 주로 프로젝트 수업을 진행하는 경우에는 대부분의 수업 준비를 도서관에서 하도록 합니다. 수업 시간에 학생과 같이

와서 학생들이 자료를 찾는 동안 조력자로서 도와주기도 하고, 수업 이외의 시간에도 학생들은 모둠별로 같이 와서 과제를 수행합니다. 그리고 학교 도서관의 책은 많지 않지만 지역 도서관과 연계되어 활용하고 있습니다. 학교와 각 지역의 도서관은 잘 짜인 네트워크로 연결되어 긴밀히 협조하고 있으며, 학교 수업 자료 등에 필요한 책과 자료들을 순환 대출할 수 있는 시스템이 잘 갖추어져 있습니다."

도서관은 전 국민의 쉼터

핀란드가 경제협력개발기구OECD 국가 대상 학업성취도 평가PISA에서 2009년에 이어 2012년에도 읽기 능력이 상위권을 차지한 배경에는 사회적·국가적 지원 시스템이 있다. 서울시 인구의 절반 수준인 인구 520만 명의 핀란드 전체에 지역 공공 도서관은 무려 312개, 도서관 분원은 496개, 이동식 도서관은 155개라고 한다.■ 그래서 핀란드는 인구당 도서관 비율 1위, 국민 1인당 장서 수 1위, 도서관 이용률 1위이다. 아마도 교육경쟁력 1위의 힘이 여기서 비롯되었을 것이다. 핀란드의 헬싱키에서 다른 도시로 이동하는 중간 운전기사의 휴식을 위해 잠시 대형 쇼핑몰에 들렀다.

우리와 크게 다를 것이 없는 쇼핑몰이지만 그 가운데 위치한 것은 어린이 도서관이었다. 많은 부모들이 자녀와 도서관에서 책을 읽

■ 『조선일보』 2011년 3월 25일자(핀란드 Ministry of Education and Culture 2009년 자료) 재인용.

에스포Espoo 시의 쇼핑센터 안에 있는 엔트레세Entresse 도서관
출처: 핀란드 공공 도서관 홈페이지http://buildings.libraries.fi/libraries/espoo-city-library-entresse

고 있었다. 자녀에게 책을 읽어주는 부모도 있었다. 핀란드의 대형 쇼핑몰에는 대부분 어린이 도서관이 있다. 쇼핑하기 위해 일주일에 한 번 이상 방문하는 가족들이 쉽고 편하게 책과 접할 수 있도록 한 정책이다. 물론 어린이 도서관에는 성인들을 위한 책도 구비되어 있다. 조용히 책 넘기는 소리만 나야 할 것 같은 도서관에서 책 내용에 대해 토론하는 소리가 꽤 크게 들렸다.

핀란드는 이처럼 어릴 때부터 도서관을 제 집 드나들 듯 이용하도록 배려하는 사회적 노력으로 독서가 전 국민적인 취미로 정착되었다. 얼마 전부터 우리나라의 대형 마트나 쇼핑몰에서도 서점을 꽤 많이 만날 수 있다. 중대형 서점에 부모와 자녀가 바닥에 앉아 함께 책을 읽는 모습을 흔히 볼 수 있다. 물론 직원 눈치 때문에 또는 자리가 불편하여 오래 있지 못하지만, 서점이 도서관의 역할을 할 수 있다는 가능성이 충분하다.

핀란드가 우리와 조금 다른 점이라면 우리는 책을 소장하는 것을 자랑스러워하지만 핀란드는 고물가로 인해 책값도 비싸 책을 많이 사서 보지 않는다고 한다. 책 한 권이 우리나라 돈으로 5만 원 이상 이다. 그래서인지 더욱 도서관에 더 많이 가고, 국가에서도 도서관에 책을 많이 사서 비치한다.

이처럼 어린 시절부터 책을 접하기 쉬운 문화에서 자라고 학교에서 읽기 교육을 강조하기 때문에 생활수준이나 직업의 차이 없이 누구나 평생 동안 책을 가까이하는 문화가 삶에 스며들어 있다. 그리고 책을 통해 서로 끊임없이 대화거리를 만들어내고 세대 간에도 자연스럽게 공감대가 형성된다. 이러한 습관은 당연히 토론하는 문화로 이어진다.

책 읽는 부모가 자녀를 성장시키고 또 성장시킨다

우리가 스웨덴에서 숙박한 호텔 앞에는 주상복합 아파트가 있었다. 저녁을 먹기 전 창을 열고 거리를 살피던 나는 우연히 불 켜진 아파트 안으로 책장이 보이는 가정을 발견했다. 호기심으로 잠시 바라보았는데 거실 안은 아늑한 조명으로 밝혀져 있으며 여러 가지 책이 꽂힌 아담한 책장이 놓여 있었다. 잠시 후 중년의 남자가 소파에 앉아 책을 읽는 장면이 보였다. 그리고 잠시 뒤 더 어린 남자아이가 책을 들고 그 아버지 옆에 앉는 모습을 보았다. 주변은 조용했고, 어둠 속의 조명 아래 나란히 앉아 있는 그 모습을 보는 것만으로도 왜 그렇게 가슴이 따뜻해지는 느낌을 받았을까? 더 바라보고 싶었지만 사생활 침해로 보일 것 같아 커튼을 내렸다.

핀란드를 비롯해서 스웨덴, 노르웨이의 어린이들은 부모님으로부터 독서의 영향을 가장 먼저 빈는다. 특히 잠들기 전에 부모가 책을 읽어주는 것은 북유럽 대부분 가정에서 발견할 수 있다. 심리학자 에릭 시그먼은 "잠들기 전 '베드타임 스토리'가 아이에게 정서적 안정과 휴식을 준다. 아울러 한 세대에서 다음 세대로 가치와 도덕을 전하면서 이를 부모세대와 자녀세대의 두 세대가 공유하는 중요한 수단이 된다."라고 강조했다.

우리나라의 아이들도 전통사회에서 날이 어두워지면 할머니가 들려주는 이야기를 듣다가 잠이 들던 때가 있다. 책 읽어주기와 옛날이야기 들려주기는 다소 차이는 있을지라도 그 정서적 경험은 유사할 것이다. 실제 핀란드에는 '이야기하기 교육법'이 널리 퍼져 있다. 아이들은 취학 전에 부모와 도서관을 자주 방문하고 그곳에서 스토리텔러(이야기꾼)들의 이야기를 듣는다고 한다. 이러한 활동은 아이들이 독서를 교육이 아닌 놀이로 받아들이도록 하는 데 도움이 된다.

우리나라에도 최근 책 읽어주는 도서관 사업이 활발하다. '시니어 이야기꾼 사업', '책 읽어주기 교사' 등이 초등학교를 중심으로 확산되고 있다. 그런데 더 나아가 이런 책 읽어주는 강사를 모집하고 가정으로 파견하는 상업적인 단체들이 확산되고 있다는 사실을 긍정적으로만 받아들이기는 다소 위험하다. 부모의 바쁜 직장생활로 발생하는 부재를 상업적 활동으로 보완하려는 노력으로 보아야 할지, 모든 것을 상업화해버리는 자본주의적 사고의 결과인지 판단이 필요하다. 분명 이 사업은 책 읽어주기 본래의 목적과 거리가 멀어졌다고 보아야 한다.

책 읽는 부모, 책 읽어주는 부모의 모습은 그 어떤 교육보다 더 완전한 교육이다. 부모와 자녀가 함께한 책읽기 경험은 단순한 지식의 공유가 아니라 더 깊은 정서의 끈을 나눌 수 있게 한다. 그 경험은 자녀의 사춘기로 인해 서로 단절의 경험을 겪을 때조차 끈을 놓지 않도록 하는 힘을 발휘한다. 또 자녀가 삶에서 만나게 될 수많은 갈등과 곤란 상황에서 자신을 치유하는 힘을 발휘할 것이다. 그리고 자녀의 삶 전반에서 책을 통해 자신의 삶을 성찰하는 노력을 게을리하지 않을 것이다.

경쟁하기 위해 책을 읽어야 할까요?

영휘(가명)는 서울의 한 중학교 3학년이다. 학교에서 독서 동아리 활동을 하고 있다. 책읽기를 좋아해서 가입을 했지만 실제 동아리 시간에도 절반은 몰래 학원 숙제를 하느라 마음이 바쁘다. 수학과 영어 학원에서 늦게 귀가하여 학교 숙제를 간신히 하고 잠이 든 후 학교에서 틈틈이 학원 숙제를 하는 경우가 많다.

어제는 국어 시간에 독서를 한 후 독후감을 써서 내야 하는 수행평가를 하느라 더 늦게 잤다. 독후감은 학생생활기록부에 독서 이력으로 남는다. 그래서 다소 내용이 어렵지만 수준이 높은 도서로 정했다. 책 내용은 생각보다 재미있었지만 300쪽이 넘는 책을 읽는 것은 많은 시간이 필요했기 때문에 쉽지 않았다. 결국 잠을 줄이는 수밖에 없다. 하지만 내일 모레까지 과학 독후감도 담임선생님께 제출해야 한다. 지금 가고 싶은 과학 관련 고등학교에 진학하는 데 필수라며 꼭 제출해야 한다고 부모님이 말씀하셨다. 이렇

세 시간에 쫓기면 옳지 않은 줄 알면서도 인터넷에서 다른 사람의 독후감을 찾아 베끼고 싶은 유혹에 끌린다.

중학교 1학년인 민수(가명)는 주로 세계명작도서를 중심으로 독서를 한다. 사실 명작도서보다는 우주와 관련된 책들을 더 좋아한다. 하지만 부모님께서 중학교 고학년이 되면 시간이 없으니 수능과 논술에 도움이 되는 책을 미리 읽어두라고 하신 것이다. 초등학교 시절에는 교과서 연계 소설이나 글이 담긴 책, 역사 관련 책을 주로 읽었다. 공부에 도움이 된다는 이유였다.

중학교 2학년인 지윤이는 책에 형광펜을 그어가며 독서를 하고 있다. 다음 주에 있을 독서 골든 벨에 출전할 계획이다. 선정된 도서는 5권인데 모르는 단어도 많고 외어야 할 내용이 너무 많다. 더구나 등장인물은 왜 이리 많은지. 작년에 독서 골든 벨에서 주인공 이름이 중요하지 않다고 생각해서 외우지 않았다가 낭패를 본 기억이 있다.

초등학생인 윤아는 이번 달에 학교에서 다독상을 받았다. 지난 달에 친구들이 상을 받는 것을 보고 부러웠다. 학교 도서관에서 책을 많이 대출해야 그 기록의 결과로 상을 주는 것이다. 윤아는 하루에도 몇 번씩 학교 도서실에 갔다. 책을 빌리고는 대충 보거나 그대로 반납하기를 반복했다. 그 결과 가장 많이 책을 빌린 학생으로 선정되어 다독상을 받은 것이다.

이런 장면들은 우리 교육 현장에서 자주 만나는 학생의 모습이다. 학생들의 행동에 대한 평가는 뒤로하고 그러한 행동을 하도록 만든 배경에 주목해보자. 입시 위주의 학교 문화에서 읽고 싶어도 읽을 시간이 확보되지 않아 타인의 글을 베끼도록 부추기는 '독서 수행 평가'는 어떤가? 진학할 때 자기 소개서나 스펙으로 꼭 필요한 '독서 이력' 제도, 교과서 연계 도서 위주로 형성되는 출판 시장 또한 학생들의 삶과 독서를 분리시킨다. 그리고 이러한 독서교육의 결과는 다음과 같이 나타나기도 한다.

> 문화체육관광부의 '2010년 국민 독서 실태' 조사에 따르면 4학년 이상 초·중·고교생의 한 학기 평균 독서량은 2002년 11.6권에서 2010년 16.5권으로 지난 10년간 약 5권이 늘었다. 반면 같은 기간 중 평일 독서 시간은 오히려 하루 48분에서 41분으로 7분이나 줄었다. 겉핥기로 책을 빨리 읽는 추세가 증가한다는 뜻이다.[■]

최근 인문학에 대한 관심이 높아지고, 사회에서나 가정에서나 독서를 교육의 핵심 목표로 삼고 있지만 우리의 독서 현실은 여전히 밝지만은 않다. 그 원인 중 하나가 유아부터 시작하여 청소년기를 거쳐 정착되는 독서 습관이 올바른 가치를 내포하고 있지 못하기 때문이다. 학교 교육과정에서 경험하는 경쟁적인 잠재적 교육과정으로 인해 독서가 삶에서 왜곡되는 것에 우리 현장 교사들도 책임을 느껴야 한다.

■ 『조선일보』 2012년 1월 17일자. 「많이 읽고 빨리 읽는 한국 학생들, 독서 후 요점 말해보라면 "……"」.

독서를 하면 물질적 보상이 따라온다?

왜 우리는 국가가 나서서 책읽기를 강조할까? 근본적인 질문을 던져보자. 책을 즐기고 책을 통해 외적·내적인 힘을 기르기 위함인가? 아니면 책을 통해 교과 공부를 잘하게 하는 것이 목적인가? 물론 모두 해당된다고 말할 수 있다. 문제는 방점을 어디에 찍어야 하는가이다.

출판계가 불황이라고 난리지만 어린이와 청소년 대상 도서들의 판매가 꾸준히 늘고 있는 현상을 보면 독서교육의 목적이 후자일 가능성이 크다. 모 방송국 어린이 독서왕 프로그램 홍보 한 달여 동안, 출판계 등의 추산에 따르면 선정 도서가 20만 권 정도 팔렸다고 한다. 그리고 독서와 논술교육의 중요성을 강조하고 있지만 실제 힘을 발휘하는 곳은 입시와 각종 경시대회를 준비하는 사교육 시장이다. 또 대형 서점이나 인터넷 서점에서 인기를 얻고 있는 도서들은 어린이나 청소년을 대상으로 하는 교과서 연계 도서들임을 확인할 수 있다. 출판사 또한 도서를 홍보할 때 '교과서에 실린' 또는 'ㅇ학년에 꼭 읽어야 할' 도서임을 강조해야 많이 판매되니 어쩔 수 없다고 한다.

언제부터인가 우리는 당장 쓸모가 있는 물건과 일에 집중하기 시작했다. 어떤 사람은 우리가 조선시대 유학적 가치에 너무 치중한 결과 나라를 잃었다는 자책 때문에, 또 가난에서 벗어나려고 쓸모 있는 기술, 돈이 되는 일에 가치를 두게 되었기 때문이라고 말한다. 그래서 인문학 서적은 입시와 사교육으로 바쁜 아이들에게 시간 낭비이며 공부에 도움이 되지 않는 쓸모없는 일이라고 치부당한다. 당연히 각종 독서 대회나 독서 감상문 쓰기 등 수행평가처럼 독서가 성적이나 스펙과 깊은 관련을 지을 때만 빛을 발한다. 입시에 쫓겨 올바른 독서 습관을 가질 수 없었던 청소년들은 대학생이 되고 나면 취업에 쫓겨 전공과 영어 서적에 몰두하고 결국 자신의 삶을 돌아볼 독서를 하지 못한다.

유아기 아름다운 그림과 신기한 이야기에 마음을 뺏겼던 독서의 즐거움을 잊지 않도록 해야 한다. 즉 독서가 주는 깊이와 즐거움의 가치를 가르쳐줄 수 있는 독서교육이 이루어져야 하고 그러한 사회적 분위기가 형성되어야 한다. 독서가 재미있다고, 그래서 독서를 하느라 잠을 자지 않아 부모와 실랑이하던 소중한 기억들을 만들어주어야 한다.

독서의 계절, 가을을 맞이해서 우리나라 각 학교와 교육청 등에서 독서교육을 활발히 펼치고 있다. 독서교육 우수 사례라고 소개하는 대부분의 활동 중에 빠지지 않고 들어가는 것들을 나열해보자. 독서퀴즈대회, 독서논술대회, 독서토론대회, 엽서 만들기, 책갈피 만들기, 시화전, 독서 영상ucc 만들기, 책표지 만들기, 도서관에서 밤새워 책읽기 등이 대표적이다.

이러한 활동들이 모두 독서교육으로서의 의미가 있는지에 대해 진지한 질문을 해본 적이 있는가? 양적인 실적 만들기에 급급해서 새로운 활동을 만들어내거나 우수 사례라고 소개된 활동들을 따라 하는 것은 아닌지 반성이 필요했다. 신문 기사에 실린 어느 중학생의 인터뷰 내용을 읽으면서 무엇이 학생들에게 의미 있는 독서 활동인지 생각해보았다.

독서교육 우수 사례 전시장에서 체험활동을 하고 있는 학부모와 학생

독후 체험활동 행사에 참가한 안○○ 학생(○○중)은 "독서 퀴즈
와 논술은 책을 읽고 문제를 풀어야 한다는 부담감에 참여하기가
망설여지는데 독후 체험활동은 즐거운 마음으로 직접 만들고 느
낄 수 있어서 좋았다."고 말했다. ▪

혹시 우리가 독서교육이라고 해온 프로그램들이 학생들에게 특정
한 책을 읽는 것을 강요하고, 어떻게 읽어야 할지까지 통제하고 있지
는 않는가? 책 속에는 많은 이야기들이, 많은 삶이, 많은 사람들이
있다. 그리고 책의 어떤 면을 어떻게 받아들일지에 대한 자유를 청
소년들에게도 보장하자. 학생들이 독서 관련 대회보다는 독후 체험
활동을 즐거운 마음으로 받아들인다는 것은 독서에서조차 경쟁하
고 싶지 않음을 의미하는 게 아닐까? 이 학생이 느낀 즐거움은 물질
적 보상이 아니고 정신적 만족이다. 정신적 만족을 많이 느낄수록

▪ 인천서부교육지원청, 희망 서부 독서한마당 개최(『연합뉴스』 2013년 10월 30일).
http://media.daum.net/press/newsview?newsid=20131030160119419

즐거움은 배가 될 것이고, 학습이 아닌 호기심으로 책과의 만남을 지속할 수 있을 것이다.

삶의 친구가 되는 생활 독서교육

영국의 철학자 프랜시스 베이컨은 "토론은 부드러운 사람을 만들고 글쓰기는 정확한 사람을 만들며 독서는 완전한 사람을 만든다."고 이야기했다. 독서로 배경지식을 넓히고 삶에 대하여 성찰한 사람이 글을 써서 자기화하고, 토론을 통해 더 깊은 이해와 소통을 경험하는 삶은 조화로운 삶을 일구어낼 수 있다. 그 바탕에는 좋은 책을 읽어야 한다는 독서의 조건이 자리 잡고 있다.

좋은 책을 읽으려는 자세는 좋은 책이 무엇인지에 대한 고민을 요구하고 스스로 찾아 읽으려는 노력이 따라온다. 그 과정에서 사고와 가치관은 확장되고 스스로 올바른 것, 바람직한 것을 찾을 힘이 생긴다. 자연히 독서의 매력을 흠뻑 느낄 수 있다.

하지만 독서 결과로 물질적 보상을 얻으려는 경쟁은 물질적 보상이 따르지 않으면 독서도 하지 않게 만든다. 독서는 물질적 보상보다는 정신적인 만족이 강한 활동이다. 그런데 물질적 보상을 위한 독서교육 프로그램에 자주 노출되다 보면 올바른 가치를 찾지 못하고, 나이가 들어갈수록 독서량이 줄어들게 된다. 우리나라 20대에서 30대 성인들의 적은 독서량은 그동안 경험한 독서교육 프로그램과 관련이 없지 않다.

이제 우리 독서교육 현장에서 양적 실적 위주의 교육 프로그램을 걷어내도록 하자. 독서교육 을 통해 학생들이 얼마나 책을 더 많이 읽었느냐가 중요한 것이 아니라 어떻게 하면 더 많은 학생들이 자신의 삶에 대해 성찰할 수 있는 사고력과 가치관이 형성될 수 있는지 생각하자. 학생들이 책을 읽고 바로 효과를 보지 못한다고 실망하지 않는 어른이 될 마음가짐이 필요하다. 책의 줄거리를 꿰뚫는 것보다 자신의 삶과 연결시킬 수 있도록 발문하고 이야기하도록 하자. 단편적인 지식을 묻기보다는 그 지식을 다른 지식과 어떻게 연결하고 사회와 어떻게 연결할 수 있을지 함께 고민하자.

지난 봄 전북 김제에 있는 지평선 중고등학교를 다녀왔다. 인문학 수업이 특화되어 있는 대안학교로, 자연을 담은 도서관이 유명하다. 도서관을 들어서면 10개의 '지혜의 나무' 기둥이 받치고 있는 복층 공간이 보이는데, 학생들이 자유롭게 책을 읽을 수 있도록 배려한 공간이 참 부러웠다. 자작나무로 된 책장과 책상, 그리고 5만 권 정도의 책들 사이로 비치는 안정된 자연 빛은 그것만으로도 무장해제를 시킨다.

이 학교의 건물과 도서관을 보고 북유럽 탐방을 떠났기 때문에 북유럽의 멋진 학교 시설과 도서관들이 그리 놀랍지 않았다. 다소 아쉬운 점은 지평선 중고등학교가 공립학교가 아닌 대안학교라는 점이다. 머리를 쪽을 찐 단정한 모습의 교장선생님은 차분한 목소리로 말했다.

"도서관이 생기면서 아이들에게 어떤 틀이 없어지고, 꿈을 갖게 되었습니다. 저는 학생들이 이 도서관에서 지식이 아니라 지혜를 쌓아가기를 바랍니다."

지평선 중고등학교 교육과정 속에 독서와 쓰기가 스며들어 있다.

전북 김제의 지평선 중고등학교 도서관 실내

마치 북유럽에서 본 학교들과 비슷하다. 학생들은 도서관이 삶이고 자신의 삶을 글로 기록한다. 그 과정에서 학생들끼리 또는 학생과 교사가 끊임없이 토론한다. 올해 처음 시도한다는 수업의 한 장면은 매우 인상적이다. 아직 시도하는 단계여서 같은 교과 교사들이 협의회를 통해 더 나은 발전 모형을 구상하고 있다고 한다.

지평선 중고등학교의 중학교 3학년 수학 시간이다. 수업 시작종이 치고 교사는 조용히 의자에 앉아 학생들에게 책을 5분 내외로 읽어준다. 학생들은 자유롭게 앉아 듣고 있다. 5분 동안의 책 읽어주기 후 본격적인 수학 수업이 이어진다. 물론 금방 읽은 책의 내용은 수업의 일부분이 되어 연결된다.

교사는 책을 통해, 수업과정을 통해 학생들에게 책과 삶이 어떻게 연결되는지 보여주고 있다. 나의 두뇌는 나의 수업 안에서 독서를 어떻게 구현할지 구상에 들어간다.

요즘 교육 현장에서 살아남으려면 절대 빠지면 안 되는 것이 있다. 바로 '창의성 신장'이다. 그런데 이 창의성은 뚝 떨어진 독립된 능력이 아니라 기초 지식이 탄탄할 때 그것들을 융합하여 새로움을 창조하는 능력이다. 당연히 사회 속에서 다른 사람들과 소통하면서 계발된다. 그런 점에서 우리 교육 현장은 토론을 중요시하고 토의 토론 수업을 권장하고 있다. 토론이 되려면 자기의 의견이 있어야 하고, 자기의 의견은 책읽기와 사색으로부터 나온다.

독서는 강요에 의해서 억지로 해야 하는 학습이 아니라 인생 전체 과정 중에서 쉬어가고 느끼고 생각하고 행동하는 삶의 동반자여야 한다. 북유럽의 독서교육을 둘러보면서 우리와 가장 큰 차이점은 어린이나 청소년에게 독서를 강요하기 전에 독서를 즐길 수 있도록 배려한다는 것이다. 그들에게 책의 선택이나 읽는 방식에 대한 강요나 간섭 없이 읽고 난 다음에도 독후감이나 일기 등의 부담감 없이 온전하게 독서의 즐거움을 누릴 수 있는 기회를 주어야 한다. 그런 경험이 많은 아이일수록 책의 진정한 가치를 알고 즐기며 살아갈 수 있을 것이다.

프랑스 교육자 겸 작자인 다니엘 페낙이 말하는 독자의 권리[■]를 가슴에 새기면서 내가 가정에서 교육 현장에서 우리 아이들과 함께 가야 할 독서의 방향을 모색한다.

① 책을 읽지 않을 권리
② 건너뛰며 읽을 권리
③ 끝까지 읽지 않을 권리
④ 다시 읽을 권리

■ 다니엘 페낙(2004), 이정임 옮김, 『소설처럼』, 문학과지성사.

⑤ 아무 책이나 읽을 권리

⑥ 보바리즘(현실과 소설 세계를 혼동할)을 누릴 권리

⑦ 아무 데서나 읽을 권리

⑧ 군데군데 골라 읽을 권리

⑨ 소리 내어 읽을 권리

⑩ 읽고 나서 아무 말도 하지 않을 권리

북유럽에서 본 평등의 열매들
– 평등을 내 수업 현장 속으로 들여놓다

우리들(학생)의 약속

하나, 번호대로 앉는다.

둘, 경청한다.

셋, 질문을 사랑한다.

넷, 의견을 발표할 때는 최대한 정확하게 나의 의견을 전달한다.

다섯, 수업이 끝난 후 오늘 배운 것에 대해 스스로 되새겨본다.

선생님의 약속

하나, 이름을 모두 외운다.

둘, 눈을 마주쳐가며 수업한다.

셋, 진지하지만 여유 있는 수업을 진행한다.

넷, 그날 배운 것을 스스로 되새겨보도록 돕는다.

해마다 첫 수업 시간이면 내가 학생들에게 제시하는 도덕 수업 규칙이다. 물론 교사 초임 때부터 이러한 약속을 제시한 것은 아니다.

교사라면 누구나 느꼈을 수업 후의 허전함과 공허함! 나 역시 공허함을 떨쳐버리고 싶었고, 학생들과 호흡하고 공감하는 수업에 목말라 있었다. '학생들과 함께 소통을 이끌어내는 수업을 어떻게 할 수 있을까?'에 대한 생각이 많았다. '새로운 정보를 많이 알려주자', '이야기를 많이 들려주자', '우리 주변 이야기들을 교과서와 잘 엮어서 설명해주자', '감동적인 영상을 수업에 적절히 사용하자', '학생들에게 역할극을 만들도록 해보자', '학생들에게 발표 수업을 하게 해보자' 등 다양한 방식을 수업에 적용하면서 소통을 이끌어내고자 했으나 언제나 교사인 나만의 열정적인 수업이었다.

이러한 다양한 수업 방식을 시도해보는 과정에서 만난 것이 토론 수업이었다. 토론 수업을 처음 시작하던 10여 년 전에는 두서 없이 전체 찬반 토론 형식이었다. 사형제도를 가지고 전체 학생들이 자유롭게 자신의 의견을 주장하는 수업이었는데, 그 첫 경험에서 나는 처음으로 살아 있는 학생들의 눈빛을 만날 수 있었다. 그 이후 지금까지 한 학기에 적어도 1회 이상은 모든 학생들에게 토론 수업을 실시하고 있다.

그래서 이번 '2013 학습연구년 특별연수 서울 초중등 교사 북유럽 3개국 교육 탐방(이하 북유럽 교육 탐방)'에서도 나의 관심사는 북유럽 학생들의 토론 수업이었다. 아쉽게도 10일간의 짧은 기간 동안에 북유럽 학교를 탐방하면서 토론 수업의 실제를 볼 수는 없었다. 그러나 북유럽 교육 탐방 동안에 그들의 삶 속에 배어 있는 '평등'이 만들어낸 '대화'와 '타협', '협동', '함께함'의 열매들을 보며 그간의 토론 수업에서 빠진 중요한 정신을 되새겨볼 수 있는 기회였다.

'토론'이라는 방법은 그들과 같지만 목표 지점은 그들과는 너무도 다른 나의 토론 수업! 그 지점에 대한 해답을 북유럽 연수 기간 동안 찾을 수 있었다.

평등과 경쟁의 차이

We are

우리는

Commonly unique

누구나 특별하다.

Commonly unique.

누구나 특별하다.

You're hardly alone when you're feeling lonely

당신이 외로움을 느낄 때도 혼자가 아니다.

You're hardly alone but you're on your own

혼자이지 않지만 당신은 혼자 존재한다.

You're hardly the only one to think

당신이 생각하는 것을 생각하는 것은

what you're thinking

당신 혼자만이 아니다.

But the only one who really knows

그러나 당신이 의도하는 바를 아는 것은

what you mean

당신 혼자다.

We are Commonly unique

우리는 누구나 특별하다.

「Commonly Unique」The Real Group(스웨덴 아카펠라 그룹)

부모는 멀리 보라 하고
학부모는 앞만 보라 합니다.

부모는 함께 가라 하고
학부모는 앞서 가라 합니다.

부모는 꿈을 꾸라 하고
학부모는 꿈 꿀 시간을 주지 않습니다.

당신은 부모입니까? 학부모입니까?

부모의 모습으로 돌아가는 길
참된 교육의 시작입니다.

공익광고협의회 공익광고 문구

스웨덴의 리얼 그룹의 「Commonly Unique」와 몇 년 전 잔잔한 파문을 일으켰던 '부모와 학부모' 공익광고 내용이다. 북유럽과 우리의 밑바닥에 깔려 있는 정신의 차이를 잘 보여주는 대목이다.

이 노래에 후렴구인 'We are commonly unique'는 북유럽의 정신을 잘 보여준다. 북유럽 경쟁력의 원동력인 '평등'에 대한 그들의 철학을 대변하는 말이다. 실제 북유럽 교육 탐방 기간 동안 북유럽인들의 삶 곳곳에서 평등이 이루어낸 열매들을 확인할 수 있었다. 그에 비해 '부모와 학부모'란 공익광고는 경쟁 속도에 모두가 지쳐가는 우리의 모습을 몇 마디의 언어로 잘 보여준다. 실제 우리는 자본주의적 사고방식에 익숙해져 있기 때문에 경쟁이 없이는 삶이 유지될 수 없다고 대체로 생각해왔고, 그래서 힘들지만 어쩔 수 없이 경쟁의 가치를 삶의 에너지로 받아들이며 살아왔다. 그러나 지금 우리는 경쟁의 과열로 인하여 모두가 힘들어하고 있는 것이 사실이다.

UN에서 발표한 「2013 세계 행복지수 보고」에 따르면 덴마크가 작년에 이어 156개국 중 1위를 차지했고, 2위 스웨덴, 3위 노르웨이, 4위 스위스 등 북유럽 국가들이 상위권을 차지했음을 알 수 있다. 한국은 41위이다.

이 보고서가 시사하는 바는 크다고 본다. 북유럽 국가들은 경쟁보다는 평등을 더 중요하고 이를 삶 속에서 녹이며 살아가고 있기에 구성원 모두에게 보다 더 큰 행복감을 가져다준 것이다. 경쟁 속에서 모두가 힘들어하고 있는 우리에게 이제는 다른 선택이 필요한 때가 아닐까?

몇 년 전 방한한 피터 존슨 핀란드 교장협의회 회장의 말을 의미있게 새겨보며, 학생들이 나의 토론 수업에서 '평등'과 '협력'의 가치를 조금이나마 체험해보길 희망한다.

"경쟁은 교육에 매우 해롭다. 학교는 학생들이 경쟁하는 곳이 아니라 '교육 협력체'다. 학생들은 경쟁이 아니라 서로 협동하는 과정에서 더 많이 배운다. 따라서 학교 안에서 지나친 경쟁이 빚어지지 않도록 주의해야 한다."

"우선 경쟁에 대한 부담은 사고력을 약화시킨다. 깊은 생각을 할 여유가 사라지기 때문이다. 그리고 다른 사람과 협동하는 능력을 기를 기회가 줄어든다. 또 경쟁에서 뒤처진 학생은 지나치게 심한 스트레스를 겪는다. 공부는 즐거운 일이다. 그런데 심한 스트레스를 받으면, 공부를 고통으로 여기게 된다. 물론 이웃 국가들이 경쟁을 강화하는 교육제도를 도입하고 있다는 사실을 알고 있다. 경쟁이 가진 순기능이 있다는 점을 부정하지는 않는다. 하지만 적어도 핀란드에서는 학생들을 고통으로 몰아넣는 경쟁은 잘못이라는 인식이 지배적이다. 또 아직까지는 경쟁을 배제하고 협력을 강조하는 방식이 충분히 성공적이었다고 본다."

『프레시안』 2007년 10월 22일

누구에게나 열려 있는 왕족의 문: 스웨덴 왕가 이야기

"한 공주가 있었습니다. 그녀는 우울증과 섭식장애로 헬스클럽을 찾았고 거기서 시골 출신의 코치를 만나 사랑에 빠졌습니다. 하지만 왕가의 반대는 불 보듯 뻔한 일이었습니다. 시골 우편집배원의 아들, 허름한 옷차림, 촌스러운 사투리의 시골 청년을 왕위 계승 서열 1위인 공주의 배우자로 허락할 수는 없었습니다. 그러나 공주의 사랑은 지극하고 간절했으며 결국 공주의 부모도 두 사람의 결혼을 허락하게 되었습니다. 공주와 시골 청년과의 8년 열애는 결국 2010년도에 결혼으로 그 결실을 맺었습니다."

아바의 노래를 들으며 스웨덴의 외곽으로 버스가 들어설 때 가이

스웨덴 드로트닝홀름 왕궁

드가 들려준 이야기이다. 개구리 왕자처럼 동화 같은 이야기가 이곳 스웨덴에서는 현실이 된다. 차창 밖으로 보이는 스웨덴의 첫 풍경은 동화 그 자체였다. 그리고 이곳의 동화 같은 왕가 이야기와도 너무도 어울리는 스웨덴은 나에게 첫사랑처럼 강렬하게 다가왔다.

빅토리아 공주의 이야기는 스웨덴 사람들이 느끼는 평등의 깊이가 어느 정도인지를 짐작하게 해준다. 입헌군주제인 스웨덴은 당연히 국왕이 존재한다. 왕가가 남성 중심으로 계승되는 것이 우리의 상식인 것 같지만 이곳 스웨덴은 왕위 서열에서도 남녀를 구분하지 않는다. 아들이 없다면 장녀가 국왕의 자리를 이어받는다. 왕가의 자리는 남녀뿐만 아니라 출생 신분도 넘어선다. 왕가와는 너무도 거리가 먼 시골 청년이 결국은 왕좌의 자리에 앉았으니 말이다.

노동자의 땀을 최고의 가치로 여기다: 스톡홀름 시청사

이들의 평등 정신은 여러 곳에서 발견할 수 있는데 그 대표적인
것이 스웨덴 시청사이다. 1911년 스웨덴의 유명한 건축가 라그나르
오스트리베리의 설계로 건축되기 시작하여 1923년에 완성된 건물
이다. 이곳의 가장 유명한 행사는 매년 12월 10일에 열리는 노벨상
수상 만찬회이다. 노벨상 수상자를 위한 만찬회인데 인상적인 이야
기가 담겨 있다. 그것은 시청사 건물에서 읽을 수 있는 스웨덴 사람
들의 평등 정신과 연결이 된다. 시청사 곳곳에는 꽤 많은 흉상들이
있다. 이 흉상들의 주인공은 누구일까? 세계적으로 유명한 인사들
을 흉상으로 만드는 것이 일반적이다. 그러나 스웨덴 시청사를 장식
한 많은 흉상은 명사들이 아니라 이 건물을 짓는 데 참여했던 노동
자들이다. 시청사를 짓는 데 실제적인 땀과 노고를 바친 노동자들이
야말로 가장 오래도록 기억해야 할 인물이라는 것이다. 사람의 외부
조건으로 그 사람을 판단하지 않고 누구나가 주인이고 소중하다는

스톡홀름 시청사 건물

스웨덴 사람들의 평등의 깊이를 이곳 시청사 건물에서 깊은 감동으로 체험할 수 있었다.

그 밖에도 북유럽 국가의 생활 곳곳에서 평등의 정신이 만들어낸 모습을 많이 발견하였다. 핀란드의 끼르꼬야삔 종합학교 탐방 때 교장선생님이 직접 모든 것을 안내해주었고, 교사들 사이에서 권위를 주장하는 모습은 눈에 띄지 않았다. 학생들도 교장선생님을 두려워하거나 어려워하는 모습은 보이지 않았다.

성평등을 넘어서
성 중립의 가치가 뿌리내리다: 여성 군복무제노

북유럽의 학교를 탐방하면서 인상적으로 느꼈던 것 중 하나는 남학생과 여학생이 서로 격의 없이 편하게 지내는 모습이다. 쉬는 시간 남녀 학생들의 자유로운 활동은 한국 교직사회에 오래 몸담은 나로서는 쉽게 이해할 수 없는 부분도 많았다. 저들의 행동을 지도해야 할 것 같은 민망한 상황도 많이 목격되었다. 남학생이 누워 있고 여학생이 남자의 배 위에 올라가 장난치는 모습 등이 그것이다. 이들의 성에 대한 인식은 우리와 비교해 매우 개방적이다. 그래서인지 성적 호기심으로 인한 성범죄는 거의 발생하지 않는다고 한다. 그리고 북유럽의 개방적인 성문화는 여성에 대한 인식을 외적 아름다움보다는 능력에 더 초점을 두는 문화로 만들었다. 더 나아가 북유럽의 선진화된 성평등 문화를 만들어내는 기초가 되었다고 볼 수 있다. 그러나 개방적 성문화를 지금의 우리 상황에 그대로 적용하는 것은 아직은 우리의 오랜 성문화의 토양에 맞지 않는 면이 있다.

스웨덴은 성평등에 관한 옴부즈맨 기구인 '야모(스웨덴 동등기회 옴부즈맨, JamO)'라는 것이 있다. 다음 사례는 스웨덴의 성평등 수준을 보여준 예라고 볼 수 있다.

> 자동차 회사 '볼보Volvo'가 얼마 전 모국인 스웨덴에서 혼쭐이 났다. 공장 직원 입사 자격인 '키 163~190cm'라는 신체 조건에 미달한다는 이유로 2명의 여성 지원자를 탈락시킨 게 화근이었다. 볼보 측은 "공장 기계를 작동하는 데 필요한 신체 조건"이라고 해명했지만, 스웨덴 성性평등 옴부즈맨 기구인 '야모'는 "스웨덴 여성의 평균 키가 163cm인 상황에서 키로 입사 자격을 제한하는 것은 명백한 성차별이다. 근로 환경을 바꾸든지 신체 제한을 없애라."고 명령했다.
>
> 정부 기구인 '야모'는 성차별에 관한 한 볼보 같은 세계적인 기업들도 꼼짝 못하게 하는 '포청천'이다.
>
> 『조선일보』 2008년 8월 28일

무엇보다도 북유럽 성평등의 최정점은 노르웨이 여성의 군복무제도가 아닐까? 현재 노르웨이 남성의 의무 복무 기한은 1년이다. 남성에게만 부여된 군복무가 이제 여성에게도 부여된다. 2015년부터 노르웨이의 성인 여성은 남성처럼 12개월간 군복무를 해야 한다. 우리나라에서 군복무를 여성에게도 실시한다면 어떨까? 분명 여성계의 반발이 매우 심할 것이다. 우리 사회 전반에 아직도 여성이기에 불평등을 몸소 느끼는 경우가 많은데 군복무에서만 평등을 요구하

토론 수업의 실제

는 것은 어불성설이기 때문이다. 그만큼 우리에게 성평등은 아직도 먼 나라 이야기인 것이다. 그러나 남녀평등에 적극적인 정책을 펼치는 노르웨이는 모든 공기업 및 상장기업이 전체임원의 40%를 여성임원으로 배정하는 '여성임원 할당제'를 실시하고 있다. 그런 바탕 위에 여성 군복무제도가 가능한 현실이 된 것이다.

'평등', '너와 나 함께하기'가
체험의 열매로 맺길 바라며

"도덕적으로 살면 손해 보지 않나요?"

"조별 활동을 하게 되면 하는 학생만 하고 나머지는 점수만 받아가서 불공평해요."

"쟤는 말도 없고 준비물도 챙겨오지 않고 저 아이가 우리 모둠에 들어오면 내 점수까지 깎아먹어요."

수업에서나 학급 활동에서 교사라면 학생들에게서 흔히 들어볼 수 있는 이야기들이다. 우리 교실 현장에서는 교사나 학생 모두가 삶의 방식으로서 경쟁을 당연한 것으로 받아들이고 있다. 경쟁이 불공평한 면도 있지만 인간의 본성을 가장 잘 대변해주는 것이며, 경쟁 상황이 힘들지만 어쩔 수 없는 선택이라고 생각하고 있는 것이다. 나 역시 예외는 아니었다. 그러나 북유럽에서의 낯설은 경험은 내가 당연하게 생각했던 것들에 대해 깊이 있는 반성을 요구했다. 내 수업의 한계를 내가 스스로 만든 것은 아닐까? 그렇다면 그런 지점은 어디일까? 그 지점을 나는 어떤 방식으로 변화시켜야 할까?

내가 지금껏 해오던 토론 수업 방식은 모둠 형태이지만 내용은 개별적이고 경쟁을 바탕으로 진행되는 '승-패' 게임방식이었다. 물론 내가 지향하고자 했던 토론 수업은 모두가 자발적으로 참여하고 자신의 주장을 고집하기보다는 합의의 과정을 거쳐 더 나은 대안을 찾는 것이다. 그러나 그것은 이상이었고 현실의 수업 상황에선 '서열화된 점수 매기기'와 '경쟁'이 수업을 지배했다. 수업하기 전 토론 수업의 목표는 더 나은 대안을 찾는 과정이라고 명시하지만 토론 수업이 진행되면 그때부터 이미 경쟁이 시작된다. 그리고 토론 수업이 끝나고 나면 어느 팀이 이겼는지가 중요한 '승-패'만 남는 듯한 느낌이 들었다. 토론이 진행되는 과정에서 다양한 의견이 오가면서 분명 학생들의 사고력이 확장되었을 거라고 스스로 위안을 해보지만 학생들에게 더 중요한 것은 어느 팀이 이겼느냐였다.

내가 내 수업의 한계를 스스로 만든 지점이 바로 여기에 있다. 그것은 토론 수업을 이끌어가는 에너지로 교사인 내가 이미 경쟁의 방식을 활용하고 있었다는 것이다. 경쟁의 방식을 활용하지 않으면 수업이 이루어질 수 없다고 나 스스로 생각하고 있었던 것이다. 그리고 학생들의 이기기 위한 경쟁식 토론은 학생들로 하여금 토론의 기본 목적보다는 '승-패'에 더 집중하게 하는 결과를 만들었다.

이런 교실 상황에서 어떻게 '너'와 '나'가 함께 가는 공존의 아름다움을 구현할 수 있을까? 경쟁과 서열화가 익숙한 학생들에게 어떻게 '평등'이란 가치를 심어줄까? '평등'의 가치가 뿌리내리기 위해서는 '평등', '같이함'이 행복(이득)으로 체험되는 기회가 많아야 한다. 담임으로서 교과 교사로서 모두 깊이 있는 성찰이 필요하겠지만, 나의 수업 특히 토론 수업을 면밀히 분석하여 학생들에게 '평등'과 '함께함'의 가치를 체득하는 기회를 제공해주고 싶다.

지금껏 경쟁을 수업에 이용했던 방식을 수정하는 것이 무엇보다 중요하다. 즉 '함께 나누기'를 중요한 토론 수업의 원리로 수업을 구조화하는 것이다. 토론 수업을 진행하다 보면 새로운 상황에 직면하게 될 것이고 그 과정에서 수정 보완의 과정을 거치겠지만 적용해보고 싶은 몇 가지 원칙을 생각해보았다.

기존의 원칙

- 무임승차를 방지하기 위해 형태는 모둠이지만 토론의 모든 과정은 개별적이다.
- 모둠원은 자발적으로 참여하되 먼저 손든 사람, 적게 발표한 사람 순으로 자신의 의견을 발표한다.
- 토론 수업 시 자신의 의견을 제시하지 않는 사람은 0점이지만 모둠원에게는 영향을 주지 않는다.
- 모둠별 공동점수를 부여하는 것이 아니라 자신의 의견 발표 수

준에 따라 개별 점수를 부여한다.

⇩

새로운 원칙

- 토론 수업의 모든 준비는 수업 시간에 이루어진다(총 2시간 소요: 첫째 시간 모둠별 준비, 둘째 시간 토론 및 소감문 작성).
- 모둠 구성원이 다양하고, 구성원 간의 협력을 잘 이끌어낼 때 그 모둠 전체는 가산점을 받는다.
- 평가는 모둠 평가로 한다.
- 뛰어난 개인보다는 협력을 잘 이끌어내어 모둠원 모두의 참여를 우선시한다.
- 토론 후에는 사고의 확장 지점을 모둠원과 나누고 최종 결론을 맺는다.
- 평가는 토론의 기본 원칙 준수, 협력, 역할 분담을 원칙으로 하며 절대평가로 한다.

변화된 원칙에서 내가 가장 중요하게 생각하는 것은 모둠원 구성 시 소외되는 학생을 막는 것이다. 다양한 구성원이 이루어낸 협력의 성과를 중요시함으로써 '말을 잘 못하는 아이', '조용한 아이' 등이 적어도 다른 학생들로부터 기피되는 것을 막고 싶다. 다음으로 모둠별 절대평가를 실시함으로써 모둠원이 일정 수준에 도달하면 모두 만점을 받아 모둠내 경쟁을 지양하고 협력을 도모하고 싶다.

북유럽의 '평등'이 이루어낸 국가경쟁력, 그리고 그들의 생활 속에 배어 있는 행복, 여유, 함께함을 지금 당장 적용하는 것은 무리가 많다. 그러나 수업에서나마 '혼자 뛰어나기'보다는 '함께 성장하기'의 가치가 더 소중한 경험으로 체득될 수 있도록 수업을 구조화하고 싶다. 그래서 학생들이 작게나마 '함께 가니까 더 행복하다'는 경험을 맛보게 해주고 싶다. 그리고 그러한 작은 경험들은 '경쟁'뿐만 아니라 '함께하기' 역시 우리가 선택할 수 있는 삶의 방식이라는 것을 깨우치는 기회가 되지 않을까 기대해본다.

학교에서 모든 것을 배운다
– 실생활 중심의 실질적인 창의·융합·인성 교육

박지현_반포고등학교

엄마, 설거지 제가 해도 돼요?

"엄마, 설거지 제가 해도 돼요?"

며칠 전 저녁 식사 후 설거지를 쌓아두고 있는 나에게 아홉 살짜리 딸아이가 건넨 말이다. 날도 쌀쌀해지고 마침 아이가 감당하기는 어려울 듯한 무거운 사기그릇이 설거지에 포함되어 있어 굳이 하겠다는 아이를 말리느라 이런저런 핑계를 대야 했다. 아직 어리지만 아이는 종종 설거지를 하고 싶어 한다. 처음에는 어른을 따라 해보고 싶은 어린아이의 호기심이라 생각하고 몇 번 혼자서도 하게 두었다. 그런데 꼼꼼하게 뒷정리도 하고 어느 어른 못지않게 해내는 모습에 몇 번씩 칭찬을 해주곤 했다. 그 재미에 아직 싱크대 높이가 맞지 않아 보조 의자 위에 올라서서 설거지를 해야 하는데도 선뜻 설거지를 하겠다고 나서고 있다. 설거지를 말리는 대신에 왜 설거지를 하고 싶어 하는지 물었다. 이유인즉슨 엄마랑 설거지하는 것도 재미있고, 엄마를 도와주는 것이 즐겁다는 것이었다. 기특한 일이 아닐 수 없다.

문득 나의 초등학교 시절을 반추해보았다. 엄마가 저녁 설거지나 일주일 동안 신었던 실내화를 주말에 스스로 빨도록 하셨을 때가 생각이 났다. 그때는 나는 그 일이 정말 싫었던 기억이 난다. 공부하라고 평소에는 시키시지도 않으셨는데 간혹 청하실 때 짜증이 났다. 이건 엄마의 일인데 하면서 말이다. 결혼 초에도 나만 설거지를 해야 하는가 하는 문제로 남편과 심리전이 팽팽했던 것 같다. 이제는 어느덧 생활이고 누군가는 만들고 치워야 가족이 건강해지니, 일이라는 생각 없이 그냥 서로 하는 것이 일상적인데 말이다. 그런데 이 아이는 설거지를 즐기면서 하고 싶어 한다.

나의 어머니는 공부나 열심히 하라고 또는 서툴게 하거나 어지르는 것이 마음에 들지 않아 부엌일 등은 아예 참여시키지 않으셨던 것 같다. 아직까지도 내가 아이들과 요리를 하거나 청소를 같이하면 안전을 이유로 말리신다. 그런데 나는 좀 생각이 다르다.

10여 년 전부터 영재교육에 참여하게 되어, 창의성에 대한 관심을 가지면서부터 꾸준히 각종 연수와 책 등을 많이 접해왔다. 창의성은 꼭 특별한 교육을 통해 계발되는 것만이 아니라 생활 속 작은 실천에서도 발전될 수 있다는 것이 공통적인 요지이다. 가령 늘 같은 계란찜을 접하는 아이와 오늘은 깨가 올라간 계란찜, 다음 날은 파가 들어간 계란찜, 그다음 날은 당근이 든 계란찜 등 다양한 계란찜을 접한 아이는 다양성에 대한 이해와 그 가능성에 대해 달리 생각하게 될 것이다. 또 도전적인 일에 참여한 경험은 새로운 것에 대한 두려움을 줄이고, 그 일을 더 개선시킬 수 있는 기회를 제공한다.

이러한 생각에서 초등학교 저학년이지만 본인의 참여 의사가 있을 때는 안전한 범위 내에서 열 살짜리 아들과 아홉 살짜리 딸을 모두 조리에도 참여시키고 설거지 등 집안일에 참여시켜왔다. 그리고 언젠가는 이러한 일을 책임지고 스스로 창의적이고 융합하여 행할 수 있길 바라면서 말이다.

창의성 교육은 어디에서 시작되는 것일까? 어느 순간 우리 아이들은 가정과 사회의 구성원으로서가 아니라 단지 학생으로서의 책임만 강요받고 다른 것은 모두 회피된다. 즉 공부만 잘하면 되고, 다른 것에는 신경 쓸 필요가 없는 것이다. 몸소 만들고 행하는 시간을 아껴 지식을 조금이라도 더 넣어야 하는 것이다. 과연 이것이 해답인가?

우리 교육이 주장하는 창의성과 융합 교육도 이런 교과 내용, 지식 중심의 교육의 관점에서 접근되는 경향이 크다. 그러한 의미에서 북유럽 3국의 학교 교육은 생활과 밀접한 살아 있는 창의성, 융합 교육이었다.

사회생활을 준비하는 생활 교육이 곧 창의성 교육

교육의 질 향상과 교육기회의 균등을 실현하기 위해 사회 전반에서 교육을 우선순위에 두고 있는 핀란드는 이미 '평생학습'의 개념이 자리 잡고 있으며, 학교별 교육과정이 다른 것이 인정되어 학교의 방침에 따라 나름대로의 중점 교육이 가능하다.

우리가 방문한 핀란드 헬싱키의 외곽 도시에 위치한 끼르꼬야벤 종합학교는 2010년 개교한 헬싱키에서는 규모가 큰 학교로 디자인이 잘된 시설이 좋은 학교였다. 교과에 따라 규모가 다른 다양한 교과 교실을 갖추고 있었다. 특히 가사와 기술 교육 등 실생활 교육과 음악, 미술의 예술 교육을 중시하고 있었다. 이 학교의 교장 카리Kari 선생님의 안내에 따라 살펴본 잘 갖추어진 기술실과 조리실, 재봉실 등은 학교 교육의 방향성을 그대로 보여주고 있었다. 마침 조리실에서는 미트볼과 야채 요리 수업을 하고 있었다. 남자아이와 여자아이들 4~5명이 그룹으로 그들의 상상력을 동원해서 매운 이탈리아 요리를 하고 있었다. 물가가 비싸고, 일정 나이 이상이면 혼자 독립을 하는 이곳 학생들에게 이 과목은 인기 과목에 속하고, 필수적인 코스라 한다. 의식주 중 조리 실습 교육이 '식食'을 해결한다면 바느질과 재봉틀의 사용 기능 습득은 '의衣'의 맥락에서 이루지고 있었다. 이는 기술, 가정교육이 쇠퇴하고 있는 우리와는 전혀 다른 모습이었다.

또한 3국-핀란드, 스웨덴, 노르웨이-의 공통적인 특징은 목공, 금속, 전기 등 다양한 분야의 기술 관련 실습 공간이 잘 구성되어 있다는 점이다. 이는 비단 설비와 환경적인 지원만을 의미하는 것이 아니다.

핀란드의 경우 국가 교육 방침에 따라 주 5회 이상을 손으로 활동하는 시간을 배당하여 실습을 중시함으로써 실생활에서 일어나는 모든 일을 스스로 할 수 있도록 한다. 스웨덴 교육의 방향은 한마디로 '삶을 위한 교육lessons for life'■으로 요약된다. 스웨덴에서 초등학교와 중학교에서는 우드 워크wood work라는 수업 시간이 있어 나무로 각종 집과 공예품을 만들고 이것은 이들이 성인이 되어 여

■ 스웨덴 교육 http://sweden.se/society/education-in-sweden/

름 별장은 물론 자신의 집을 짓는 데도 도움이 된다고 한다. 졸업 이수 시간 6,655시간 중 음악, 미술 각각 230시간과 별도로 330시간의 목공 수업과 382시간의 공예, 요리 수업을 선택해서 듣게 된다고 하니 수능 수업에 나오지 않는 과목은 없애고 예체능 시간은 줄이는 우리와는 정말 대조적이다. 이들은 학교를 졸업하게 되면 집수리나 자동차 정비 등 집에서 일어나는 웬만한 가사와 기술·기계적인 일을 남녀 구분 없이 스스로 처리할 수 있는 능력을 갖게 되는 것이다. '주住'에서 발생하는 문제를 스스로 해결할 수 있는 능력이 되는 것이다.

학생의 발달과정에서 실용 교육을 강조하여 학교 교육과정에서 모두 배운다는 북유럽의 교육은, 학교에서 다양한 체험 등을 강조하기는 하지만 기본적인 생활 교육을 등한시하고 지식 교육만 강조하고 있는 우리의 상황과 너무나 대비되는 모습이었다. 특히 늘 공부 잘하는 것이 으뜸이고 집안일을 등한시하는 우리 아이들은 사회에 나가 당장의 의식주를 해결할 수 있는 기본 능력이 있는지를 점검해 볼 대목이다. 아니 청소년이 아니더라도 지금의 성인들을 생각해보면 스스로 할 수 있는 일이 몇 가지나 될까? 이는 사회생활을 준비하는 차원을 넘어, 창의성 계발은 이러한 생활에서부터 시작되기 때문에 더욱 중요하다.

실용적인 교육을 체계화하여 실시함과 동시에 예술 교과를 강조하고 있는 것은 이러한 창의적 발상의 원천이 생활임을 보여주는 것이다. 핀란드 학교 방문시 교장선생님이 안내한 음악실에는 드럼, 북, 기타 등 거의 모든 종류의 악기가 갖추어져 있으며 음악 밴드를 구성하여 지도하고 있다고 하였다. 대중음악에 대한 학생들의 관심을 학교 교육에서 수용하고 있음을 알 수 있었다. 미술 교육과정은 자신을 표현하는 활동을 위주로 진행되고, 순수 회화뿐만 아니라 디자인, 도예 등 학교 시설을 이용하여 다양한 활동을 진행한다고 하였다. 학생들의 맥락과 생활에서 출발한 다양한 예술 활동은 또 다른 창작을 낳을 수 있고, 이는 스웨덴과 노르웨이도 모두 공통된 특징이었다.

우리나라도 방과 후 교육으로 초등의 경우는 예체능 교육을 실시하고 있지만, 외부 업체나 강사에 의존하는 등 실질적으로 사교육에 의존하고 있는 형편이다. 더욱이 학생들이 방과 후 자유롭게 창작 활동을 할 수 있는 공간과 기회가 제한적이다.

북유럽 디자인의 비밀[*]-생활 속의 디자인

헬싱키 공항에 들어서자마자 눈에 띄는 것이 두 가지 있었다. 하나는 핀란드의 전통 이야기를 캐릭터화한 무민Moomin[■]과 자연의 나무나 꽃을 소재로 한 그림을 크게 형상화하여 디자인한 다양한 패브릭 생활 소품 회사인 핀란드 마리메코Marimekko[■■]의 대표적인 커다란 꽃문양이 그것이다.

스톡홀름 거리, 오슬로의 요한거리의 상점들에서도 눈에 띄는 것

■ 오하시 가나 외(2012), 엄혜은 옮김, 『핀란드처럼 배우고 삶을 디자인하라』, 디자인하우스.
■ 그림 출처: http://finland.fi/Public/default.aspx?contentid=266053&nodeid=37605&culture=en-US
■■ 그림 출처: http://www.designdb.com/dreport/dblogView.asp?page=1&bbsPKID=19318

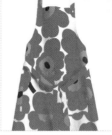

핀란드의 상징적 캐릭터, 무민과 핀란드 마리메코의 앞치마

은 다양한 생활 소품 가게였다. 핀란드 그릇의 자존심 이딸라, 스웨덴의 소품 전문 캠프 사이러스, 자작나무로 생활 가구를 제작하는 스웨덴 브랜드인 글로벌 가구업체 이케아 등의 디자인도 자연을 소재로 하고 있다. 북유럽의 유명 디자인은 하나같이 생활 밀착형이다.

2013년 8월 한 케이블 방송에서 〈북유럽의 디자인의 비밀〉이 방영된 바 있다. 핵심은 북유럽 디자인이 각광받고 있는 것은 디자이너를 위한 디자인이 아닌 사람을 배려한 디자인, 잘 팔리기 위한 디자인이 아닌 인류를 위한 디자인이라는 것이다. 이는 절로 고개가 끄덕여진다. 북유럽 디자인이 왜 현대인의 관심을 집중시키고 있는지 크게 자연과 전통에 대한 존중, 일상의 중시, 창의성 추구라는 세 가지 키워드는 북유럽 사람들의 삶의 철학에서 우러나고, 이는 교육에서부터 시작되는 것이라 본다.

그 근본적 원인은 천연자원이 부족한 척박한 자연환경 때문에 필요한 것은 직접 만들어 사용한 북유럽 사람들의 문화적 배경에 기인한 것이겠지만, 교육과정 내에 이런 전통을 살려 어렸을 때부터 손을 활용하여 아이디어를 실현하고, 성취감을 느끼는 경험은 이들로 하여금 새로운 것을 창조하도록 하여 스웨덴을 발명과 디자인

나라로 이끈 것이라 생각한다.

　오슬로 카를 요한 거리의 한 소품점에는 대기업의 상품이 아니라 개인 디자이너의 상품이 그 작가의 이름과 함께 판매되고 있었다. 이 상점은 체인점으로 이러한 개인 디자이너 상품을 전문적으로 판매하고 있었다. 개인 하나하나가 디자이너고 생산자로서 자신의 아이디어를 산업과 연결시키고 있는 것이다.

　아이들의 창의력은 애써 깨우지 않으면 일어나지 않는다. 그러나 그 창의력을 깨우는 방식이 우리와 스웨덴이 다른 것이다. 자연스럽게 일상에서 창의성을 깨우는 스웨덴과 달리, 우리는 일부러 교육과정 내에 교과를 결합하고 의도적으로 감성적 체험을 할 것을 강조하며 학생들의 창의성 신장에 힘쓰고 있는 것이다. 굳이 수준 높은 교과 내용이 아니더라도 일상의 작은 경험과 발견에서 아이들의 생각을 지지하고, 그들의 생각을 실현할 기회를 제공하며, 도전이나 실패에 대한 두려움이 없도록 북돋아준다면 아이들의 창의력은 계발될 것이며 이것이 그들의 삶을 윤택하게 할 것임이 분명하다.

노르웨이 오슬로 카를 요한 거리 생활 아이디어 소품점에서 판매 중인, 개인 디자이너의 다양한 발명 소품

헬싱키-스톡홀름 실자라인 탑승 대기실 의자(왼쪽)와 끼르꼬야벤
종합학교 목공실에서 학생 작품을 관찰하는 필자

이러한 마음에서 스톡홀름에서 오슬로로 향하는 실자라인 탑승을 기다리며 대합실에서 본 대기 의자가 예사롭게 보이지 않았다.

융합을 고려한 교육과정

북유럽의 교육 방향은 조금씩은 다르지만 공통적으로 삶을 위한 교육으로 요약될 수 있다. 지역별로 자치적으로 운영되는 학교 시스템을 가지고 있는 국가이지만, 국가적 차원의 교육 방향은 각 학교의 교육 방향의 기본이 된다고 할 수 있다.

스웨덴 낙카 지역청에 위치한 미르허 초·중등학교 역시 이러한 가치가 그대로 반영되는 것을 알 수 있었다. 미르허는 스웨덴어로 개미라는 뜻이다. 학교 현판에도 개미가 중심으로 그려져 있었다. 학교의 이름이 개미 학교라. 우리의 경우라면 대안학교의 이름인가 생각하거나 특이한 이름이라고 웃을 일이다. 그러나 이 학교명에서 이들의 학교에 대한 철학이 드러난다. 이 학교의 교장 레나Lena 교장은 학교 브리핑 자리에서 "학교에서 모든 것을 배우고 소화할 수 있어야 한다."는 점을 강조하였다. 또한 학교에서 즐겁게 할 수 있어야 성취감도 높아진다고 생각하고 있었다.

우리나라 과학 중점 학교처럼 교과 통합 교육과정을 진행하고 있다는 미르허 초·중등학교의 교과 통합 수업은 대부분 프로젝트 수업으로 진행되고 있었다. 특히 우리가 참관한 한 수업은 과학 기술 융합 수업이었다. 마침 자동차 만들기를 주제로 물리, 기술, 미술 등이 과정 내에 통합되어 진행되는 수업 중에 제작된 자동차를 평가하는 자리였다. 팀별로 만든 자동차는 가장 빠른 차, 가장 예술성이 높은 차, 가장 실용적인 차 등의 기준으로 각기 다르게 평가되었고, 학생들은 이러한 수업을 통해 어떻게 교과가 융합되고 실제적으로 활용되는지를 몸소 체험하고 있었다.

노르웨이에서 방문한 뵈예넨가 종합학교의 경우도 학교 교육과정

노르웨이 뵈예넨가 중학교 강당 주변, 환경 프로젝트 학생 결과물을 전시한 모습

내에서 주제 중심의 융합 교육과정을 진행하고 있었다. 매달 주제를 정해 각 교과에서 통합적인 접근 방식으로 교과를 진행하고 학생들은 그룹으로 프로젝트를 진행하는 것이다. 부교장은 학생들에 따라 이에 관련한 게시물을 제작하기도 하고 연극이나 음악 및 퍼포먼스 공연을 하기도 하는 등의 발표 행사를 전학년이 가진다고 하였다. 방문 당시는 환경을 주제로 '지구 환경을 살리자'였다. 학생들이 하교한 후라 비어 있는 대강당에 게시된 학생들의 결과물만 조금 볼 수 있었는데, 강당 높이 게시된 현수막조차 그 재료 자체가 낡은 자루를 활용한 것을 보며 이들의 실천적 융합 교육의 일면을 엿볼 수 있었다.

우리가 바라보는 융합 교육, 창의·인성 교육

북유럽의 학교를 다닐 때마다 눈에 띄는 것이 교실에 부착되어 있는 학급 규칙이었다. 북유럽의 역사적 배경 자체가 사회민주주의에 기반하고 있다고 하지만, 학교 내에서 학급 규칙의 경우 학생들이 자치회의를 통해 정해진 것을 벽에 부착해놓고 스스로 지키는 시민교육과 인성교육을 몸소 실천하고 있었다. 한때 화두가 되었던 우리의 '정약용·배철수'* 식의 체크리스트와는 대조적이다.

역량 중심의 사회 맥락과 국제적 교육 동향에 맞추어 우리의 교

■ 정직, 약속, 용서, 배려, 책임, 소유를 나타내는 약자로 도덕 인성교육의 품성으로 제시된 대표적인 덕목이다. 지난해 6월 서울시교육청은 '정약용 프로젝트'라는 이름 아래 초·중학교에 학년별 덕목 관련 과제 예시를 제시하고 학교별 미션을 수행하라고 지시한 바 있다.

육과정도 2010년 이래로 융합 교육과 창의·인성 교육을 강조하고 있다. 지난 정부의 '창의·인성 교육정책'에 뒤이어 최근에는 창조경제시대의 창의 문화 미래 인재 육성 전략의 하나로 국가경쟁력을 위한 STEAM 분야 인재 육성과 창의 인재 교육이 제시되고 정책적으로 추진되고 있다. 그러나 앞서 살펴본 북유럽의 3국의 융합 교육과 비교했을 때 자연스러운 자기 동기에 의한 자기표현보다는 다분히 교과 내용 중심적이고, 감성 체험 역시 외부의 특별한 활동을 찾아 진행되고 있는 것으로 보인다. 수학 교사 입장에서 최근의 문화 체험활동이나 수학 및 과학 대중화 노력이 보이는 분위기는 매우 고무적이다. 그러나 상상체험관이나 특별활동이나 방과 후를 통한 융합 교육은 일회적이고 선택적이다. 또한 이는 기존의 교육과정과는 별도로 운영되는 것이다.

앞서 언급했던 우리 아이의 이야기로 돌아가 본다. 자주 설거지를 돕던 우리 아이가 어느 순간 그 요령에 대해 나에게 의견을 제시하고, 세제의 위치와 세제 용기에 대해 불편함을 토로하며 이런저런 이야기를 해왔다.

창의·인성 교육, 융합 인재 교육의 첫걸음은 우리 학교 교육 내의 생활교육과 교육과정 내에 흡수된 실질적인 융합 교육이라고 말하고 싶다. 이 과정에서 우리 아이들은 노동과 작업의 소중함을 느끼고 새로운 아이디어를 창출할 수 있으며, 다른 학생들과 협업하는 과정을 통해 배려와 이해를 배우고, 또 여러 교과의 융복합 과정을 스스로 익히며 그 가능성을 체험할 수 있을 것이다. 북유럽의 사례를 보며 다시 한 번 그동안 가졌던 생각이 확고해진다.

학교! 배움과 쉼이 공존하는 공간을 허하라!

강용철_경희여자중학교

북유럽 현장에서 새로운 질문을 떠올리다!

'핀란드, 스웨덴, 노르웨이'라는 단어를 가만히 입 안에서 읊조려 본다. '오딘', '토르' 등의 신들과 북유럽 신화의 장면이 하나 둘 스쳐지나가며, 왠지 역동적이고 자유로우며 즐거운 일이 생길 것 같은 느낌이 든다.

학교 옆 숲 속에서는 토끼와 노루들이 뛰어다니고, 한겨울에는 아이들이 가정의 벽난로 옆에 앉아 할머니가 흔들의자에 앉아 읽어주시는 북유럽 신화를 초롱초롱한 눈빛으로 듣는 장면! 사람들은 스키와 크로스컨트리를 즐기고, 극지방의 오로라를 보기 위해 캠핑을 가는 모습!

'2013 학습연구년 특별연수 서울 초중등 교사 북유럽 3개국 교육 탐방'을 간다고 했을 때, 나는 북유럽에 대한 막연한 '상상과 동경'을 꿈꾸고 있었다.

그러나 북유럽에 대한 책을 읽고, 교육 문제에 대한 토의를 하는 선배 교사들의 열정적인 모습을 보며, '교·육·체·험'이라는 목적에 정신이 퍼뜩 들기 시작하였다. 한편 이번 체험을 통해 나는 무엇을 보고 어떤 질문을 가지고 체험할 것인가를 고민하기 시작하였다.

PISA-OECD에서 늘 높은 순위를 차지하고 평등, 평화교육을 실현한다는 북유럽 교육에서 내가 목표로 잡은 것은 바로 '교사와 학생의 상호작용과 수업 속에서 진행되는 다양한 교수학습 전략'이었다. 수업 속에서 이루어지는 학습자 중심의 수업, 학생들의 자기주도성을 발현시키는 교육 프로그램이 정말 궁금하였기 때문이었다.

하지만 북유럽의 학교에서 본 수업의 단상이나 인터뷰 중심의 경험으로는 수업에 대한 담론을 논하기가 다소 조심스럽다는 생각이 들었다. 특히 학생들이 어떤 마음으로 배움을 이루었는지, 수업에 대한 학생들의 마음은 어떠한지 알고 싶었으나, 이런 부분은 체험 시간이 짧아 쉽게 파악하기 어려운 일면이 있었다.

한국에서 생각한 질문에 대해 만족스럽지 못한 해답을 안고 무거운 표정을 짓고 있을 때, 갑자기 눈에 들어온 장면이 있었다. 바로 밝은 표정으로 학교를 왕래하는 학생들의 모습이었다.

쉬는 시간에 학교 밖에서 동물적인 본능을 뽐내며 놀고 있던 학생들이 수업 시간이 되자 일제히 학교로 들어왔는데, 그때 아이들

쉬는 시간에는 학교 밖에서 놀아야 하는 북유럽 아이들, 그러나 즐거운 표정!

의 표정은 경쾌하고 긍정적인 느낌이었다.(놀랍게도 점심시간이나 체육시간 전후가 아니었다. 점심시간이나 체육시간 전후에는 전 세계 아이들의 표정이 모두 심하게 밝지 않을까?) 햇빛을 보기 힘들다는 핀란드의 날씨와 대조적으로 햇볕처럼 활짝 웃고 들어오는 얼굴을 보며, 저들의 표정을 만들어낸 원인 중에서 한 가지만 십중석으로 알아보고 싶다는 마음이 생겼다.

학생들이 '학교를 오고 싶게 만드는 수많은 요인' 중에서, 마음속에 품은 주제는 바로 '공간'이었다. 지금부터 공간 중심의 이야기를 꺼내보고자 한다.

응답하라! 내 기억 속의 학교!

초등학교를 떠올리면 아름답게 응답하는 기억이 있는데, 그것은 바로 열심히 교실 바닥을 쓸고 닦으며 창틀에 매달려 있던 모습이었다. 학기 초마다 집에서 준비한 걸레를 교실 한편에 잘 보관해두었다가 청소시간이 되면 열심히 청소를 하곤 했다.

특히 담임선생님께서는 특정한 날이 되면 우리 반 친구들을 모두 복도에 앉히고, 왁스를 발라서 나무 바닥을 열심히 닦도록 하셨다. 두 명씩 유리창에 매미처럼 들러붙어서 '투명한 유리창'이라는 동요의 문구를 실현하라는 엄명을 내리기도 하셨다. 당시 학교 친화적인 가치관을 가진 나는 그런 선생님의 지시는 학교를 깨끗하게 가꾸고 지켜야 하는 공간으로 인식하고 나아가 애교심을 가지라는 교육적 의도가 담겨 있는 줄 알았다. 그런데 집중적으로 대청소를 한

날은, 학교에 손님이 오시거나 교육청의 높은 분들이 장학을 하시기 위해 오는 날이었다는 점을 나중에 알게 되었다.

가만히 기억 속의 학교를 떠올려보면 학교에서 마음 편하게 있거나 무언가 깊이 생각할 수 있는 공간은 많지 않았다. 내가 사용하는 책상, 일을 볼 때 들어가는 화장실 공간, 넓디넓은 운동장의 한 부분 정도가 내가 편하게 숨 쉬고 머물 수 있는 공간이었다(아, 엄밀히 말하면 책상은 '절반의 책상'이다. 나의 짝꿍들은 주로 금을 그어서 서로의 영역을 침범하지 말자는 이야기를 하였고 가끔 무의식적으로 넘어간 나의 팔에 엄청난 타격을 가하곤 했다).

게다가 학교 공간에는 왜 이리도 위험 요소가 많은지 안전사고도 빈번하게 발생하였다. 발바닥에 박힌 나무 가시, 뾰족한 모양새를 자랑하는 사물함 문짝, 투박하기 이를 데 없는 의자 등 부주의하면 다칠 수 있는 기물들도 많았다. 친구들과 함께 공유하고 즐기는 공간은 운동장 정도가 전부였고, 차분하게 책을 읽거나 서로 이야기를 나누는 공간은 거의 없는 듯했다.

그렇다고 학창시절의 공간과 기물을 모두 부정적으로 보는 것은 아니다. 덕분에 학교에서도 조심스럽게 행동해야 한다는 점, 일상생활에서 사용하는 물건도 큰 상해를 입힐 수 있다는 점 등이 자연스럽게 몸에 체화되어 안전교육에 이바지한 바가 크다. 진짜로!

학교! 선진형 공간으로 진화하다!

최근 신축되는 학교들을 가보면, 감탄사가 절로 나올 만큼 멋진

세종시 한솔중학교, 스마트러닝 시범학교

모습을 자랑한다. 교사의 개인 연구 공간이 보장된 교과 교실들, 풍족한 장서를 자랑하는 도서관, 날씨에 상관없이 체육 활동을 할 수 있는 다용도 체육관, 학생들이 휴식을 취하고 개인의 사물을 보관하는 홈베이스 등 다양한 기능을 갖춘 멋진 공간이 많이 구축되어 있다.

최근에 주목받고 있는 스마트러닝 시범학교들의 경우에는 더욱 고급화된 멀티미디어 기기를 갖추고 있다. 세종시의 한솔중학교에 체험을 가보니, 학생들의 학생증에 칩이 들어 있어서 안전한 등하교 확인이 가능한 안전망을 갖추고 있었다. 넓은 화면의 전자칠판과 이와 관련된 각종 인터페이스, 학생들에게 수업 중에 지급되는 스마트패드 등 실로 IT 기술이 접목된 미래형 교실이 눈앞에 펼쳐졌다. 점점 우리나라의 학교도 선진화되고 있고, 다양한 미디어와 기기들을 장착하며 변모하고 있는 상황이었다.

하지만 문득 우리 학생들은 이렇게 진화된 학교 공간과 기기들을 제대로 즐기고 있는지 의구심이 들기도 하였다. 입시 위주의 경쟁 구도 속에서 목표지향성이 단편적이거나 아예 없는 학생들이 선진화된 공간을 제대로 즐기고 있는지 되돌아보고 싶다. 또한 새로운 공간을 만들었을 때 그 공간을 바르게 사용하고 깨끗하게 유지하는 교육을 우리는 아이들에게 하고 있고, 아이들은 바른 윤리의식으로 공간을 제대로 지키고 있는지 함께 생각해보고 싶다.

카페만큼, 정원만큼 예쁜 학교 속으로 들어가다!

위부터 핀란드 끼르꼬야벤 종합학교 전경, 노르웨이 뵈예넨가 중학교, 스웨덴 미르허 초·중등학교

"가이드님, 대체 학교가 어디 있다는 것인가요?"

"저기 학교가 보이는데요."

"엥? 어디?"

핀란드의 끼르꼬야벤 종합학교, 노르웨이의 뵈예넨가 중학교는 모두 근처에 가기까지 학교라고 생각하지 못할 만큼, 멋지고 세련된 풍모를 갖추고 있었다. 특히 두 학교뿐만 아니라 많은 학교들이 외관적으로 미술관이나 체험박물관과 같이 깔끔하고 세련된 모습을 갖추고 있다는 점이 인상적이었다. 화려하게 꾸미지는 않았어도 심미성이 뛰어난 느낌으로 학교는 아이들을 품 안으로 맞이

하고 있었다.

더욱이 파노라마 사진을 찍듯, 학교의 주변을 빙 둘러보니, 가까운 거리에 모두 나무, 호수 등이 있어서 공부를 하며 '자연'스럽게 '자연'을 느끼게 하는 환경이 조성되어 있었다(사실 의도적인 조성이라기보다는 자연 환경이 워낙 좋아서 어느 곳에 학교를 지어도 자연스럽게 자연친화적인 환경이 조성된다는 생각이 들었다. 노르웨이 학교 옆에는 놀랍게도 학생들이 쉽게 이용한다는 '스키장'이 있었다).

북유럽의 학교들을 둘러보며 '공간이 만들어내는 힘'이라는 관점으로 몇 가지 공통점을 도출해보았다.

첫째, 학생이 주인이 되는 배움의 공간을 구현하다!

핀란드와 스웨덴의 학교를 둘러보니, 교실의 환경이 철저하게 학생을 중심으로 조성되어 있었다. 팀 프로젝트 학습을 위해 서로 마주보고 의논하도록 책상 대형을 배치할 수 있고, 의자는 등받이가 없어서 쉽게 옆에 있는 학생과 대화를 할 수 있도록 되어 있었다.

스웨덴의 학교에서는 수업에서 바로 정보검색과 필기를 할 수 있도록 노트북을 지급하여, 선생님께 배운 내용과 함께 확장된 정보를 적절하게 활용하는 탐구형 수업이 활발하게 진행되고 있었다. 실험한 내용을 컴퓨터에 일지로 기록하거나, 프레젠테이션 프로그램으로 바로 제작하여 발표에 활용하는 모습을 보며 기기도 학생들이 직접 주인이 되어 활용할 때 좋은 배움의 수단이 될 수 있다는 생각이 들었다.

스웨덴의 학생에게 학교에서 지급한 노트북을 파손하면 어떻게 되느냐고 물었더니(나는 주로 짓궂은 질문을 좋아하는 사람은 아니다.

스웨덴 미르허 초·중등학교의 수업 장면

다만 우리나라 아이들을 떠올리며 한 질문이다) 학교에서 해결해주거나
집에서 수리비용을 내는 경우도 있기는 한데, 그런 일은 거의 없다
는 말을 듣고 역시 사용자 교육이 얼마나 중요한지 깨닫게 되었다.

아이들이 공부하는 장면을 보니, 한 학생이 활동하는 공간적 반
경이 넓어서, 편안하고 쾌적한 분위기 속에서 면학이 이루어진다는
느낌이 들었다.

무엇보다 인상적인 점은 바로 '교과 교실'이었다. 우리 학교에 구비
되어 있는 교과 교실이나 특별실을 떠올려보면 과학실, 미술실, 음악
실, 도서관 등이 떠오른다. 핀란드에서 발견한 가장 특색 있는 교과
교실은 바로 목공실과 가사실습실, 그리고 악기가 구비된 음악실이
었다.

부끄러운 고백이지만, 학창시절의 기술 시간에 열심히 제도와 실
습을 했지만, 마흔을 바라보는 나이가 되었음에도 내 손으로 망치
를 들고 의자나 책상을 제대로 만들 줄을 모른다. 목공 기술의 필요
성을 느끼지 못한 나의 잘못이 가장 크겠지만, 아마도 암기식 방식

핀란드의 현대식 목공실과 스웨덴 목공 선생님과 함께-한 손에 도구를 들고 있었다.

으로 기술을 배우고 시험을 위해 급한 실습을 한 후유증도 한몫을
했으리라!

북유럽 국가들은 공통적으로 교육과정 속에 편재된 목공 수업을
하고 있으며, 목공에 필요한 재료와 비용은 모두 국가가 부담하기
때문에 학생들의 준비물 비용이 전혀 들지 않는다고 한다. 자기가
만든 목공품은 모두 자신이 가져갈 수 있기 때문에 애정을 갖고 수
업에 참여하는 것은 당연한지도 모를 일이었다.

실제 가정실습실에서는 세탁을 잘하는 법, 옷을 수선하는 법을
실질적으로 체험하고, 조리 수업 때에는 삼삼오오 조를 구성하여
재료를 가지고 음식을 해서 먹는 것까지 과정 중심의 체험을 하고

가정실습실에 비치된 세탁기와 조리도구 등

음악실에 비치된 악기들과 노르웨이 중학교의 중앙 현관, 발표장

있었다.

음악실에 가니 학생들의 콜라보레이션이 가능한 공간에 다양한 악기가 구비되어 있고, 학생들이 한 개 정도의 악기는 자연스럽게 익히도록 한 교육 방향에 절로 고개가 끄덕여졌다.

문득 우리 학교에서 이런 시설과 장비를 구비하고, 실제 사용한다면 어떻게 될까 상상을 해보니, 근심과 걱정이 한 보따리 생겨났다.

"목공을 하기 위한 재료비는 어디서 확보하지? 아이들에게 가져오라고 하면 안 가져오는 아이들도 있고, 옆 반에서 빌려오는 아이들도 있겠지? 혹시 재료값이 비싸다고 학부모님들이 민원 전화를 하지 않을까? 준비물을 사기 힘든 가정환경의 아이들은 어떻게 해야 하지?"

"목공을 할 때 안전사고가 생기면 어떻게 하지? 아이들 손에 톱과 망치를 쥐어줘도 괜찮을까? 가정실습 때 아이들이 재료를 굽지 않고 다른 것을 구우면 어떻게 하지? 실습 끝나고 청소는 제대로 할까? 수업 시간 내에서 이 모든 실습을 다할 수 있을까?"

"악기가 없어지면 어떻게 하지? 악기에다 낙서하거나 사랑의 서

약을 새기지 않을까? 오, 신이시어~"

물론 철없는 교사의 기우일 수 있겠지만, 이러한 환경과 시스템을 만들고 좋은 기자재와 교보재를 구비하는 것, 그리고 이것을 사용하는 학생들에게 바른 윤리성과 기본예절을 가르치는 것이 매우 중요한 요인임을 새삼 느끼게 한다.

둘째, 의사소통과 상호작용이 자연스러운 공간을 만들다!

노르웨이의 학교에 방문했을 때 정문을 지나자 가장 먼저 눈에 들어온 것은 바로 고대 아테나의 아고라를 연상시키는 넓은 원형 공간이었다.

학생들의 자유로운 발표가 이루어지고, 특정한 주제의 전시가 진행되며 아무런 제약 없이 편하게 친구들과 소통하는 공간! 북유럽 교육의 힘이 '참여와 소통'이라고 한다면, 이러한 공간이야말로 학생들의 소통을 강조하는 마당場이라는 생각이 들었다.

쉬는 시간에 교실에 들어가지 못하게 하고 밖에서 놀라고 하는 것은 체육 활동을 통해 신체 능력을 향상시키는 목적 외에도 또래들과 충분한 의사소통을 하라는 학교의 정책적 배려는 아닐까 하는 추측이 될 정도였다.

우리 교육을 가만히 돌아보면, 수업 시간의 언어활동 중에서 '듣기'가 대부분의 비중을 차지하고 있기 때문에 학생들이 '말하기'(특히 잡담이 아닌 학습적 말하기) 능력이 많이 부족하다는 비판이 많다. 수업 중에 공식적인 말하기의 기회도 중요하지만, 무엇보다 학교의 여러 곳에서 자연스럽게 또래들과 생각을 나누는 모습을 구현하는 깃은 매우 중요한 교수법의 열쇠라고 본다.

2013년 KBS 〈공부하는 인간-호모 아카데미쿠스〉 1편에는 유대인들의 도서관인 예시바가 소개되어 있다. 이 도서관에 들어오는 사람들은 모두 서로 짝을 이루어 서로의 생각을 강렬하게 이야기하고 열정적으로 떠들곤 한다. 예시바의 책상 대형을 보면 책 중심이 아니라 바로 사람 중심의 공간으로 구성되어 있다. 어린 시절부터 철저한 의사소통과 상호작용성을 강조한 교육 덕분에 유대인들은 적은 인구수에도 불구하고, 세계의 주요 요직을 차지하고 있거나 경제를 움직이는 데 중요한 역할을 하고 있다.

학교의 많은 공간은 학생들이 자연스럽게 이야기하도록 배려해주어야 한다. 작은 책상의 대형부터, 학교의 내외형적 설계까지……

셋째, 쉼과 여유 속에 배움의 가치를 더하다!

사진들을 보면 '예쁘다, 잘 꾸며져 있다, 편안하다'라는 단어가 떠오른다.

북유럽 학교들의 특징은 바로 학교 내에서 학생들이 쉴 수 있는 공간, 여유를 찾는 공간이 많이 배치되어 있다는 점이었다. 오른쪽 첫 번째 사진은 학생휴게실이나 교실의 공간이 아니라 바로 초등 교실 안에 비치된 소파와 의자이다. 두 번째 사진은 학생들이 쉬면서 서로 이야기를 나누고, 또한 서로의 이야기를 그룹 내에서 보호받을 수 있는 휴게실이다. 세 번째 사진은 자유롭게 학교 내 공간에서 쉬고 즐기는 모습이다. 네 번째는 믿을 수 없을 만큼 아름다운 식당으로 간식을 먹거나 식사를 한다.

물론 단순히 겉모습만 예쁜 곳이라고 할 수도 있으나, 전체적으로

학생들이 수업 외의 시간에도 자유롭게 활동하거나 여유를 즐기는
공간들이 비교적 많이 비치된 점은 인상적이었다.

오고 싶은 학교를 만들기 위해 고민하다!

북유럽의 학교들은 어떻게 이런 환경을 구축할 수 있었을까?

사회 복지가 국가의 가장 중요한 정책이기 때문에 교육복지도 당
연히 잘 이루어진다고 할 수 있지만, 사회구성원 모두가 강력한 교육
투자 정책에 동의하고 가치를 느끼기 때문에 가능한 것은 아닐까?

국가와 사회가 교육의 중요성을 공감하고, 지역사회와 교육청은
학교에서 필요한 환경을 구축하는 데 온 힘을 집중하기 때문에, 아
름다운 교육 환경 조성이 가능했을 것이다.

또한 노르웨이의 한 학교의 사례처럼, 학교 건물을 설계하는 단계부터 지역사회의 의견을 수렴하고 지역사회 전문가가 학교 디자인에도 참여하는 것처럼 교육공동체의 협조와 관심도 매우 중요할 것이다.

'지원'의 관점에서 좀 더 넓게 생각해보면, 교직원과 학생들이 좋은 학교를 만들기 위한 약속을 잘 지키고 있는 점도 오늘날의 북유럽 교육 환경을 만들었다고 생각한다. 쉬는 시간마다 형광색 조끼를 입고 운동장에서 소외된 아이들을 배려하거나 안전사고를 지도하는 교사의 모습, 학교 시설을 잘 이용하도록 사전 교육하는 배려, 그리고 학교의 시설을 자기 것처럼 생각하며 아끼는 학생의 모습이 어우러진 점은 우리나라 교사와 학생들에게도 시사하는 바가 클 것이다.

우리의 학교는 앞으로 어떤 공간을 만들어서 학생들의 쉼과 여유를 제공해야 할 것인가?

첫째, 자연물을 느낄 수 있는 환경 조성을 시도해야 한다.

꽃을 가꾸어보고 나무를 바라보며 식물을 키우고 열매의 수확도 느껴보는 아이들은 저절로 자연보전과 공존의 가치를 느낄 것이다. 최첨단의 기기도 중요하지만, 무엇보다 학생들의 감성 능력과 공감 능력을 키워주는 자연친화적 환경을 고려해야 한다.

둘째, 살아가면서 필요한 기술과 방법을 배우는 삶의 체험교실이 확대되어야 한다.

식사를 준비하는 능력, 자신의 옷을 수선하는 능력, 살아가면서 필요한 간단한 기물을 만드는 능력처럼 작은 듯하지만 결코 작지 않은 삶의 교육을 위해 다양한 체험 공간을 확대해야 한다.

셋째, 문화적 능력을 고양하는 공간을 조성해야 한다.

인생을 살아가면서 하나의 악기 정도를 다루는 능력, 책을 읽고 서로의 생각을 나누는 능력 등 예술과 문화를 향유할 수 있는 공간이 확대되어야 한다.

넷째, 쉼과 여유의 공간을 곳곳에 마련해야 한다.

학교는 단순히 학업만 배우는 곳이 아니라, 아이들의 스트레스를 풀어주고 적절한 자유를 느끼고, 마음과 생각을 키울 수 있는 여백과 쉼의 공간을 마련해야 한다.

학교에 CCTV를 설치해서 사각지대를 없애고 범죄를 없애는 처방적인 대책 외에도 학교 자체를 좋아하고 학교 오는 일을 즐겁게 누릴 수 있는 긍정의 공간이 절실히 필요하다.

하교 후에도 학교 밖에서 놀고 있는 노르웨이 학생에게 다음과 같은 질문을 했다.

"학교 오는 거 즐겁니? 학교를 좋아하니?"

"당연하죠. 우리 학교 좋잖아요. 그렇지 않아요?"

'이교위가 사필귀정以校爲家 事必歸正.'

독립운동가 해공 신익희 선생님의 말처럼 '학교를 집처럼 여길 때 모든 것이 바르게 돌아갈' 수 있도록 우리의 학교는 '학생들의 즐거운 집'이 되기 위해 어떻게 해야 할지 더욱 진지한 성찰을 해야 할 때이다.

나를 찾아서 어제의 나와 비교하자

박영란_도곡중학교

'피사', '핀란드', '북유럽 교육' 같은 말들은 교육에 관심 가지고 고민하는 교사로서 또 학부모로서 최근 몇 년간 참 많이 접해본 말들이다. 특히 이전 학교에서 혁신학교 TF팀이었던 나는 창의적이고 우수한 공교육으로 알려진 북유럽 교육을 접하면서 우리 학교 현장에서도 교육의 큰 변화가 올 것으로 기대했었다. 하지만 철학의 변화 없이 큰 변화는 불가능한 법, 현실의 벽 속에서 그 꿈은 사그라졌다. 그리고 '왜 우리 교육은 바뀌지 않는 것일까?, 뭘 어떻게 해야 하는 거지?'라는 진지한 의문이 생기면서 '입시 때문이잖아'라는 답을 넘어서는 좀 더 깊이 있는 답을 찾고 싶었다. 하지만 이 궁금증은 오래지 않아 사라졌다. 화장실 갈 시간조차 내기 어려울 때가 많은 학교 현장, 10분, 4~50분 단위로 다다닥 지나가는 하루 일과, 하루를 버티고 집에 돌아오면 파김치가 되어 쓰러지는 현실 속에서 이런 고민은 차라리 사치에 가까운 것이었다.

그러다가 올해 '2013 학습연구년 특별연수 서울 초중등 교사 북유럽 3개국 교육 탐방'의 기회를 갖게 되면서, 북유럽 교육 철학, 그리고 교육과 사회적 기반과의 연관성에 대해 다시 관심을 갖게 되었다. 문화적 격차가 너무 커서 우리나라 교육 혁신의 모델로 삼기조차도 멀게 느껴졌던 북유럽 교육 현장, PISA와 교육개혁을 통한 우수한 공교육으로 잘 알려진 핀란드를 포함한 북유럽 교육 탐방은 나에게 '우리의 소중한 아이들을 바르고 행복하게 키우는 교육, 이를 위해 어떤 교육적 철학을 가져야 하나? 교사로서 학생들에게 무엇을 가르쳐야 할까?'라는 고민을 다시 안겨주었다.

우리 교육 돌아보기

PISA[*] 결과로 주목받는 나라, 핀란드와 대한민국

척박한 자연 환경, 남한 세 배의 면적에 인구가 서울의 반(약 500만) 정도이고, 주변 강대국 사이에서 힘든 역사를 지녔던 핀란드, 이 나라가 세계적으로 주목받게 된 것은 이 피사의 결과 덕분이라고도 할 수 있다. 핀란드 나아가 북유럽의 교육을 배우기 위해 많은 사람들은 북유럽 교육 탐방에 오른다. 그런데 가만히 생각해보면 PISA를 통해 교육으로 유명해진 나라는 핀란드만이 아니다. 바로 우리나라─대한민국도 그렇다. 많은 사람들이 핀란드를 비롯한 북유럽 교

[*] PISA(Program for student Assessment)는 OECD가 주관하는 국제학력 성취도 비교평가이다. 만 15세 학생을 대상으로 3년 주기 표집 방식으로 시행되며, 읽기(글 이해력), 수학, 과학 능력을 평가한다. 이는 우수한 대표 학생을 대상으로 하는 것이 아니고, OECD(PISA)가 1단계로 각 나라에서 송부한 학교 정보를 이용하여 검사 대상 학교를 선정하고, 2단계에서 표집용 프로그램을 이용하여 학교 내에서 학생 표집을 구성한다. 지난해 우리나라 140개 고등학교, 16개 중학교에서 5,201명이 참여했다. 평가 방법은 다양하고 많은 문항으로 구성된 설문지(문제풀이지)를 받고 답하는 형태이고, 단순 지식보다는 살아가는 데 필요한 능력을 얼마나 지니고 있는지를 평가한다. 직접 참여해본 학생의 말에 따르면 '(곡선이 포함된) 달리기할 때 안쪽에 있는 선수는 가장 바깥쪽 선수와 비교해서 얼마 정도 더 달려야 하는가?' 같은 문제들도 있었다고 한다. 2006년부터는 표집된 학생의 학부모 응답 설문조사도 함께 이루어지며, 결과는 교육정책을 수립하는 데 기초자료로 활용할 수 있도록 각국에 제공된다.

육을 배우기 위해 탐방에 오르듯, 다른 나라에서도 대한민국의 교육을 보기 위해 우리나라를 찾고 있다. 그렇다면 바깥에서는 대한민국 교육을 보고 어떤 생각을 하고 있을까?

대한민국 교육을 바라보는 외부의 시선들

단기간에 기적 같은 발전을 이룬 나라, PISA 결과 또한 최고로 높은 나라, 수년 전부터 한국의 교육 수준은 세계 최고로 알려져 세계 많은 나라의 관심과 부러움의 대상이 되었다.

|사례 1| 미국 버락 오바마 대통령이 바라보는 대한민국 교육

• 2009. 3. 10. 워싱턴 DC 해스패닉 상공회의소 공식 석상에서 교육 비전을 제시하는 연설을 하던 미국 오바마 대통령은 대한민국 교육을 언급하면서 아래와 같이 말했다.

"한국 아이들은 미국 아이들보다 학교에서 보내는 시간이 1개월 정도 더 많다. 21세기의 도전은 교실에서 학생들이 더 많은 시간 공부할 것을 요구한다. 한국에서 그렇게 할 수 있다면 우리도 할 수 있다."

• 2009년 11월 23일 워싱턴에서 미국 학생들의 실력을 향상시키기 위해 열린 〈교육혁신 운동 포럼〉에서 오바마 대통령은 '한국의 뜨거운 교육열'을 소개하며 미국 학부모들도 적극성을 보여줄 것을 요구했다.

|사례 2| 스웨덴의 한국식 교육 논쟁

• 스웨덴 제1야당 스테판 뢰프벤(56) 사회민주당 대표가 최근 한

국을 방문한 뒤 "스웨덴 교육 경쟁력이 떨어질 것 같다. 스웨덴에서는 아이들에게 보다 많은 것을 가르치는 것이 더 이상 학교 목표가 아닌 것처럼 되었다. 뒤처지지 않기 위해선 한국이 어떻게 교육 문제를 다루고 있는지 배워야 하고 한국을 모방해야한다. 득히 한국은 교육에 대한 목표치가 높고, 고등교육을 받고 싶어 하는 특유의 교육열로 인하여 교육을 받는 인구 비율이 스웨덴을 앞질렀는데 이것이 한국의 국제 경쟁력으로 귀결된다."라고 했다.

이에 대해 스웨덴 얀 비외르크룬드(51) 부총리 겸 교육부 장관은 "한국은 롤 모델이 아니다. OECD는 한국 고등교육의 질을 지속적으로 비판해왔다."며 반박했다. 그리고 문화가 다른 한국 교육을 따라하는 것이 스웨덴의 교육 해법이 될 수 있는가에 대해 논쟁이 이어졌고, 일각에선 주당 60시간씩 공부하는 한국 고등학교를 소개하는 기사를 싣기도 했다.

|사례 3| 2012 PISA 결과 발표 후

해외 언론에 소개된 한국 교육의 모습

- '한국 교육 본질은 엄마의 압력'
- '12시간 공부하고 다시 학원으로, 성적은 좋지만 꿈꿀 시간 없어'
- '호랑이 엄마 등쌀에 공부하는 아이들, 지나치게 오래 공부하는 아이들과 교육비 부담이 큰 부모들'
- 'PISA 순위는 세계 최고지만 그 이면엔 아이들이 미래에 대해 꿈꿀 시간이 없다.'
- '정글 같은 학교에서 성적 경쟁에 시달린 학생들이 과도한 스트

레스를 받은 결과 집단 따돌림이 적지 않고 자살률도 높다.'

『중앙일보』 2013년 12월 5일 부분 발췌

초강국 미국의 대통령이 대한민국 교육을 본받자고 하니 뿌듯하기도 하고, 이때까지 우리가 미국과 일본의 교육을 본떠 왔다는 점을 떠올리면 감회가 새롭기까지 하다. 그런데, 하지만, 그래도, 맞는 말 같기도 하고 틀린 말 같기도 한 이 말을 듣고 난 뒤 어딘지 모르게 공허함과 찜찜함이 남는 이유는 무엇일까……. 스웨덴의 논쟁은 스웨덴 탐방 직후의 일이라서 더욱 관심이 갔다. 스웨덴은 유치원에서 대학까지 무상교육이 이루어지고 GDP의 6%(2008년 기준) 이상을 교육 예산으로 쓰는 교육 강국이다. 그런 나라가 자국의 교육경쟁력을 우려하며 한국 교육을 본받아야 한다고 주장하고, 또 한쪽에서는 안 된다며 논쟁한다.

최근 세계의 저명한 교육 전문가들도 한국 교육성과 이면을 보면서 "한국의 과열된 교육열을 식혀줄 필요가 있다The Economist", "한국은 교육에 막대한 대가를 치르고 있다The Washington Post"며 비판하고 있고, 2012년 PISA 결과를 접한 프랑스 언론은 한국의 결과는 우수하지만 그래도 따라하지는 말자고 한다.

대단합니다! VS 이건 좀 아닌데……

바깥에서 대한민국 교육을 보고 배우고자 하는 바는 무엇일까?

자원이 별로 없는 좁은 땅에 많은 인구가 살고 있고, 입신양명을 중요시하는 유교 문화가 바탕인 우리나라에서 교육열이 높고 학생과 학부모의 교육에 대한 관심이 높은 것은 어찌 보면 당연한 결과이다. 이런 환경에서 오래 교육받다 보니 웬만하면 버틸 수 있는 끈기도 생겼고, 악착같이 해내는 근성도 몸에 배었다. 그리고 경쟁에 대한 내성도 생겼다. '와우~ 대단합니다!'라며 오바마 대통령, 스웨덴 야당대표가 본받자고 한 것도 아마 우리의 교육열과 교육에 대한 관심일 것이다. 이것이 우리나라를 여기까지 오게 해준 동력이었음을 부인할 사람은 없을 것 같다.

하지만 우리의 아들 딸, 학교에서 만나는 소중한 한 아이 한 아이들을 떠올릴 때 마음이 서글퍼지는 것은 왜일까? 가만히 나의 학창시절을 돌아본다. 아침 일찍 등교, 정규수업, 보충수업, 학교에서 두 끼를 먹고 하루를 보낸다. 말만 자율이지 강제였던 야간 자율학습까지 하고 집으로 돌아오던 그 생활을 대한민국의 지금 아이들도 비슷하게 하고 있다. 학교의 자율학습을 학원으로 대신하는 경우가 많아졌다는 차이가 있을 뿐이다. OECD 조사에 의하면, 우리나라 고등학교 2, 3학년은 다른 나라에 비해 주당 평균 40시간 정도 더 공부하고 있다고 한다.

이유는 입시를 향한 타인과의 경쟁에서 앞서 가기 위함이라는 것을 우리는 알고 있다. 좋은 대학에 진학하려면 우선 내신 성적을 잘 받아야 하고, 그러기 위해서는 많은 과목의 점수를 잘 받아 평균을 높여야 한다. 시험에서도 학습의 목표 도달치보다는 석차가 중요하다. 하고 싶은 과목만 공부하려면 일찌감치 명문대 진학은 포기해야 한다. 대다수의 학생은 흥미, 소질을 무시한 채 공부를 해야 하기 때문에 '높은 교육열, 낮은 흥미와 학습 동기'는 당연한 결과일지도 모른다. OECD 회원국 중 자살률 1위, 청소년 행복지수 최하위 국가라는 오명의 바탕에는 경쟁만 강조하는 교육의 가치가 자리 잡고 있고, 우리 아이들은 꿈도 찾지 못한 채 과도한 공부 경쟁 속에서 지쳐간다. 이건 좀 아닌데…….

핀란드, 북유럽 교육 살펴보기

핀란드 교육을 바라보는 나의 시선

세계는 핀란드의 교육에 주목한다. 인적 자원과 교육을 중요하게 생각하고 교육열 또한 높다는 점에서 우리나라와 핀란드는 공통점을 가지고 있다. 그런데 교육열의 양상은 좀 달라 보인다. 높은 학습 흥미와 내적 동기를 바탕으로 높은 학업성취도를 달성하는 핀란드의 교육은 어떻게 이루어지고 있고, 교육 경쟁력은 어디서 나오는 것일까?

핀란드 역시 정도가 다를 뿐 학교 폭력, 왕따 문제, 학업 중퇴자, 게임 중독 등 우리가 겪고 있는 동일한 고민을 하고 있고, 이는 스웨덴과 노르웨이에서도 마찬가지이며, 또한 신자유주의 물결 속에서 경쟁 시스템도 많이 도입되고 있다. 게다가 최근 발표된 2012 PISA에서는 핀란드를 비롯한 북유럽 국가들의 결과가 다소 하락했다. 핀란드는 '국민 소득격차 심화와 일부 지자체 재원 부족, 국내 교육과정 향상'보다 '해외 교육 관광객' 쪽으로 교육 관심사 이동, 전체 응시자의 15%가 다문화 가정의 자녀[*]였다는 점 등 다양한 원인 분석을 하면서, 또 큰 틀에서 교육에 대해 반성하면서 교육과정에 대한 더 많은 연구와 개발이 필요하다며 담담히 교육을 돌아보고 있는 듯하다.

하지만 이런 상황에도 불구하고, 나는 북유럽 교육을 살펴보면서 진심으로 부러워하며 배우고 싶었던 것이 있었다. 바로 '사람을 바라보는 시각과 사람을 바르게 키우기 위한 교육 철학'이다. 교육의 본질적이고 보편적인 측면에서 어떤 가치관이 바람직하고 필요한 것인가를 판단해볼 때 이 점은 확실히 우리가 배울 점이라는 생각이 든다.

시험을 통해 바라본 경쟁 마인드-어제의 나와 비교하라

핀란드 학교의 시험과 성적표를 살펴보자. 핀란드 교육 과정은 시험에 비중을 두지 않는다. 수시로 쪽지 시험을 치르지만 등수를 매기지는 않는다. 의무교육 기간인 16세까지 타인과 비교하는 시험이 없다. 특히 저학년에서는 성적으로 석차 내는 것 자체가 금지되어 있고 석차에 관심도 없다. 학생의 학업성취도는 4~10까지 숫자로 표시할 뿐이고, 국가 주관 시험은 대학 입시 한 차례가 전부다. 선생님들이 한 명 한 명 평가할 때는 등수가 아닌 과거와 비교해 오늘 얼마나 발전했는지에 관심을 갖는다.

성적표에는 과목별 점수만 기록하고 석차를 적는 곳은 없다. 얼핏 보면 우리나라 초등학교, 중학교와 비슷한 것 같기도 하다. 하지만 우리나라에서는 성적표에 기입하지 않더라도 석차를 내는 경우가

■ 핀란드에서 2012년 PISA에 참여한 다문화 가정의 자녀가 총 1,270명으로 전체 응시자의 15%에 이른다. 2009년 이전의 200~300명과 비교해보면 큰 차이다. 핀란드 다문화 가정 아이들의 수학 점수는 핀란드인 자녀들에 비해 100점 정도 차이가 나고, 읽기와 과학 과목에서는 더 큰 차이를 보인다.

많고, 학생들끼리도 서로 비교하며 대강의 석차를 내는 데 반해 핀란드에는 석차 자체에 관심이 없다. 성적표는 한 학기에 한 번 나오는데, 각 교과별로 4점부터 10점 등급으로 표시한다. 교사는 성적표에 평소 아이들을 가르치면서 확인한 아이들의 상황과 시험 성적을 종합해서 교과별 성취 수준을 기록해준다. 실제 시험 성적보다 낮게 기록된 과목이 있더라도 그 부분에 평소 수업 시간에 교사가 관찰한 부분이 포함되어 있다고 생각하기 때문에 신뢰한다. 학교에 따라서는 지난 시험 성적도 기록해서 자신이 얼마만큼 발전했는지 알 수 있게 해준다.

우리의 경우는 타인과의 경쟁 결과를 중요하게 인식하는데, 핀란드는 어제의 나와 비교해서 오늘의 내가 발전하고 있는지에 관심을 가지고 만족한다는 점에서 큰 차이가 있음을 알 수 있다. 효과적인 학습을 위하여 친구와 협력하는 것은 일반적인 모습이었다.

어제보다 한 걸음 더 나아가기 위한 교육열, 그리고 시스템

'한 사람이라도 낙오자를 내서는 안 된다'는 원칙으로 모든 아이들에게 '평등한 교육'을 받을 권리를 보장하고 있는 핀란드. 그런데 가만히 들여다보니 이 평등의 의미가 우리나라와 좀 달라 보인다. 우리나라 교육에서 '평등'이라고 할 때는 보통 교육 기회를 균등하게 준다는 것을 의미한다. 쉽게 말해서 목표는 저쪽에 정해놓고, 모두에게 출발할 수 있는 기회는 균등하게 줄 테니 알아서 도달하라는 것인데, 핀란드 교육에서의 '평등'은 개인의 차이는 배려의 대상이므로 다양한 교육 서비스를 제공받아 목표에 도달할 가능성을 균등하게 가질 수 있는 것이라고나 할까? 이런 철학에서는 목표를 향

한 개인의 발전이 의미 있고, 타인과의 경쟁은 별다른 의미가 없을 것이다.

이런 목표를 이루기 위해 핀란드에서는 기본적으로 개인의 차이를 중요시하는 개별화 교육이 바탕에 깔려 있으며, 유치원부터 대학원까지 무상교육이 이루어진다. 교육을 복지의 일부로 보기 때문에 무상교육에 대해 이견이 없다. 대학원 과정이면 나라로부터 돈을 받기도 한다. 석사, 박사과정을 하느라 경제적으로 쪼들리는 우리나라 대학원생들과는 무척 대조적이라 부럽다. 뛰어난 아이는 그냥 둬도 잘하니까 영재 교육이 아닌 부진아 교육에 초점을 맞춘다. 그래야 목표에 함께 도달할 수 있기 때문이다. 우리나라 학교의 형식적인 부진아 지도와 달리 학교 내에서 개인의 부족한 실력을 보충할 수 있도록 체계적인 시스템이 갖춰져 있으며, 고등학교에서는 무학년제가 도입되어 자신의 실력에 따라 과목을 선택해서 듣는다.

참관한 수업을 일반화해서 말하기는 조심스럽지만, 수업 분위기는 진도에 쫓기는 우리나라와 달리 무척 여유로웠고, 애당초 학습량도 많지 않아 보였다. 이어지는 학생들의 질문에 교사가 그때그때 답을 해줄 수 있는 모습은 과도한 양에 쫓기는 우리와 비교되며 부럽기까지 했다.

우리나라와 비교해볼 때 학업성취도는 비슷하나, 공부 시간은 절반도 되지 않는 핀란드 학생들, 그렇다면 그들은 많은 시간을 어디에 쓰고 있을까? 혼자서 쉬기도 하고, 친구와 놀기도 하고, 책도 읽고, 우리와 마찬가지고 컴퓨터 게임도 할 것이다. 뒹굴뒹굴하다가 자신의 적성과 흥미를 살리고 키우며 미래를 꿈꾸기도 할 것이다. 그리고 다양한 경험 속에서 자신의 흥미와 소질에 따라 대다수가 자신의 진로를 스스로 선택한다. 너나 할 것 없이 공부에 목매지 않는다. 세월이 흐른 뒤에 생각이 바뀌더라도 스스로 해결할 수 있도록 사회에서는 튼실한 평생교육 시스템으로 이를 뒷받침해준다.

어제의 나와 비교하라

이 철학을 바탕으로 하는 교육열은 타인과의 과도한 경쟁을 불러일으키지 않는다. 높은 교육열이라는 공통점에도 불구하고 우리나라와 핀란드에서 다른 모습이 나타나는 것은 교육열의 바탕 철학이 무척 다르기 때문일 것이다. 어제의 나와 비교하면서 더 나아지도록 노력하는 교육이라면 당연히 교육경쟁력은 높아지지 않을까?

우리 교육 현장에서

2012년 우리나라 PISA 결과는 여전히 상위권이다. 게다가 수학은 1위다. 하지만 수학에 대한 자신감을 나타내는 '자아개념지수'는 63위, 수학에 대한 흥미와 즐거움을 알 수 있는 내적 동기지수는 58위, 장래에 수학 공부가 도움이 될 것이라고 믿는 신념은 62위였다. 총 65개국이었다. 수학을 왜 하는지 모르고, 하고 싶어 하지도 않고, 잘한다고 생각도 안 하는데 결과만 엄청 잘 나온다. 우리가 이상한 것일까? 이런 나라보다 못하는 세계 다른 나라들이 수상한 것인가? 좋든 싫든 수학 공부를 해야만 입시에 성공할 수 있는 우리나라 현실이 착잡하다.

교육학자 리브스R. H. Reeves 박사가 지은 「동물학교」라는 우화가 있어서 소개한다.

교육을 통해 급변하는 환경에 적응할 수 있는 경쟁력을 갖출 수 있다는 인식 하에 동물들은 학교를 세우고, 수영, 달리기, 오르기, 날기로 된 교과과정을 만들었다. 그리고 행정을 쉽게 하기 위해 학생들은 모든 과정을 필수적으로 이수하도록 했다.

오리는 수영엔 우수했다. 사실 그는 강사보다 더 나았다. 그러나 그는 오르기에서는 겨우 통과 점수만 얻었고 달리기 성적은 낙제였다. 너무나 느린 그는 방과 후에 과외를 해야만 했고, 달리기 과외를 너무 하다 보니 물갈퀴가 다 닳게 되어 능숙한 수영마저도 겨우 평균 점수만 낼 수 있게 되었다.

토끼는 반에서 달리기를 가장 잘했다. 그러나 수영 실력을 향상시키기 위해서 물에서 많은 시간을 보내야 했기 때문에 얼마 후에는 다리에 통증이 심해졌고, 결국 달리기에서 낙제 점수를 받고야 말았다.

다람쥐는 오르기에서는 가장 뛰어난 솜씨를 발휘하였지만 날기 수업에서는 항상 좌절만 되풀이했다. 잘하지 못하는 착륙 연습을 하느라 지친 그는 달리기에서도 매우 낮은 성적을 얻었고, 오르기 시험에서는 나무를 오르지도 못했다.

날기에서 타의 추종을 불허하는 솜씨를 보인 독수리는 문제아였다. 날기 외에는 아무것도 하려 들지 않고 자기 방식대로만 하려고 한 독수리는 경고를 받았다.

결국 수영을 잘하고, 달리기와 오르기, 날기는 약간 할 줄 알았딘 뱀장어가 가장 높은 평균점수를 받아 학기 말에 동물학교의 최우수 졸업생이 되었다.

뱀장어가 동물학교의 최우수 졸업생이 된 결과를 보면 뭔가 개운하지 않을 것이다. 그런데 그러한 결과가 우리나라 교육에서 종종, 아니 일반적으로 나타난다면 이는 과장일까? 입시를 위해 모든 것을 잘해서 평균을 높여야 하고, 그러면서 자신의 강점과 재능을 잃게 되는 교육. PISA 수학 결과를 보면, 흥미가 있든 없든 입시의 중요 과목인 수학을 해야만 하기에 나타나는 부작용을 알 수 있다.

사람들은 각각 독특한 목적을 가지고 창조되었을 것이다. 각자 다른 그 한 가지를 잘 찾고 키운다면 한쪽으로 쏠려서 과도한 경쟁이 일어나는 일을 줄일 수 있다. 다행히 우열을 따지던 수직적 사고가 다양성의 사회 속에서 수평적 사고로 많이 전환되고 있다. 공부만이 절대적이라고 믿었던 우리 풍토 때문에 지나친 경쟁과 과도한 교육열이 생겼다고 하면, 이제는 공부가 여전히 중요하지만 그 외에도 소중하고 값진 것이 많다는 인식이 높아지고 있다. 이는 학교 현장에서 학생, 학부모님들과 상담하면서도 몸으로 느끼는 바이다.

이번 북유럽 교육 탐방과 그 전후 교육에 대한 고민은 내게 교육의 본질과 시스템, 철학에 대하여 식견을 넓힐 수 있게 해주었다. 싫으면 핑계가 보이고, 의지가 있으면 방법이 보이는 법! 나는 대한민국의 교사다. 교육 정책을 크게 바꿀 수 있는 힘은 내게 없지만, 한 학생에게 이만큼 큰 영향을 줄 수 있는 직업도 별로 없을 것이다. 바르고 행복하게 키우는 교육을 위해 나는 어떤 교육적 철학을 가져야 하고, 학생들에게 무엇을 가르쳐야 할까? 나 또한 학교 현장에서 경쟁에 익숙해져 획일적인 시각으로 앞서가길 바라면서 학생들을 바라보지는 않았는지 돌아본다.

아이들이 자신이 가진 장점을 잘 찾아 키울 수 있다면 공부를 향한 과도한 경쟁도 좀 줄어들 수 있지 않을까? 자신의 소질을 찾을 수 있다면 맹목적인 공부 경쟁보다는, 다른 사람과 다른 나의 소질을 키우기 위해 힘이 들더라도 노력할 수 있는 힘이 생길 것이고, 즐거움 속에서 어제의 나보다 발전하는 나를 보기 위해 노력할 것이라는 생각이 든다. 세상은 갈수록 다양화되고 있다. 내가 만나는 학생들은 모두 다르다. 그리고 한 명 한 명 모두 사연을 가진 예쁘고 소중한 존재들이다. 그 소중한 존재들이 소질과 강점을 잘 키울 수 있도록 관심을 가지고 지켜봐야겠다. 수업 속에서 삶을 나누고 얘기하면서, 수업과 삶 속에서 아이들이 자신의 다양한 소질을 찾아 키워갈 수 있도록 수업을 기획하고 진행해야겠다. 한쪽으로 쏠리지 않고 다양한 자신의 꿈과 끼를 살릴 수 있다면, 공부 한 가지를 향한 집중 때문에 생기는 과도한 경쟁도 줄일 수 있을 것이다.

이것의 시작은 한 아이 한 아이의 존재를 소중히 여기고 관심과 애정으로 지켜보는 일이다. 그리하여 우리 교육의 강점인 끈기와 교육열을 자신이 잘하는 것에서 맘껏 살릴 수 있도록, 즐겁게 노력하는 과정에서 어제보다 더 나은 모습을 이룰 수 있도록 도움을 주는 교사를 나도 꿈꿔본다.

북유럽을 통해 배운 것

김남희_용산고등학교

북유럽 행복을 꿈꾸다

북유럽 하면 떠오르는 것은 스칸디나비아 반도의 덴마크, 핀란드, 스웨덴, 노르웨이 4개국이다. 언제부터인가 '북유럽의 디자인', '북유럽의 교육', '북유럽의 문화'가 사람들의 입에 오르내리고 있다. 더군다나 우리나라에 복지 논쟁이 한창 일어났을 때 바로 북유럽의 복지제도가 가장 비교되었다.

그렇다면 무엇 때문에 우리나라 사람들은 북유럽에 열광하는 것일까? 내가 가지는 첫 번째 궁금증이었다. 그러나 이내 그 궁금증에 대한 해답을 얻게 되었다. 북유럽에 대한 열광의 밑바탕에는 우리나라 사람들의 행복을 추구하려는 간절한 열망이 있기 때문이다. 미국의 경제 전문지 포브스가 세계에서 제일 행복한 나라 1, 2, 3위에 노르웨이, 덴마크, 스웨덴을 선정하였고 7위로 핀란드를 선정하였다는 기사를 본 적이 있다. 핀란드는 일찍부터 교육개혁을 성공적으로 이끌었고, 학생들이 교육 안에서도 행복을 느끼는 나라의 대명사로 불러진다. 아마도 그렇기 때문에 우리들은 행복해지는 비법들을 북유럽에서 찾을 수 있겠다는 기대를 가지고 있는 듯하며, 나 역시 같은 기대를 하였다.

아는 만큼 보인다!-북유럽을 탐방하기 위한 준비

그렇게 원하던 북유럽을 방문할 기회를 2013년 가을에 갖게 되었다. 바로 '2013 서울 학습연구년 특별연수' 프로그램 중에 북유럽 탐방도 들어 있었다. 비록 8박 10일의 짧은 여정이지만 나는 몹시 설렜다. 그리고 북유럽에 직접 가서 확인해보고 싶은 것이 떠올랐다. 과연 북유럽이 행복의 아이콘인지 말이다. 그러나 모든 것들을 확인하기에는 너무나 짧은 일정이었다. 특히 북유럽의 교육에 대해 많은 것을 알고 싶었는데 학교를 방문하거나 현지 교사를 만나 인터뷰를 할 수 있는 충분한 시간이 주어지지 못할 것 같아 안타까웠다.

그렇게 북유럽에 대해 제대로 알고 싶다는 바람들이 모아져 '2013 서울 학습연구년 특별연수' 선생님들은 북유럽 탐방을 위한 사전

핀란드 헬싱키 대성당, 스웨덴 드로트닝홀름 궁전, 노르웨이 송네 피요르드(왼쪽부터)

독서모임을 시작하였다. 북유럽에 관련된 책들을 읽고 우리는 교육에 대한 토론을 했다. 단순히 북유럽에 대한 정보의 공유에만 그치는 것이 아니라 우리는 교육에 대한 성찰을 시작한 것이다. 우리는 이 모임을 통해 교육에 대한 고민을 나누고 교사 내면의 힘을 키울 수 있도록 격려하는 시간을 갖게 되었다.

북유럽에서 무엇보다 부러웠던 것은 그들은 '평등'을 집착에 가까우리만큼 중요하게 생각한다는 것이다. 박노자[■]의『좌우는 있으나 위아래는 없다』라는 책을 읽어보면 북유럽 사람들이 평등에 대해 얼마나 철저하게 실천하는지 알 수 있다. 처음에는 제목 자체가 나에게 신선했다. 그러나 이내 '과연 이런 사회가 가능한가?'라는 생각이 들었다. '학생들이 교수들을 뽑는 데 적극적으로 관여하고, 교수에게 거침없이 불만사항이나 요구사항을 말하는 것이 노르웨이식 제도다[■]'라는 부분을 읽었을 때는 부러움보다는 가르침에 대한 권위가 너무 없는 것이 아닌가라는 생각에 거부감마저 들었다. 그렇지만 실제 노르웨이나 스웨덴의 고등교육의 질은 세계 상위권[■■]이다.

또한 일본 저자들이 북유럽을 관찰하고 오랫동안 그 지역에서 살면서 그들의 문화와 교육에 대해 연구한 책들[■■■]을 읽어보면 경쟁적

[■] 처음에 나는 박노자라는 사람이 노르웨이에 살고 있는 교포인 줄 알았다. 왜냐하면 우리글도 아주 잘 쓴 데다 어디를 봐도 그 책은 번역서가 아니었기 때문이었다. 그런데 책에 실린 사진을 보고서 나는 무척 놀랐다. 그는 전형적인 외국인이었기 때문이다. 적어도 내겐 박노자를 알게 된 것만으로도 놀라움이었다.
[■] 박노자(2010),『좌우는 있어도 위아래는 없다』, 한겨레출판(주), p. 30에서 인용
[■■] 고등교육의 질을 평가한 '유니베르시타스 21'(U-21) 순위에서 스웨덴은 1위인 미국과 거의 비슷한 수준으로 2위를 했는데, 한국은 24위에 그쳤다는 것이다(『한국일보』 "스웨덴 정치권 '한국 교육 본받기' 논란"(2013. 11. 7), 정세라 기자 seraj@hani.co.kr 홈페이지 주소 http://www.hani.co.kr/arti/international/europe/609990.htm).
[■■■] 후쿠타 세이지(2007, 도쿄),『핀란드의 교실 혁명』/마스타 유리아(2010),『핀란드 교사는 무엇이 다른가?』/레그란드 츠카구치 도시히토 외 8인(2013),『스웨덴 스타일』 내용 참고.

아는 만큼 보인다. 북유럽 독서모임 중

이고 선발적인 교육관 때문에 교사와 학생들이 결코 행복하지 않다는 사실을 지적하고 있다. 그러나 대개는 북유럽에서 추구하는 평등과 소통을 목표로 상생과 개인의 특성을 인정해주는 교육을 통해 행복을 찾을 수 있는 방법을 찾고자 하였다.

우리는 책에서만 확인했던 소통의 결과를 우리가 방문했던 스웨덴의 미르허 초·중등학교의 학생이 말한 답을 통해 확인할 수 있었다.

(스웨덴 학생들은 해맑게 웃으며 한국의 방문자들에게 친근하게 다가왔다.)

교사 너희들은 학교가 왜 좋으냐?

학생 첫째 학교가 재미있고, 둘째 학교가 학교에 대한 정보를 매우 정확하게 제공하고, 셋째 학교가 앞으로 더 성장하면서 학생들을 위한 다양한 프로그램을 제공해줄 것이라고 생각하기 때문입니다.

스웨덴의 미르허 초·중등학교에서

그들의 대답을 통해 학교가 학생들에게 정보제공을 충실하게 하고, 학생들에게 행복한 학습키움터로서의 역할을 하고 있다는 것을 알 수 있었다. 학생들이 만족하는 이면에는 소통을 통해 학생들의 요구가 잘 반영되고 있다는 증거로 보여진다. 학생들이 해맑게 웃으면서 대답하는 내용을 들으며 한편으론 부러웠다. 우리나라에서도 이렇게 대답을 해주는 학생들이 있는 학교가 있기는 하다. 내가 바라는 것은 모든 한국의 학생들이 이런 대답을 하며 해맑게 웃을 수 있는 그날이 왔으면 하는 것이다.

북유럽의 교육 현장을 돌아보다

우리가 처음 방문한 학교는 핀란드의 끼르꼬야삔 종합학교였다. 여러 나라에서 많은 사람들이 핀란드를 방문한다고 한다. 그래서 핀란드에서 학교 방문 허락을 얻기가 쉽지 않다는 가이드의 설명으로 우리는 몹시 긴장했다. 그러나 교장선생님은 우리를 환대해주셨고, 교사들의 수업을 참관하는 것이 예정되어 있지 않았음에도 불구하고, 우리의 참관 부탁을 기꺼이 받아주었다. 참 고마운 일이었다. 솔직히 우리나라에서도 예정되지도 않았는데 수업을 공개하겠다고 한다면 조금은 부담스러웠을 것이다. 그만큼 핀란드 교사들은 자신의 수업에 대해 자신감을 가지고 있는 듯했다.

특이한 것은 그렇게 화려한 수업 모델을 사용하지 않는다는 점이다. 단지 수업 내용을 전달하고 질의응답 시간을 가지면서 그저 학생들 하나하나에게 관심을 가지고 기다려준다는 것이다. 선생님이

나 학생들 모두 여유가 있어 보여 좋았다. 학생들이 수업 중간에 딴 짓을 하더라도 금방 그 맥락을 알고 참여할 수 있도록 수업의 내용은 부담스럽지 않았다. 너무 많은 것을 가르치려고 하는 것보다는 같이 배워나가는 과정 자체에 의미를 두는 것 같아 인상적이었다.

다음 날 방문한 곳은 스웨덴의 한 지방 댄데리즈 코뮌Danderyds Kommun이었다. 그들은 학교 폭력이나 왕따를 예방하고 그 사안이 생겼을 때 대응하는 방식에 대해 아주 강한 자신감이 있었다. 그 밑바탕에는 학교 폭력이나 왕따를 방지하기 위해서는 먼저 아주 빠르게 인지하는 것, 두 번째는 전문적인 대응이 매우 중요하다는 것이다. 그래서 교실에서의 학교 폭력에 대한 빠른 인지를 위해 담임선생님의 역할이 매우 중요하다. 담임선생님은 일단 학급에서 학생들 사이에서 일어나는 징후를 빠르게 파악해야 하고 파악한 사실을 빠르게 학교에 보고해야 한다. 거기까지가 담임의 역할이다.

그리고 일단 보고가 되면 전문적인 대응으로 대처한다. 담임과 전문가가 역할의 경계를 분명히 하면서도 학교의 공동체들이 소통하고 협조하면서 한 명의 학생이라도 소홀히 하지 않고 학생들을 보호한다는 느낌이 들었다. 전문 분야를 강화시킴으로써 학생이나 학부모의 만족도를 높인 사례로 보여진다. 이런 시스템은 정말 부럽다.

그리고 세 번째로 방문한 노르웨이의 경우는 소통과 평등의 철학을 학교의 환경에 적용한 경우였다. 우리가 방문했던 노르웨이 뵈예넨가 중학교의 경우 학교 시설을 디자인할 때 이미 학생과 학생, 그리고 교사와 학생, 교사와 교사의 소통이 잘 될 수 있도록 디자인한다는 이야기를 듣고 생각이 행동을 결정한다는 말을 실감할 수 있었다.

7학년 수학 수업: 교사는 매우 평범한 강의식 수업이고 학생과 교사는 질의응답의 과
정으로 수업을 진행한다. 그러고 나서 개인별로 문제를 풀어나가는 형태이다. 전체적
으로 차분하면서도 수업에 열심히 참여하는 분위기였다. 교과서는 우리나라 교과서와
비슷한 구성으로 되어 있으면서도 더 심플했다.

 그리고 노르웨이에서 교사들의 평가는 어떻게 되는지도 궁금했
다. 그래서 우리는 부교장 선생님에게 이런 질문을 했다. 만약 교사
중 학부모 평가에서 좋지 않은 결과를 받은 교사를 어떻게 하느냐
고 말이다. 나는 어떤 방식으로든 그들에게 책임을 묻고 교정할 것
인지에 대한 대답이 나올 것이라고 기대했다. 그러나 먼저 부교장의
입에서 나온 대답은 "그 교사도 사람이기에······"라는 말로 시작을
하면서 교사에 대한 신뢰와 믿음을 보여주었다. 즉 만약 교사로서
어떤 문제가 있다면 원인을 파악하여 어떻게 도와줄 것인지를 생각
한다는 부교장 선생님의 말씀을 들으면서 이곳에서 교사와 행정가
는 소통을 통한 상호존중의 배려를 바탕으로 문제를 해결하려고 한
다는 생각이 들었다. 이런 분위기가 이곳의 교사들을 성장시켜주는
원동력이 아닐까 생각해보았다.

그 느낌 아니까……

'소통'과 '평등'이 우리나라 전반에서 잘 이루어지고 있다면 얼마나 행복할까라는 생각을 해보았다. 그런 문화에 대한 느낌을 아니까…….

내가 북유럽에서 부러운 것 중에 가장 큰 것은 바로 그들의 문화다. 도덕성이 높고, 인권 존중에 대한 생각이 강하며, 무엇보다 평등에 대한 생각은 집착일 정도로 대단했다. 그리고 무엇보다 그들은 소통을 아주 중요하게 생각하고 있었고, '소통'과 '합의'라는 과정을 통해 문제를 해결하려고 노력하는 것 같았다. 왜냐하면 그것이 나중에 선택을 잘못했을 때 지불하게 될 사회적 비용을 최소화할 수 있다는 것에 모두가 동의하고 있기 때문이다.

그리고 언론이 흥미와 자극 위주의 편파적인 자세를 취하는 것이 아니라 정확한 정보를 전달하고 사회 전반에 건전한 의식이 자리 잡을 수 있도록 역할을 충실히 하였다. 비판을 하는 사람도 자신의 이익을 위한 비판이 아니라 공공을 위한 비판을 하려고 했고, 받아들이는 사람도 비판 그 자체를 합리적으로 받아들일 줄 아는 그런 성숙된 모습이 부러웠다. 새로운 시대를 향한 상생을 위한 이런 문화가 우리나라에도 있었으면 하는 바람을 가져보았다.

단언컨대 우리나라도 좋아질 거야!

스웨덴을 방문했을 때 우리나라 때문에 스웨덴이 긴장하고 있다는 가이드의 설명을 듣고는 좀 의아했다. 예전에 미국을 방문했을 때도 이와 유사한 경험이 있었다. 미국에 한 달 동안 파견되어 연수를 받게 되었을 때 미국의 교사와 교수들 심지어는 그 지역 사람들이 가장 궁금해하는 것은 "수학 분야에서는 South Korea가 제일 우수한 성취를 하고 있는데 도대체 수학교사들이 미국에 무엇을 배우려고 왔느냐?"라는 것이었다. 이에 대해 지역 신문기자가 인터뷰를 직접 해가기도 했다. 나로서는 매우 신기한 경험이었다. 외국에서 우리나라는 이미 학업성취면에서 매우 뛰어난 나라로 인식하고 있다.

그러나 정작 우리는 왜 우리의 교육이 우수하다고 생각하지 않는 걸까? 공부시간은 많고 대학 진학률도 높은 반면 학교에 대한 만족도는 떨어지고, 고등교육의 수준이 세계 24위밖에 안 된다는 소식을 접하게 되면 우리 교육이 무엇인가 잘못되어가고 있구나라는 생각을 하게 된다.

그럼에도 불구하고 이번 북유럽을 방문하면서 우리나라 교육 수준이 확실하게 향상되었음을 확인했다. 학교의 시설과 교사의 전문성 신장을 위한 각종 지원 프로그램과 교육의 콘텐츠에서 말이다. 우리나라의 경우에도 새로 생기는 학교를 보면 학생들의 학습동기를 높여주기 위해서 또는 학생들의 건강을 염두에 두고 설계하여 짓고 있다는 것을 알 수 있다. 교과 교실제, 스마트 교실, 그리고 장애우들을 위한 다양한 시설들이 꽤 많이 갖추어져 있지 않은가? 내가 학교 다닐 때만 해도 푸세식* 화장실이 대부분이어서 여름에는 진한 암모니아 향기 때문에 화장실을 가기가 두려웠던 기억이 나곤

■ 현대식 화장실을 수세식이라고 부르는 것에 비해 재래식 화장실을 푸세식(왜냐하면 똥을 퍼내는 방식이었기 때문에) 화장실이라고 많이 사용하곤 했다.

학생들의 정서를 위해 학교 중앙에 정원을 설치한 세종시 한솔중학교

한다. 그러나 불과 20여 년 만에 이제 거의 모든 학교의 화장실은 비데가 설치되어 있을 정도로 좋아졌다.

또한 우리나라 교사들의 학력 수준은 상위 5% 안에 드는 실력자들이다. 교사들의 학력도 전반적으로 우수하지만, 학교 현장에서 교사들의 전문성을 유지시키거나 향상시키기 위한 다양한 지원 방법이 있다. 예를 들어 의무적으로 매해 60시간 이상의 직무연수를 수료해야 하기 때문에 원격을 통한 온라인 연수나 연수원 등에서 이루어지는 오프라인 연수 등이 다양하게 준비되어 있고 연수 비용도 지원이 된다. 또한 교직 경력이 10년 이상이 된 교사들의 재충전을 위한 '학습 연구년 특별연수'가 유급으로 1년 동안 운영되기도 한다. 교사들 스스로도 각종 연구회를 결성하거나 수업연구대회 참여를 통해 지속적으로 연구 활동을 할 수 있도록 분위기가 마련되어 있다. 또한 교사 학습공동체 운영, 수업비평 등을 통한 여러 가지 활동에 적극적으로 참여하도록 독려하는 분위기가 되고 있다. 또한 교수법에 있어서도 매우 다양한 방법으로 학생들을 가르치고 있다. 협동 학습, 배움의 공동체, 프로젝트 교수법, Co-Teach 등등. 이 모든 것들이 교사들이 자발적으로 참여하여 실행되고 있는 것들이다.

그리고 교육 콘텐츠의 경우도 비교적 다양하고 질이 좋다. 우리나라는 IT강국답게 e-교과서도 많이 개발되어 있다. 교사와 학생들이 시간이나 공간의 제약 없이 의사소통을 할 수 있는 각종 메신저들도 개발되어 사용되고 있다. 그리고 교육 콘텐츠 개발 내용의 상당부분은 현장 교사들이 만드는 것들이다. 수학의 경우 창의성을 길러주고 체험을 통한 흥미를 키워주기 위해 다양한 시도들이 일어나고 있다. 이미 제주에서는 '수학문화축제'라는 이름으로 10년째 운영되고 있으며, 거의 전국에서 이와 유사한 축제가 열리고 있다. 영상 매체 중에서는 EBS의 지식채널e 같이 수업에 바로 적용하여 사용할수 있는 것들이 많이 개발되어 있다. 무엇보다 인터넷에서 주어지는 다양한 자료들을 수업에 활용하는 스마트한 교사들이 많다.

교사로서의 나의 설렘

"저는 교사 일이 정말 좋아요. 이 일은 똑같은 날이 하루도 없어요. 아이들의 모습도 날마다 다르기 때문에, 각각에 맞는 학습법을 찾는 노력을 끊임없이 해가지 않으면 안 되지요. 교사의 일에 끝이란 없어요"■

피리요 레바니 에미_핀란드의 쿠오파눔미 종합학교

그렇다! 핀란드나 우리나라나 학교에서 늘 똑같은 날이 계속되는 법은 없다. 아이들의 모습도 날마다 다르다. 아마 에미 교사의 말에 누구나 다 공감을 할 것이다. 어쩌면 그래서 교사라는 직업이 멋있는 일인지도 모르겠다. 변화무쌍하고 끝이 보이지 않는 일이기 때문에 더 전문성이 요구되는 것 같다.

그렇다면 교사는 언제 행복할까? 개인마다 다르겠지만 보편적인 대답은 이런 것들이 아닐까 생각해본다. 첫 번째는 학생들과 소통이 잘될 때가 아닐까 싶다. 수업할 때 학생들의 표정과 태도에서 배움의 과정에 참여했다는 진정한 기쁨을 드러내면, 아마도 교사는 그런 모습을 볼 때 매우 큰 환희를 느낄 것이다. 또한 학교생활 지도를 위한 개인 상담에서 학생과 서로 정서적으로도 즐거운 교류가 되고 있다는 것을 경험하는 순간 교사는 행복을 느낄 것이다. 두 번째는 동료 교사와의 소통이 잘될 때이다. 학교의 크고 작은 행사를 할 때, 학생들을 지도할 때, 수업을 할 때, 동료 교사들과의 협업이 잘 이루어지면 그 역시 매우 큰 행복을 느끼게 된다.

북유럽 탐방을 하기 전 선생님들과의 모임을 통해서, 짧아서 아쉬웠지만 북유럽 여행을 끝내고 나는 많은 것을 느끼고 배웠다. 내가 학교로 돌아가서 해야 할 일들에 대해 구체적인 생각을 해보게 되었다. 내가 먼저 학생들을 존중하고 그들의 말을 경청하는 교사가 되어야겠다. 그리고 동료 교사들과 협력하는 방법을 생각해보고 실천해야겠다는 생각을 했다. 내가 학교에 돌아가서 하게 될 일 중에 가장 중요한 것은 소통과 평등이 내재된 학교 문화를 발전시키는 일이다. 그리고 교사 내면의 힘을 기르기 위해 서로 노력해야 하겠다.

■ 마스다 유리야(2010), 최광렬 옮김, 『핀란드 교사는 무엇이 다른가?』, 시대와 창, p. 114에서 인용.

다인을 존중히고 더 포용할 수 있는 어유를 가져아겠다. 물론 이런 일들은 혼자서 이루어지지는 않는다. 동료 교사들과 같이 시작하고, 내가 맡게 될 우리 반 아이들과 같이 시작해야 할 것이다.

여기까지 생각을 하니 학교로 돌아간다는 일이 매우 설렌다.

북유럽 교육 다른 시각으로 보기
- 우리의 교육적 정체성을 찾기 위한 작은 시도

권영애_면일초등학교

조금은 삐딱하게

2001년 7월, 20대부터 꿈을 꾸었던 나의 공부를 위해 5학년에 다니던 아들을 동행하여 캐나다 유학길에 올랐다. 나의 유학은 결혼 시 했던 약속을 남편이 지킨 것이었다. 조기 유학의 열풍이 시작된 시기여서 극성 엄마의 주관 없는 선택으로 비춰질까 걱정하면서 남편을 소위 말하는 기러기 아빠로 만들었다. 솔직한 마음 한편에는 그간 책이나 매스컴 등을 통해 알게 된 서구의 이상적인 교육제도를 내 아이에게 경험시키고 싶은 욕심도 있었다. 내가 외국 교육에 대해 '조금은 삐딱하게'라는 시선을 가지게 된 것은 캐나다에 유학하면서 그들의 교육을 조금은 객관적이고 깊이 들여다볼 수 있는 기회가 있었기 때문이다. 물론 책이나 매스컴에서 전해주는 선진국의 교육 모습이 과장된 것만은 아니다. 그러나 더 깊이 살펴보면 그 이면도 알게 되고 비판 없는 예찬에서도 벗어나게 된다. 이런 나의 경험이 북유럽 교육에서도 교육의 이면과 본질을 찾으려고 시도해보고 보이는 것에만 현혹되지 않도록 도와주었다.

211

연수 몇 달 전부터 가진 책모임에서 핀란드와 스웨덴 교육에 대한 책을 읽을 때 시야가 열리는 신선한 경험을 하고 그들의 이상적인 교육이 부럽기까지 했다. 헬싱키 발 비행기에 오를 때에는 감동을 받을 마음이 준비되어 있었다. 그러나 연수를 마치고 빼곡히 적은 노트와 녹음 자료를 정리하다가 문득 나는 한 방향으로 달리고 있는 자신을 발견하고는 멈칫하였다. '나는 왜 이들 학교에서 좋은 점만을 찾으려고 애쓰고 있는가?' 우리와 다른 점, 우리보다 우수한 점 그래서 본받을 점을 찾아내려 했다. 10여 년 전 나의 유학 경험이 겹쳐지면서 나의 이런 일방통행적인 판단과 편협한 집중력이 위험할 수 있다는 생각을 하게 되었다. 그래서 나는 내가 준비하던 보고서를 잠시 멈추고 북유럽 교육의 이면을 보기 위해 조금은 삐딱해지기로 마음먹었다. 그러나 이 시각은 결코 북유럽 교육의 허점을 찾거나 폄하하자는 것이 아니다. 우수한 교사, 행복하지 않은 아이들. 많은 이들이 문제로 이야기하는 우리의 학교 현실에서 찾아야 할 우리의 것을 찾아보기 위한 내 나름대로의 소박한 노력의 하나이다.

그들에게 필요한 것, 우리에게 필요한 것

핀란드 종합학교의 목공실에 들어선다. 톱질하는 소리, 커다란 기계를 돌리며 둥근 원판을 깎고 있는 남학생, 책상 위에 놓여 있는 판넬 위에 원주율을 계산하여 그려진 도안. 와! 학교에서 이런 수업을 할 수 있다니! 아이들은 외국에서 온 방문자들에게는 눈길도 주지 않고 작업에 몰두하고 있다. 학교 안내를 직접 하시던 교장선생님은 목공 수업은 설계부터 시작해서 결과까지 볼 수 있는 과정이며 수학 등 여러 교과가 융합된 수업이라고 설명하신다. 최근 우리나라 교육의 관심 동향이 되고 있는 STEAM▪이 아니던가! 더구나 손을 쓰는 작업이라서 두뇌 계발을 자극하고 아이들은 모두 자신이 만들고 싶은 것을 디자인하여 만든다고 하니 창의성 교육도 된다고 한다. 30명의 학습연구년 선생님들 모두 이 수업에 빠져들었다.

우리나라 학교를 되돌아보며 초등학교 6학년 실과에 목공을 경험하는 단원이 있다는 것이 떠올랐다. 책꽂이를 만드는 과정인데 실제로는 문구점에서 미리 다 잘라진 재료를 구입해서 조립하고 사포질하여 페인트칠만 하면 완성되는 것이다. 물론 교과서에는 재단하는 과정부터 계획되어 있으나 실제로는 재단된 것을 구입하고 있다. 책꽂이를 만드는 전 과정을 교실에서 현실적으로 할 수 없기 때문이다. 목공에 관해 배우는 면에서는 같으나 그 과정이 완전히 다르고 따라서 수업에서 얻는 것도 다를 수밖에 없다.

6학년을 가르쳐본 경험이 없는 교사나 일반 사람들은 실과라는 교과의 한 단원에 이 과정이 있는지조차도 모를 정도로 관심을 받고 있지 못하는 내용이다. 분명한 것은 과정은 다르지만 그런 학습내용이 우리 교육에도 들어 있다는 것이다. 그러나 초등학생들을 가르치는 나조차도 마치 우리나라에는 전혀 없는 학습체험인 양 그 목공 수업을 참관하고 있었다. 한 나라에서는 아이들이 스스로 아

▪ STEAM은 science+technology+engineering+art+mathematics의 결합어로 기존의 독립된 수학, 과학 교육을 기술과 예술 등과 연계하여 융합적 사고와 문제 해결력을 키워 창의적 인재 양성을 목표로 하는 교육 동향이다.

목공실에서 기계로 재단하고 있는 학생

이템을 찾아 자료를 준비하고 디자인해서 완성품을 만들어 냄으로
써 창의성 있는 교육을 한다고 찬사를 받는데, 다른 한 나라에서는
준비된 재료를 가지고 준비된 도안으로 비슷한 결과물을 만들어내
는데 교육적 효과를 얻지 못하는 이유는 무엇일까? 과정에서 차이
가 나타나는데 이 차이의 원인은 무엇인지 생각해본다.

　왜 이 나라에서는 목공을 중요한 교과로 다루는가? 방문하는 학
교마다 교장선생님 혹은 교감선생님께서 공예 또는 목공 교과를 강
조하여 설명한다. 이 답을 찾기 위해서는 문화적 토양을 먼저 생각
해보아야 한다. 북유럽이나 북미 국가에는 단독 주택이 주택 형태
의 주류이다. 주택은 유지와 관리에 손이 많이 가는데 전문적인 기
술을 요하는 경우를 제외하고는 크고 작은 일들을 직접 한다. 인건
비가 상상을 초월할 정도로 비싸고 가정 중심의 문화로 아버지들은
일찍 퇴근하기 때문에 집을 관리하고 수선하는 것이 그리 특별하고
어려운 일은 아니다. 실제로 집을 구입할 때 지하실이 꾸며지지 않
은 집을 사서 오랜 시간 공을 들여 손님방과 욕실, 놀이방 등을 꾸

미는 경우도 있다. 전문 용품점에 가면 욕실 부스에서부터 심지어는 바닥에 까는 쪽마루까지 집을 한 채 지을 수 있는 건축 자재가 다 갖추어져 있을 정도이다. 이들에게 목공일은 취미 생활을 넘어 실생활에 필요한 기술이다. 쓸모 있는 일꾼을 기른다는 이 나라의 실용적 교육관에서 보면 목공은 교과로 쏙 필요한 것이다. 반면에 우리나라에서는 농촌 가정에서나 가끔 아버지가 직접 목공일을 하는 것을 볼 수 있을 뿐 대부분은 전문 용역에 의뢰한다. 인건비도 북유럽에 비하면 몇 분의 일 정도로 싼 편이라 집을 고치거나 자재를 만지는 일은 일꾼을 사서 하는 것이 더 경제적일 것이다. 무엇보다도 우리는 목공을 생활 현장에서 학생들이 배워야 할 만큼 필수적인 분야는 아니라고 보는 것이다.

북유럽과 우리나라 교육 내용의 차이를 이해하는 데는 교육이 추구하는 인간상이 서로 다르다는 것도 이해해야 할 것이다. 우리나라 교육이 추구하는 인간상은 '홍익인간'으로 철학적 가치인 반면 북유럽의 교육이 추구하는 인간상은 구체적으로 바람직한 시민의 자질 또는 덕목을 담고 있다. 실용적 가치를 추구한다는 점에서 우리와 매우 다른 것이고 이러한 배경이 교과에도 반영된 것이라 판단된다. 이 둘을 비교하여 우위를 논할 수는 없을 것이다. 추구하는 가치를 어떻게 교육 내용에 녹여내는지를 보아야 한다.

목공 수업을 보는 동안 우리나라 초등학교나 중학교 교실에서 북유럽과 같은 목공 수업을 한다면 어떨지 가정해본다. 도구와 교실이 준비되었다는 전제에서 패널과 톱을 주고 재단하도록 한다. 시끌벅적하고 여기저기서 다치는 아이들, 목소리가 커지는 선생님의 모습이 쉽게 그려진다. 한국 선생님들 모두 나와 같은 가정을 해보았을 것이다. 목공 수업을 참관히면서 우리들은 안전문제를 걱정하였다. 한국 선생님 중 한 분이 아이들이 다치는 경우가 없느냐고 묻자 충분히 사용법을 알려주기 때문에 그런 일은 드물다며 대수롭지 않게 대답한다.

왜 이곳 교실에서는 안전사고를 크게 염려하지 않는 것일까? 물론 소수의 아이들이 수업을 하고 있고 내가 관찰한 바로도 학생들이 차분하고 제법 능숙하게 도구를 다루고 있었다. 나의 교실과 비교해보아도 안정된 분위기에서 학생들은 조용하게 제 할 일을 하고 있다. 그렇다고 우리 아이들이 이들만 못해서 목공 수업이 어려운 것일까? 아니다. 북유럽 아이들은 집에서 톱과 망치 등으로 어른들이 작업을 하는 것을 자주 보고 자란다. 반면에 우리나라 도시의 아이들은 어른들이 도구로 일하는 것을 거의 보지 못할 뿐 아니라 심지어 집에서 톱과 망치를 보지 못한 경우도 있을 것이다. 익숙하지 않은 도구로 활동을 하는데 일상생활에서 익숙하게 보아온 아이들과 같을 수 있겠는가? 이런 관점에서 본다면 우리 아이들이 여기 아이들보다 못해서 안 되는 것이 아니고 환경이 그들과 다르기 때문일 것이다.

그러나 북유럽의 목공 수업은 시사하는 바가 매우 많다. 학교에서 가르치는 것이 실생활과 연계된 공부가 되어야 한다는 점, 스스로 계획하고 결과물까지 해결하는 학생들의 자율성과 책임감, 창의성이 자연스럽게 키워질 수 있다는 점이다. 학교에서 배우는 것이 책 속의 지식이 아니라 쓸모 있는 것이라는 생각을 아이들에게 심어주는 것은 매우 의미 있는 일이라고 생각한다. 재봉시간도 참관하였는데 재료 선택과 재단, 바느질을 하며 각자의 티셔츠를 만들고 있었다.

이 과정에 여러 가지 지식들을 학생들과 교사들이 협력하여 녹여내고 있는 모습은 인상적이었다. 북유럽에서 우리가 눈여겨보아야 할 것은 무엇을 가르치고 있느냐가 아니라 그들의 사회, 문화적 토양에 가장 적합한 것을 가르치고 있고 거기에는 확고한 교육철학이 깔려 있다는 것이다. 이제 우리가 할 일은 이들의 목공 수업을 가져와서 우리 학교에 심을 것이 아니라 우리나라에서는 어떠한 교육철학을 바탕으로 교과를 구성하고 그것을 가치로 실현할 것인지 우리의 것을 찾아야 하는 것이 아닐까 한다.

모두 나가야 하나요?

'어, 이건 내가 설레면서 그려본 장면이 아닌데……' 끼르꼬야벤 종합학교에 도착하여 마주친 학생들을 보면서 생각한 것이다. 시벨리우스 공원에 있는 회색빛 파이프 기념비처럼 흐린 하늘과 쌀쌀한 기운이 스며드는 날씨다. 학교 밖에서 삼삼오오 몸을 움츠리고 서 있는 7, 8학년 학생들, 의자에 걸터앉아 있는 아이들. 그래도 초등학생들은 저 너머에서 뛰어놀고 있기는 하다. 1, 2교시를 마친 후 모두 교실을 나가 바깥에서 노는 시간이었던 것이다. 책이나 매스컴에서는 아이들을 충분히 놀 수 있도록 해주는 북유럽 교육에 대해 박수를 보내며 교실에 매여 있는 우리 아이들을 안쓰러워하기도 한다. 그러나 내가 본 그날의 쉬는 시간 모습은 날씨 탓인지 기대했던 것만큼 밝은 모습은 아니었다.
북유럽 학교들은 오전에 2시간 수업을 마치면 30분 이상의 쉬는 시간이 있어 학생들은 모두 교실에서 나가서 놀아야 한다. 충분한 신체 활동은 학습에 집중하도록 도움을 주기 때문이다. 미국이나 캐나다의 학교에서도 오전 두 시간의 수업을 마치면 간단히 간식을 먹은 후 30분 이상을 야외에서 나가 활동하도록 한다. 비가 오고 눈이 오는 날에도 예외는 없다. 수업 시간도 많고 방과 후에도 학원에 시달리는 우리 아이들에게는 부러운 일이 아닐 수 없다. 우리가 방문했던 학교들에는 아이들이 충분히 놀 수 있는 자연 친화적 공간과 시설이 갖추어져 있어 더욱 부러웠다. 외국의 우수 교육 사례를 말할 때 빠지지 않는 목록 중 하나이지만 살짝 의구심이 생긴다. 이것이 모든 학생들에게 좋기만 한 것일까? 아이들의 건강을 위한 일이라고 하는데 아이들을 위한 최선일까? 물론 나의 이런 의구심이 주관적일 수 있고 반박의 여지는 있으나 다른 시선으로 생각해볼 필요는 있다.

학생들이 모두 나가고 나면 운동장에서 관리를 맡은 당번 교사를 제외하고 나머지 교사들은 왁자지껄한 아이들에게서 벗어나 다음 수업 준비를 하거나 차를 마시며 동료 교사들과 담소를 나누기도 한다. 아침을 먹지 않고 오거나 간단히 커피만 마시고 오는 경우가 많아 간식을 먹기도 한다(이는 내가 캐나다에서 몇 달 동안 보조 교사로 자원봉사를 하면서 경험한 것이다). 한두 시간 수업을 마치고 나서 허기져도 아이들 앞이라 과일 한 조각도 먹기 눈치 보였던 나로서는 이런 시간이 부러워지기도 한다. 아이들이 밖에서 뛰어노는 이 시간이 교사들에게도 잠시 여유를 갖는 시간이 되기도 하니 일석이조라는 관점에서 볼 수도 있다.

모두 나가야 하는 이 시간이 조금은 매정하게 생각되었던 기억이 떠오른다. 캐나다 학교를 다니던 아들이 감기가 심하게 걸렸다. 그날은 비인지 눈인지 모를 진눈깨비가 섞여 내리고 추위가 혹독한 날씨여서 걱정이 되어 실내에서 있어도 되는지 청해보라고 했다. 예외는 없었다. 한 아이라도 교실에 머물고 있으면 교사가 그 아이를 보살펴야 하기 때문이라고 한다. 한국 엄마인 나는 참 냉정하다는 생각이 들었다. 하기야 초겨울 추적추적 비오고 바람 부는 날에도 등교 시간 전에는 절대 학교 출입문을 열지 않아 아이들은 밖에서 떨면서 기다렸다가 들어가는 곳이 아니던가. 그러나 캐나다 부모들은 이를 당연히 여기고 전혀 불편하게 생각하지 않는다. 다른 문화를 경험하면서 언제나 느끼는 것은 다른 문화적 배경에서는 다른 입장과 생각이 있다는 것이다. 쉬는 시간에 모두 나가야 한다는 것도 그럴 수는 있으나 마주친 아이들의 표정과 내가 가르쳤던 아이들을 떠올리며 이런 물음을 던져본다. 학생들에게 선택권을 주었다면 모두 나갔을까?

나는 점심 식사 후에는 아이들을 모두 운동장에 나가 놀게 한다. 길지는 않더라도 노는 것에 배고픈 아이들에게 시간을 주고 싶어서이다. 저학년 아이들은 싫어하는 반찬도 순식간에 비우고는 쏜살같이 나가 버린다. 그러나 몇몇 아이들은, 특히 고학년 여학생들은 나가기 싫어 머뭇거리다가는 교실에서 책을 보거나 그림을 그리면 안 되느냐며 조르곤 한다. 몇 번 더 권해보다가 내 생각을 접고 선택권을 준다. 그리고 소음에서 벗어난 나만의 조용한 시간은 포기한다. 쉬는 시간을 길게 주고 운동장에서 활동하게 하는 것을 아이들을 위한 것으로 예찬할 것만은 아니라는 생각을 해보게 된다. 교사와 학생들 모두를 위한 것이고 운영상의 편의를 위한 것도 있지 않을까? 물론 이 시간 운영의 깊은 속내를 잘 알지는 못하지만 학생의 의사를 존중한다면 선택권을 주어야 하지 않을까라는 생각을 해본다.

교사의 자율성 그 뒤에는……

스웨덴 학교에서 만난 아이들의 너무나 밝은 모습과 자기의 의견을 당당하게 말하는 자신감이 무척 인상적이었다. '아이들이 행복한 학교구나!' 수업 참관을 들어간 교실에서 교사에게 여러 가지 질문을 하고 짧게나마 대화를 나누어보고 나서는 '교사들이 자신이 하는 일에 신념과 자신감을 가지고 있구나.'라고 느끼게 되었다. 이들의 자신감은 어디에서 오는가? 신뢰에 기반을 둔 자율과 존중, 그리고 이를 지켜나가는 교사 스스로의 책임감 때문이었다. 우리가 방문했을 때 학교를 다니면서 이곳저곳을 안내한 것도 모두 교장이었고 예산 수립부터 집행, 보고서 작성, 각종 시설 관리 등 교장의 일이 무척 많지만 우리가 말하는 장학이라는 업무는 없는 것 같다. 수업에 대한 모든 것은 교사에게 일임하고 있다. 국가 수준의 기본 틀만 주어지는 교육과정을 가지고 교사가 교재, 교수학습 방법, 평가를 자율적으로 하고 있다.

최고의 인적 자원을 교사로 선발하고서도 전적으로 신뢰하지 못하는 우리 학교 현장과 비교할 때 슬그머니 열등감마저도 든다. 믿고 맡길 만큼 이곳 교사들은 우수한가? 전문성 신장을 위해 교사들은 어떻게 노력하고 학교나 교육청은 어떤 프로그램을 지원하는

가? 방문하는 학교나 교육청에 조금은 집요하게 질문해보았으나 '이 거다!'라는 답을 얻지 못했다. 물론 지원이 없는 것은 아니나 우리나라처럼 교육청 단위 연수가 활성화되어 있거나 일정 시간 연수 이수를 의무화하고 있지 않다. 교사가 스스로 알아서 필요한 연수가 있으면 학교장에게 요청을 하고 학교 여건을 고려하여 지원해준다고 한다. 교사들끼리 협의회를 구성하여 서로 협력하기도 한다. 우리는 신규 교사 추수연수, 일급 정교사 자격연수, 교육과정 개정 때마다 실시되는 대규모 교육청 연수, 지면이 모자랄 정도의 의무 연수가 있는데 이들에게는 없다니! 믿어도 너무 믿는 것이 아닌가? 교사의 자율성을 신뢰하는 배경에 대해 이번 연수 후 여러 각도에서 다시 생각해보게 되었다.

북유럽 국가에서는 교사를 정부에서 임용하는 것이 아니고 학교장이 선발한다. 또한 우리와 달리 호봉제가 아니라 연봉제이다. 스웨덴에서 20년 이상 교사를 한 가이드 설명에 따르면 일 년에 두 번 학교장과 면담을 하는데 그 내용은 학교 발전에 대한 각 교사의 의견 제시와 연봉 협상이라고 한다. 즉, 학교 발전 기여도에 따라 급여가 달라진다. 연봉 협상이라니! 전혀 생각해보지 못한 면이었다. 근무 학교도 순환하는 것이 아니고 한 번 채용되면 특별한 경우가 아니면 계속 근무한다. 정말 중요한 이면이다. 한 학교에 오래 근무하게 되면 주인 의식이 강해지겠지만 반면에 교사들은 그 지역 학부모들에게 잘 알려지게 된다. 지역 주민들의 이동도 우리나라보다는 잦지 않으니 노력하지 않고 잘 가르치지 못하는 교사는 학부모들에게 환영받지 못한다. 게다가 학부모들에게는 학교 선택권이 주어졌다. 전문성이 떨어지면 그 학교에서 장기간 근무하기 쉽지 않은 여건이다. 물론 북유럽 교사들은 자발적으로 노력을 할 것이다. 우리와 다른 시스템이지만 외적인 압력 요인이 전혀 없는 것은 아니라는 것이다. 북유럽 교사들에게 부과되는 외재적 요인은 내재적 동기로 작동되어 발전적인 방향으로 이끈다는 것을 눈여겨보아야 한다. 또한 이들의 자율성에는 무거운 책임이 따른다는 것도 간과해서는 안 된다.

우리나라도 역량 있는 교사를 키우기 위해 자율적인 연수를 지원하고 교원 평가 제도를 실시하고 있다. 교육적 역량 개발을 위한 지원은 우리나라가 북유럽보다 더 전문적이고 체계적이다. 그러나 우리나라 교사들은 자신감을 많이 상실하고 있다. 교사들을 믿는 사회, 교사들을 믿는 학생과 학부모가 우리에게는 필요하다는 것을 다시 한 번 절감하게 되었다.

핀란드의 교사들과는 달리 교직이 그다지 인기 직종이 아닌 스웨덴에서는 어떻게 우수한 인재를 교사로 유치할 것인지를 고민하고 여러 가지 혁신적인 제도를 계획하고 있다고 한다. 이들이 고민하는 우수한 인력을 이미 우리나라는 가지고 있지 않은가? 그렇다면 이 우수한 인재들이 잠재력을 발휘할 수 있도록 제도적인 지원을 아끼지 않고 자신의 교육철학에 따라 가르칠 수 있도록 신뢰와 자율을 보장해준다면 아이들이 더 행복한 학교가 되지 않을까라는 바람을 가져본다.

우리의 것을 찾기 위한 성찰

이 글을 시작하면서 우리의 것을 찾기 위해 조금은 다른 시각으로 북유럽 교육을 보겠다고 했다. 유학 기간 동안 나는 우리나라 교육에서 한 걸음 물러서 있었다. 학교로 돌아온 후 몇 년 동안 새로운 것들이 학교에 들어오기 시작하는데 내가 그곳에서 경험했던 것과 유사한 것들도 많았다. 하지만 안타까운 점은 우리나라에서 실행된 결과는 너무나 달랐다는 것이다. 무엇 때문일까? 그곳에서는 성공적이었는데. 우리의 토양에 대해 깊이 고민하지 않고 그대로 옮겨 심었기 때문이 아닐까 생각해본다. 새로운 것을 교육에 시도할 때에는 충분한 시간을 두고 폭넓게 논의를 하고 합의에 이르렀을 때 시행이 되어야 하는데 이런 점에서 우리는 반성해볼 여지가 많다. 늘 성급하게 변화를 추구했던 것은 아닌가? 이제는 다른 나라에서 벤치마킹한 제도들 때문에 허우적거리기보다는 우리가 가지고 있는 것들에 대한 진지한 교육적 성찰이 필요하다. 그 성찰의 기반은 합의된 교육철학이어야 한다. 학교 방문 중에 여기저기서 이런 말들을 한다. '이것은 우리도 하고 있는 것인데.' '이것은 우리 것이 더 좋은데.' 왜 진작 우리 것을 바로 보지 못했을까? 북유럽 교육제도를 통해 배울 것도 많았다. 그러나 남의 것을 본 후에야 우리 것을 새롭게 보게 되었다.

스웨덴 교육청을 방문하였을 때 교육을 소개하는 프리젠테이션이 있었다. 교육의 질을 높이기 위해 학생, 학부모들로부터 학교 만족도 조사를 하고 그것을 공개한다고 한다. 교육만족도 조사는 우리도 몇 년 전부터 실시하고 있는 것이다. 그러나 두 나라 사이의 결과는 경쟁과 교육적 발전이라는 전혀 다르게 산출되는 것은 소통의 구조 문제 때문이다. '무엇'이 다른 것이 아니라 그것의 바탕에 있는 '어떻게'가 다른 것이다.

다른 나라에서 성공한 '무엇을' 그대로 가져오면 또 다른 문제가 발생한다는 것을 우리는 경험을 통해 알고 있다. 우리가 보아야 할 것은 보이는 것 너머의 '어떻게'와 함께 우리 눈으로 바라보는 것이다. 비판적 시각으로 우수하다는 그들의 교육을 보고 우리의 것을 다시 들여다보아야 한다. 그래서 나는 조금은 삐딱하게 그들의 것을 보고 우리의 교육적 정체성과 발전 가능성을 찾고자 한 걸음 내디뎌본다. 그리고 우리 교육에 잠겨 있는 잠재력을 깨울 수 있을 것이라는 희망을 품어본다.

스웨덴은 지금 교육개혁 중?

이인순_수락고등학교

'가보고 싶어서 생각만 했던 나라'로

개인적으로 북유럽의 교육에 대한 소식을 접한 것은 39명의 우리나라 교육 전문가들이 핀란드와 스웨덴 교육 현장을 탐방하고 돌아와서 2010년에 펴낸 책『핀란드 교육혁명』(살림터)을 통해서이다. 특히 이 책 앞부분에 실린 '여는 시'에서 도종환 시인은,

> …… (전략) 아는 걸 다시 배우는 게 아니라
> 모르는 걸 배우는 게 공부이며
> 열의의 속도는 아이마다 다르므로
> 배워야 할 목표도 책상마다 다르고
> 아이들의 속도가 생각보다 빠르거나 늦으면
> 학습 목표를 개인별로 다시 정하는 나라
> 변성기가 오기 전까지는 시험도 없고
> 잘했어, 아주 잘했어, 아주아주 잘했어
> 이 세 가지 평가밖에 없는 나라

친구는 내가 싸워 이겨야 할 사람이 아니리
서로 협력해서 과제를 함께 해결해야 할 멘토이고
경쟁은 내가 어제의 나하고 하는 거라고 믿는 나라
나라에서는 뒤처지는 아이가 생기지 않게 하는 게
교육이 해야 할 가장 큰 일이라 믿으며
공부하는 시간은 우리 절반도 안 되는데
세계에서 가장 공부 잘하는 학생들을 보며
입꼬리 한쪽이 위로 올라가곤 했다 (이하 생략) ……

라고 쓰면서 북해를 바라보며 우는 '그'를 노래했다. 이런 교육이 정말 가능한가. 충격적이었다. 시에 그려진 교육 그 기저에 깔린 엄청난 정신이 따뜻하고 아름다우면서 강렬했다.

1980년대에 가수 혜은이 씨는 …… 아빠의 꿈에 엄마의 눈 속에 언제나 있는 나라 …… 누구나 한번 가보고 싶어서 생각만 하는 나라 …… 꿈과 사랑이 가득한 '파란 나라'를 온 세상 모두 손잡고 한마음으로 한번 지어보자고 노래했었다. 직접 탐방하고 돌아온 시인이 노래한 핀란드가 내게는 교육에 대한 꿈을 현실로 만들어서 살아내고 있는 '파란 나라'라고 생각되었다. 그래서 '2013 학습연구년 특별연수 서울 초중등 교사 북유럽 3개국 교육 탐방(이하 북유럽 교육 탐방)'을 앞두고, 요술할멈으로부터 받은 다이아몬드 달린 모자를 쓰고 파랑새를 찾아 떠나는 치르치르와 미치르 남매처럼 설렜다. 파랑새 희곡의 결말처럼 돌아와 보니 파랑새가 우리 집 새장에 있다고 할지라도 어쩔 수 없는 설렘이었다.

한국에서는 어떻게 하나요?

　첫날 방문 국가였던 핀란드. 착륙 직전 헬싱키 상공의 비행기에서 바라다 본 북유럽의 모습은 서유럽 도시들의 그것과 사뭇 달랐다. 딱 보기만 해도 행복이 철철 넘쳐날 거라 기대했던 핀란드 거리를 쏘다니는 동안에는 뜻밖의 스산함까지 느껴졌다. 증상이 나타나는 순간 곧바로 지니고 다니던 칼로 피를 내야만 즉사를 피할 수 있을 정도로 매우 심하다는 알러지, 앞에서는 예의 바르나 절대로 한국적 끈끈함 같은 것은 기대할 수 없다는 철저한 고발 문화, 파마머리 한 번 하는 데에 한국 돈 70여만 원이나 든다는 기절초풍할 만한 고물가…… 현지 가이드의 이런 설명들이 분명 느껴진 우울에 적잖이 가세했을 것이다. 하지만 한국에서부터 머릿속에 그려갔던 이네들에 대한 밑그림이 얼마간 잘못되었음도 고백해야겠다. 그리고 이렇게 다소 잘못된 기댓값을 가진 채 헬싱키의 *끼르꼬야삔* 종합학교를 방문했다.

　이 학교에서는 8학년 영어 수업을 자세히 참관할 수 있는 기회가 주어졌는데 나는 뭔가 지도교사의 색다른 교수 기법, 새로운 교구나 선진 기자재의 활용, 능동적인 수업 참여와 활발한 상호작용 등을 볼 거라 상상했었던 듯하다. 소박하지만 착실한 배움이 일어나는 이들의 수업이 이런 잣대를 가진 내게는 심지어 밋밋하게까지 느껴졌다.

　어쩌면 나만 그랬던 것은 아니었던 것 같다. 무언가 팁을 기대했던 우리 중 누군가가 기어이 스웨덴 미르허 초·중등학교 물리 수업 참관 중에 "수업 시간에 딴짓을 하거나 자는 학생에게 어떻게 하시는지?"를 질문했다. 질문에 조금 황당해하시던 스웨덴 선생님의 대답이 뭐였는지는 잘 기억나지 않는다. 다만 이 질문을 듣고 곰곰 되짚어보니 여기 와서 영어, 화학, 전자, 가정경제 등 몇 시간의 수업을 참관했지만 영 딴짓을 계속하거나 자느라 수업에 참여하지 않는 학생은 거의 볼 수 없었다는 걸 깨달았다. 결정적으로 내 얼굴이 화끈거렸던 것은 이때, 물리 수업을 받고 있던 학생 중 한 명이 손을 번쩍 들더니 "그럴 때 한국에서는 어떻게 하나요?" 하며 되레 우리 한국 교사들에게 질문했기 때문이었다.

철학적 깊이나 사회문화적 수준은 대답에만 담기는 것이 아니라 질문에서도 내비쳐지지 않을까? 이 질문으로 우리 교육의 밑천이 얼마나 되는지를 고스란히 드러내버린 듯해 아차 싶어졌다. 당연히 수업 시간에는 딴짓을 하는 학생들이 있기 마련이고, 선생님이 교탁 앞에 버젓이 계셔도 아랑곳하지 않고 노골적으로 엎드려 자는 학생들이 존재하는 우리의 형편. 게다가 이 나라에서도 당연히 같을 거라는 우리의 믿음까지도 딱 들켜버린 것 같았다. 그것도 푸른 눈의

영어 수업 참관

외국 학생에게 말이다. 외국에서는 사소한 행동도 행여 한국의 대푯 값으로 비춰질까 봐 조심스러워진다. 할 수만 있다면 내뱉은 질문을 다시 주워 담고 싶었다.

스웨덴 현지 가이드는 공유, 존중, 민주주의 정신, 책임, 이 네 단어가 학생들의 등짝에 씩 붙어 있을 만큼 강조한다는 말로 이들의 인성교육을 설명했다. 스웨덴 미르허 초·중등학교에서 도우미를 자처했던 두 여학생들은 학교를 간다고 하면 어떤 느낌이냐는 우리의 질문에 "재미있다, 도전이다"로 답했다. 아이들이 말을 안 들으면, 학교 안 보낸다고 하면 말 잘 듣는다고까지 자랑할 수 있는 이네들…… 부러웠다.

학생들 간의 경쟁이 아니라 학교끼리의 경쟁

북유럽 교육 탐방에서 내게 의외의 성찰 거리를 던져준 방문지

물리, 수학, 공학, 디자인이 융합된 자동차 만들기 수업

는 스웨덴 댄더리즈 코뮌Danderyds Kommun 교육청이었다. 과학 교사인 내가 기존에 알고 있었던 스웨덴이란 섭씨 온도계를 고안한 천문학자 셀시우스Anders Celsius, 다이너마이트와 노벨상으로 유명한 노벨Alfred Bernhard Nobel이 태어난 나라라는 것 정도였다. 스웨덴의 학교들은 대부분이 코뮌(자치구) 주체로 운영된다. 특히 우리가 탐방한 교육청은 우리나라 부산시교육청과 자매결연을 맺은 곳이라고 해서 더 반가웠다. 부산시교육청을 벤치마킹하여 올해부터는 구글을 이용한 온라인 학생부를 만들고 학생들의 활동 내용을 기록하는 전산화 작업을 추진 중이라고 했다. 이 코뮌의 학생들은 학력과 학습 동기가 높은 편이라는 설명에 이어, 그 이유가 이민자 등에 의한 다문화 가정 아이들이 적기 때문이기도 하다는 대목에서는 좀 씁쓸하기도 했다.

중세 유럽 귀족의 접견실처럼 꾸며진 교육청 홀에서 우리는 먼저, 학교 전문가School Expert 에바 호아스Eva Hoas 씨로부터 스웨덴 학교 시스템에 대한 설명을 들었다. 그리고 교육국장Head of The office of Education 버지타 야콥슨Birgitta Jacobsson 씨로부터 이 코뮌의 학교들과 그들의 임무에 대한 프레젠테이션을 들었다.

스웨덴의 학제 시스템은 크게 유치원Pre-school, 의무교육과정인 초중등학교Compulsory school, 고등학교Upper secondary school 및 대학으로 구분된다고 한다. 특히, 장애를 가진 학생들을 위한 특수 교육Children with disabilities, 직업이나 학업을 수행 중인 부모의 육아 부담을 덜어 주기 위해 1~12세의 아동들을 대상으로 촘촘하게 구성되어 있는 학생보육시설(방과 후 가정, 교육적 보육시설, 열린 방과 후 활동 등), 요람에서 무덤까지라는 말처럼 언제 어디서고 관심 있는 분야의 교육을 받을 수 있게 해주는 성인 교육Adult education 등의 추가적 교육 시스템은 부러웠다. 자율성을 바탕으로 유기적으로 연결되어 있는 스웨덴의 학제야말로 스웨덴 국가 경쟁력의 뿌리인 듯싶었다.

초중등학교는 의무교육으로서 모두에게 무상으로 제공된다. 지역에 상관없이 전국에서 같은 수준의 교육 내용이 제공된다. 우리의 서울 강남 8학군과 같은 지역 편중성은 없는 것이다. 일반적으로 아동들은 집에서 가장 가까운 코뮌 학교에 배정되지만 다른 코뮌의 학교나 자율학교 등에 진학할 학교 선택권도 주어진다. 자율학교도 기본적으로는 코뮌의 교육 목표를 따라야 하긴 하지만, 차별화되고 특색 있는 교육과정들을 개설할 수 있는 학교이다. 공부를 강조하는 학교보다도 건강을 학교의 프로파일profile로 내세우면 인기가 있다고 하니 우리와는 좀 다르구나 싶었다.

한편, 우리나라의 학교 예산액은 학교별로 편성되는 반면, 스웨덴의 학교 예산액은 학생별로 편성된다고 한다. 결국 스웨덴에서는 학교의 학생 수가 학교 재정과 직결된다. 따라서 학생과 학부모의 선택을 덜 받아 학생 수가 적어지는 학교는 당연히 재정적인 어려움을

Danderyds Kommun 교육청과 스웨덴의 교육제도

겨게 된다. 그래서 좋은 학교, 특히 학부모들에게 매력적인 학교를 만들기 위해 최선을 다하게 된다는 것이다. 이 대목에서 조금 의아해졌다. 얼핏 생각해보아도 학생과 학부모가 선호하지 않는 학교에 훌륭한 경영 능력을 가지신 교장선생님이나 가르치는 능력이 빼어난 선생님들이 계실 리 만무하다. 재정적으로도 어렵다면 그런 학교가 살아남을 수 있을까! "그럼, 그렇게 처지는 학교의 경우에는 학교장이 요청하면 국가나 코뮌 차원에서 특별한 지원을 더 해주나요?"라고 질문해보았다. 단호하게 아니라고 대답하신다. 매력이 없는 학교는 폐교까지도 시킨다는 것이다. 경쟁이 없다는 북유럽에서 이런 초강력 경쟁 정책을 실시한다니! 그러나 나의 이런 반응에 "이건 학생들 간의 경쟁이 아니라 학교끼리의 경쟁"이라는 것을 매우 강조하셨다. 경쟁…… 북유럽에는 없는 단어인 줄 알았는데…… 갑자기 낯설고 당황스러웠다.

2011 스웨덴 교육과정 변화는 왜?

중도우파 연합이 집권한 이래로 스웨덴에서는 교육 부문의 개혁이 급속도로 진행되어 왔다. 최근 대대적으로 제안되고 수정된 대부분의 새로운 교육 정책들은 2009년 말 정부가 제안하고, 이듬해 국회에 상정되고 통과되어, 2011년 7월부터 시행된 새학교법에 근거한다. 2011년의 교육개혁은 이전에 비해 훨씬 경쟁성을 강조한다. 교육 분야의 질적 향상을 통한 우수인력 배출 및 국가 경쟁력 강화 의지를 엿볼 수 있는 대목이다. 하지만 과도한 교육열에서 비롯된 우리나라의 경쟁적 교육 풍토가 안타까운 나로서는 스웨덴의 이러한 변화에 걱정스러움부터 앞선다. 존중과 동등성, 민주주의에 대해 지극한 가치를 부여하여 적지 않은 대가를 치르면서도 그동안 이들이 지켜온 것들이 나는 정말 부럽다. 그 결과 이들의 교육은 학생의 자율성과 흥미를 위주로 이루어지고, 학생 개개인의 학업 수학 능력과 발전에 교사와 부모 모두 함께 관심을 기울이는 풍토를 일군 것이라 믿어진다. 이런 풍토를 훼손시키는 개악이 되지 않기를 간절히 바란다. 나의 우려는 대개 자신들이 이미 가지고 있는 것이 소중하다는 것을 잘 모르기 쉬워서이기도 하다.

야콥슨Birgitta Jacobsson 씨는 학생들이 비판적 사고, 영어 의사소통 능력, 신기술, 사회과학과 시민의식 지식 등에 능숙한 것이 이들 교육의 장점이라고 소개하였다. 영어가 모국어가 아닌 비영어권 국가들 중 학생들의 영어 실력이 최고이며, 왜 배워야 하는지 비판적으로 받아들이며 배운다는 것을 자랑하였다. 스웨덴 학생들은 자신들의 학교와 교사에 대해 긍정적 자세를 갖고 있다는 것도…… 그러면, 2011 교육개혁을 하게 된 이유에 대해서는 어떻게 생각하는가? 야콥슨Birgitta Jacobsson 씨는 문해, 수학, 과학 등에서 하강하고 있는 PISA(Programme for International Student Assessment, OECD의 과제의 하나로 15세의 학생들의 기술과 지식의 정책지향적 국제 지표를 제공하도록 설립된 국제학생평가프로그램. 평가 영역은 읽기, 수학, 과학 세 분야이다) 결과, 학교들 사이의 격차 증가, 고비용, 남자아이들이 학습하기를 좋아하지 않는 것 등을 현재 스웨덴 교육이 당면한 문제점이라고 했다. 이어서 농담처럼 현재 스웨덴의 정책 변화는 바로 당신네 한국 때문이라고도 했다. 설마, 우리 때문이라니…… 그것이 우리의

PISA 결과만을 놓고서 비꼬는 말씀이든, 정말로 우리 교육의 가치를 인정하는 말씀이든, 당황스러웠다.

2011 교육과정에서 변화된 것은 무엇일까? 좀 더 뚜렷해진 교육 목표, 분명하게 규정된 중심 교육 내용, 그러한 목표와 내용에 연계된 최소한의 기준Standards과 등급화된 범주, 교육과정의 혁신과 기업가 정신, 그리고 마지막으로 교사들을 위한 실행 캠페인이라고 했다. 교사들을 위한 실행 캠페인이 필요하다고 한 것을 보면 이들의 교육개혁도 현장의 교사들에 의한 필요로 제창된 Bottom-Up 방식은 아니었던 듯싶어서 조금 실망스러웠다. 북유럽은 사회적 합의를 중요하게 여긴다고 들었는데 그 합의에 교사들은 배제되었던가, 왜 캠페인이 필요한 것일까? 우리나라의 경우 교육과정이 개정되고 나면 신문이 표방하는 교육부의 입장과 일선에서 체감되는 느낌은 조금 다르다. 궁금해서 이런 2011 교육과정 개정에 대해 일선의 선생님들은 어떻게 생각하는지를 물어보았다. (교육청 행정가의 대답이어서인지는 몰라도) 개혁이 필요하다는 데에는 대부분의 선생님들이 동의한다고 했다. 다만, 행정적으로 서류 처리할 일이 많아져서 선생님들이 힘들어한다고 했다. 교육을 위해서는 선생님이 가장 중요하며, 의욕 갖고 공부하는 학생이 중요하다고 이어가는 말씀이 빈말처럼 들리지는 않았다.

스웨덴의 전 교육부 장관의 교육 모토가 'A school for everyone'이었다면, 비욜크룬드 현 교육부 장관의 교육 모토는 'Best student in the world'라고 한다. 중학생의 이론 과목 입학 시험 금지 조항에 대한 폐지, 중·고등학교 엘리트 학급 운영, 전국 단위의 학생 모집 실시 등과 같은 소식은 전통적인 사회민주주의에서는 벗어나 보인다. 3채널이던 평가는 A, B, C, D, E로 5채널화되었다. 1, 2, 3지망으로 학교 선택을 할 수 있게 되면서 학교마다 홈페이지에 성적을 비롯한 여러 가지 정보들을 공개해야 한다. 선생님들은 Open class로 학급을 서로 바꾸어 가르치거나 다른 교사의 수업에 서로 출입이 가능하다. 학부모도 아무 때나 학교에 올 수 있다. 2, 5, 8학년 학생의 학부모를 대상으로 만족도 평가를 한다. 당연히 학교는 행정적으로 일이 많아졌다.

국제 학업능력 평가에서 스웨덴 학생들의 수학, 자연과학, 기술부문 능력이 저조하게 나타났다는 것뿐 아니라, 학생들의 관련 과목 관심이 약하고, 나이가 많은 학생들일수록 관심이 점점 감소한다는 여러 조사 결과가 나옴에 따라 향후 스웨덴 산업에 우수 인력 부족 현상을 초래할 수 있다는 우려를 제기한 보고를 본 적이 있다. 이번 탐방에서도 북유럽의 세 나라 모두 우리 못지않게 학생들의 학력 문제에 신경을 많이 쓰고 있음이 느껴졌다. 그러나 나라 차원에서도 가정 차원에서도 이 문제에 접근하는 시선이 우리와는 좀 달라 보였다. 예를 들어 스웨덴의 경우 서로 다른 학년 간을 통합한 통합학급을 운영한다. 고학년 학생이나 학부모가 학습 면에서 손해 본다고 반대할 수 있지 않을까 하는 우리의 질문에 아주 가끔 그런 경우가 있으나 아래 학년을 가르쳐주면서 자신이 알고 있던 것이 더 확실해지고 학년을 넘어 협력하는 것을 배우기 때문에 오히려 도움이 된다는 대답을 들을 수 있었다. "사회에 나가서도 같은 나이와 일하는 것이 아니다. 성적을 올리기 위해서는 안정적인 환경이 더 중요하다"는 것이다. 좀 더 여유를 가지고 폭넓게 멀리 내다보는 시선이다.

스웨덴 학교 시스템의 문제점과 2011 교육과정에서의 변화

돌아오는 비행기에서 그리고……

8박 10일의 북유럽 교육 탐방 일정을 마치고 돌아오는 비행기에 탑승하면서 옆자리가 비어 있기를 은근 바랐다. 다리라도 좀 올리거나 몸을 좀 뒤척일 수만 있어도 9시간 비행의 질이 달라질 테니 말이다. 두 장의 담요도 은근 욕심났다. 어깨에 두르고 무릎에 따로 덮으면 기대보다 좋다. 이게 웬 떡! 정말로 옆자리가 비었다. 그런데 그 빈자리를 사이에 두고 나와 반대편 옆자리에 있는 여자분이 좀 아파 보였다. 무슨 약인지 모를 약을 승무원에게서 얼음 팩을 얻어 싸두는 눈치고 승무원의 걱정어린 멘트도 이어진다. "어디가 많이 안 좋으세요? 손잡이 올리시고 옆자리까지 넓게 기대어 편히 가세요." 나는 내 자리도 아니면서 괜히 빈자리를 그분께 양보했다.

어디서 오는 길이냐고 물으니 독일서 와서 헬싱키서 갈아타는 거란다. "독일에 사세요?" 했더니 서른 살 무렵부터 살았다고 했다. 60대 중반은 돼 보이는 어르신이었다. 한국에 잠시 다니러 가는 길이라는 말에 우리는 서울의 초중등 교사이고 행복하다는 북유럽 교육이 뭔지 공부하러 열흘쯤 연수받고 돌아가는 길이라고 말했다. 대뜸 그렇게 봐서 한 나라의 교육이 배워지냐며 톡 쏜다. '뭐지 이거?' 하는데 선생이라니 하는 말이라면서 계속해서 말을 쏟아냈다.

오늘도 대한민국 여권을 보여주니 공항에서도 수속이 아주 빨랐다며, 내 나라가 이제 잘 살게 되니 그게 참 좋긴 한데, 밖에서 보면 솔직히 한국 사람들이 자랑스럽지가 않고 아직도 멀었다는 게 말의 요지였다. 신문에 난 한국 뉴스를 보면 도대체 영어는 애들한테 왜 그렇게 일찍부터 가르치느냐 한국말도 제대로 못하면서. 한국 사람들 얼마나 말을 함부로 하는지 당신은 독일에서 음식점을 하는데 그렇게 말을 막 하는 한국인들한테는 그냥 나가라고 한단다, 당신한테 안 팔아도 나 밥 먹고 산다며. 헐~ 만만치 않으시다. "한국 사람들은 돈도 왜 그렇게 써요?" 무슨 말씀이신지 잘 이해가 안가서 돈을 그렇게 쓴다는 게 무슨 뜻인지를 여쭈니, 해외까지 나와서 앞 뒤 안 재고 명품이라면 엄청난 금액도 아무렇지 않게 허비하는 풍경을 질책한다. 차근차근 고생을 인내하는 게 당연한데 어떻게든 한방에 돈만 벌어보려고 하는 것 같은 태도도 도대체 이해가 안 간단다.

해외에 나가면 모두가 애국자라 하는 말, 그거 사실이다. 분노와 함께 쏟아내시는 말씀 앞에 나는 (대한민국의 대표로서) 많이 억울해졌다. 편찮으셔서 짜증까지 더 섞으신 때문은 아닌가 이해하려고도 했지만 정말 적극 방어할 필요가 느껴졌다. "개중 그런 사람이 있을 수도 있겠지요, 하지만 모두가 그런 건 아니에요. 특히 젊은이들은 다른 생각을 가진 사람이 더 많을 거예요, 조금 시간이 걸릴지도 모르지만 좀 더 지켜보시면 달라지지 않을까요?" 했더니, 독일에 공부하러 오는 젊은이들, 여행하러 온 젊은이들의 이기적인 태도로 질책이 이어진다. 가만 듣고 있자니 점점 화가 나려 했다(나는 애니어그램 1번이다). 그러나 한편으로는 이런 장소에서 이런 말을 들어야 하는 것에 짚이는 이유가 아주 없는 것은 아니었다.

노르웨이 현지 가이드의 말도 떠오르면서 겹쳐지는 부분이 있었다. 세무 관련 일을 해서 다른 분야에 대해서는 잘 모른다는 본인 소개와는 달리, 역사, 교육, 쇼핑, 문화 등 다방면에 걸쳐서 세세한 설명을 너무나 성실하게, 지치지 않고 해주어서 참 인상적인 가이드 였다. 오슬로 뵈예넨가 중학교에서 학교 브리핑이 끝나갈 무렵 우리 는 크리스티안 부교장 선생님께 한국에 대해서 아는지를 질문했고, 아주 잘 안다는 대답을 듣고 기분 좋게 버스에 올랐다. 그런데 가이 드께서는 한국을 잘 아냐고 방문객마다 심심치 않게 하는 질문인데 이런 질문이 참 부끄럽다고 했다. 요지는 어떻게 알고 있는지가 중요 하지 않겠냐는 거였다.

집에 돌아와 켠 TV에서 남의 불편은 아랑곳하지 않고 나만 편하 고 이득 보면 된다는 한국 고객들의 도 넘은 밉상 떼쓰기 짓거리 뉴 스가 나온다. 예전에는 담요, 헤드폰이 많이 없어졌는데 요즘은 식 기류까지 많이 없어지고 있다는 비행기 승무원의 인터뷰, 해변가 정 자들을 독점해서 외국인 손님들이 전혀 사용하지를 못해 결국 호텔 에서 유료로 전환을 한다는 인터뷰가 이어졌다. 이런 악질적 행태가 한국인 여행객 전체로 이미지화되어 최근 해외에선 아예 한국인의 출입을 금지하는 업소까지 등장했을 정도란다. 체리 피커라느니, 스 마트 컨슈머가 아니라 또 다른 의미의 블랙 컨슈머라느니, 경제 수 준에 걸맞은 품격은 아니어 보인다느니…… 우리 교육이 무엇을 선 도善導하고 있는지 되짚어보게 된다.

북유럽에서 연수받고 돌아가는 길이라는 말에 대뜸 그렇게 봐서 한 나라의 교육이 배워지냐며 톡 쏘았던, 비행기에서 만난 아주머니 음성이 다시 들려온다. 하지만, 돈오점수頓悟漸修라 했다. 선물처럼 얻은 학습연구년에 이번 북유럽 교육 탐방이 교육에 대한 큰 그림을 그려볼 또 하나의 기회였음은 분명하다. 다시 현장으로 돌아가 아이들과 함께할 교실에서, 좀 다르게, 좀 더 잘, 해보고 싶은 새로운 도전 거리와 함께 해볼 만한 것이 있겠다는 용기를 주었다.

3

생각을 나누고 더하다

『핀란드 교사는 무엇이 다른가?』를 읽고

권영애_면일초등학교

　우리나라와 일본에 '핀란드 붐'이 일게 된 것은 PISA에서 핀란드가 우수한 성적을 내었기 때문이다. 물론 한국과 일본도 최상위를 차지하였지만 학습에 투자한 시간에 대비한 효율성 측면에서 볼 때 핀란드는 비교할 수 없을 만큼 우수하다. 충분히 놀고 학습을 즐기면서 우수한 성과를 내고 있는 핀란드 교육의 열쇠는 무엇인가?

　이 책을 읽던 도중 가장 먼저 마주친 당혹스러움은 핀란드 교사들은 PISA 결과를 대수롭지 않게 여긴다는 것이었다.

　"설령 PISA 성적이 떨어졌다 한들 대수입니까?"

　저자가 만나본 교사의 말이다. 얼마 전 신문에서 이번 PISA 결과 핀란드가 12위로 떨어졌다는 기사를 보고 우리는 호들갑스럽게 반응하는데 정작 핀란드 사람들은 개의치 않을 것 같다는 생각이 들었다.

　그렇다면 핀란드 교육이 정말 중요하게 생각하는 것은 무엇인가?
　"교육에서 중요한 것은 '모두 다르다'는 것입니다. 이런저런 차이를

■ 마스다 유리야 지음, 최광렬 옮김, 시대의 창.

어떻게 살리는가, 가자의 개성과 재능, 커뮤니케이션 능력이란 PISA 조사로 잴 수 있는 것이 아닙니다."라고 답한다.

다른 나라와 비교한 우위의 결과가 경쟁력이 아니라고 한다면 핀란드식 경쟁력은 무엇인가? "우리나라가 어떻게 자기 힘으로 사는가 하는, 말하자면 내면을 향한 경쟁입니다. 타자와 비교하는 경쟁은 불건전하다고 생각합니다."라고 핀란드 교사는 말한다. 끊임없이 누군가와 또는 무엇인가와 비교하면서 경쟁하는 것에 익숙해진 우리나라 교육에 정신이 번쩍 들게 하는 말이다. 내면을 향한 경쟁이기에 남과 겨루는 것이 아니라 각자가 가진 서로 다른 능력을 종합해 더욱 강력하게 만드는 협력이 가능한 것이다. 경쟁을 통한 성과와 협력을 통한 성과는 너무나 다른 두 나라 교육 현장의 모습을 압축하는 말이다.

8박 10일 일정으로 북유럽 교육 탐방을 다녀왔다. 몇 가지 질문들을 안고 갔으나 반나절 정도만 머문 학교들에서는 그 답을 찾을 수 없었다. 그래서 책꽂이에 둔 채로 다른 책들에 밀려 미처 읽지 못했던 이 책을 잡게 되었다. 핀란드가 PISA에서 높은 성적을 낸 이유에 대해 "오페타야(교사)!, 오페타야!, 오페타야!"라고 하였으나 내가 참관한 수업에서는 교사들은 특별할 것이 없는 평범한 교수 방법으로 수업을 하고 있어 호기심을 끌거나 매력적인 요소를 찾지 못했기 때문이다. 그런데 왜 핀란드 교사는 다른 나라 교사들과 다르다고 하는가? 다르다면 정말로 무엇이 다를까? 탐문해보지 않을 수 없는 문제이다.

내가 도달한 답은 안타깝게도 '교사'가 아니라 '교사들을 신뢰하는 핀란드 사회'였다. 학교 탐방 시에도 조금은 집요하게 교장선생님을 때로는 교사들을 찾아다니며 교원 전문성 신장에 대해 질문을 해보았으나 우리와 다른 무엇을 찾지 못하였다. 이 책에서는 질 높은 교원 양성을 핀란드 교육의 키워드 중 하나로 꼽고 있으나 우리나라 교육 현장도 이에 결코 뒤지지 않는 우수한 인재가 교단을 지키고 있다. 석사학위는 더 이상 내세울 경력이 아닌 지 오래다. 박사학위 소지자도 이제는 많아졌다. 그리고 교원 양성 대학의 경쟁률과 교원 임용고시의 경쟁률은 가히 살인적이라고 할 수 있다. 즉, 최고의 인재가 교사로 선발되는 것이다. 교원 연수도 우리나라 교사들이 더 많이 받는다. 연간 3일의 연수를 의무화하고 있는 핀란드에 비해 우리는 60시간(전일제로 따지면 2주에 해당)을 거의 모든 교사가 이수하고 있다. 그 외에도 자발적으로 다양한 연수를 찾아다니며 전문성 향상을 위해 노력하고 있다.

그런데 왜 우리는 교육의 힘을 교사로 보고 있지 않은가? 교육 당국도 학부모도 심지어는 학교 관리자도 교사들을 전적으로 신뢰하지 못하기 때문이다. 신뢰가 부족하니 자율성을 제약하고 교육적 한계를 느끼는 교사들은 자신감을 잃어가고 있다. 신념대로 가르칠 수 없는 교사의 교육력은 허약하고 어떠한 교육적 비전도 제시할 수 없다. 교사에 대한 사회적인 신뢰 그것이 바로 핀란드 교육의 저력임을 깨달았다.

또 하나 이 책과 북유럽 교육 탐방에서 찾은 핀란드 교육의 핵심은 '개인의 존중'이었다. '사람'에 교육의 초점을 두는 것이다. 물론 우리도 사람을 길러내는 것이 교육이라 보고 있기는 하지만, 실제로는 '개인'은 전체에 묻히기도 하고 '존중'은 '성과'에 밀려 나기도 한다. '개인의 존중'은 저자가 쓴 많은 사례들의 바탕에 깔려 있다. 총기 난사 사건의 대책에서도 경비를 강화하는 게 아니라 "아이들의 마음을 보살피는 것이 중요하다. 경비 강화는 근본적인 해결이 될 수 없다."라고 하였다. 인간성의 중요함과 내면의 고통을 서로 나눌 줄 아는 공동체적 소통을 제시한 것만 보아도 그들 교육의 핵심을 추측해볼 수 있다. 교원 양성에서 가장 중시하는 것도 아이들 하나하나에 효과적인 방법을 늘 생각하는 것이라고 한다. 모어母語 교육의 중요성을 간과하지 않으며 자신의 문화적 배경을 소중히 여기도록 하는 다문화 교육, 학업성취도별 그룹 학습조차도 비교 경쟁이 아닌 개인의 학습권 선택을 존중하는 것 등 교육의 전 과정에 이러한 존중이 짙게 깔려 있다.

이 책을 읽으며 '나는 어떻게 아이들을 가르쳤는가?' 수없이 되뇌었다. 우리 반 아이들을 모두 다르게 보는 25개의 눈이 아니라 교사인 내가 생각하는 가장 효과적인 하나의 눈으로 아이들을 가르쳐왔다는 반성은 가장 큰 깨달음이었다. '개인의 존중'을 '효율성'으로 덮기도 했던 근시안적 시각을 넓혀야겠다.

저자가 끝맺음으로 내린 결론은 나의 견해와 완전히 일치하는 것으로 박수를 보내지 않을 수 없다.

"특별한 교육이란 없다. 어느 나라의 교육 방법을 보든, 어디서도 보지 못한, 타의 추종을 불허할 만큼 훌륭하다! 싶은 것은 없었다. 다른 점이 있다면, 교육의 목적과 방향에 관한 방침과, 그 나라가 처한 사회 상황, 추구해야 할 사회 디자인이다(p. 212)."

이 얼마나 명쾌한 결론인가! 이 책의 에필로그에 실린 나의 시각이 바로 이것이다. 또다시 우리의 것에 대한 성찰로 귀결된다.

『북유럽에서 날아온 행복한 교육 이야기』를 읽고

김남희_용산고등학교

북유럽에 관한 호기심이 생기면서 제일 먼저 읽게 된 책이다. 표지에 있는 아이의 맑은 미소가 얼마나 해맑은지 보는 나도 절로 미소 짓게 만든다. 북유럽 사람들이 생각하는 행복한 교육은 무엇인지 설레는 마음으로 책 표지를 열었다.

우선 이 책은 단숨에 읽어낼 정도로 재미있다.

저자인 첸즈화는 대만 사람으로 아시아의 많은 부모가 그렇듯이 두 딸에게 수학과 중국어 과외를 시키며 경쟁 교육을 했다. 그러다가 핀란드에서 두 딸을 키우며 6년간 사는 동안 광적인 경쟁 교육에 대해 회의를 느끼고 북유럽 교육에 관심을 가지게 되었다. 북유럽의 여러 학교와 세미나를 찾아다니며 수많은 교육자와 교사·학부모·아이들을 만나 인터뷰하고 토론한 것을 토대로 책을 썼다고 한다.

나는 이 책을 읽으면서 헬싱키의 어느 중학교 교장의 말이 가장 인상에 남는다. 왜냐하면 내가 평상시에 중요하다고 생각하는 것을 잘 이야기해주고 있기 때문이다.

■ 첸즈화 지음, 김재원 옮김, 다산에듀.

순위와 평기는 우리 사회에 불필요한 공황심리를 조장합니다. 우리가 애초에 교육 기회의 평등을 고수한 것은 자질이 비슷한 선생님을 불공평하게 분류하지 않기를 바라기 때문입니다. 그리고 선생님이 학생들에게 무리해서 성적을 올리도록 강요하는 것을 원하지 않기 때문입니다. 학생, 학부모와 사회가 일류 학교 신드롬에서 벗어나려면 안정된 교육 기초가 있어야 합니다. 유치원에서 시작해 초·중·고를 거쳐 대학까지 모든 단계에서 균형을 잃어서는 안 됩니다. 만약 그중 어느 단계에서든 균형을 잃는다면 우리가 그토록 원했던 공평하고 균등한 사회는 사라지고 맙니다. 사람들은 '좋은 학교 입학'에 급급해지고, 밤새워 공부하라고 자녀를 몰아댑니다. 그렇게 되면 아무리 즐겁게 공부하는 것이 중요하다고 한들, 더 좋은 교육개혁을 한들 모두 물거품이 될 것입니다.

성적이 우수한 학생을 칭찬하는 걸 당연시했던 것도 다시 한 번 더 점검해보아야 한다는 생각을 하게 되었다. 우리들이 바라는 인재의 모습은 똑똑하고 공부를 잘하는 학생이 아니라 다른 사람을 이해하고 사회적인 정의감을 갖고 있는 모습이다. 우리의 교육 목표도 소수의 엘리트 선발이 아니라 학생들의 강점이나 취약점에 상관없이 누구나 존중받고 배려받고 보호받고 키워져야 한다는 것을 이 책은 일깨워주었다. 행복한 교육이란 바로 '존중'과 '소통' 그리고 '평등'이라는 기본적인 가치 위에서 이루어지는 것이다. 우리의 교육도 이런 가치 위에서 다시금 고민되어야 하며, 학생들이 행복해하는 그날이 오기를 바라본다. "한국에서 날아온 행복한 교육 이야기"로 책이 쓰이는 날이 오리라 믿는다.

『핀란드 교육혁명』을 읽고 Ⅰ

박득원_정신여자중학교

두 번이나 군인을 동원한 혁명 또는 쿠데타를 겪은 우리나라 사람들에게 혁명은 어쩌면 익숙한 단어가 되어버린 지도 오래인 것 같다. 외세에 늘 시달리고 일제 식민지와 그로 인한 침탈, 6·25라는 동족상잔의 비극이 우리들의 마음을 더욱 조급하게 만들었는지도 모른다. 그래서인지 백년지대계百年之大計의 교육에서도 백 년은 고사하고 십 년도 못 기다리고 정권이 바뀌고 교육의 수장이 바뀔 때마다 조삼모사朝三暮四 식으로 교육도 덩달아 바뀌는 일이 다반사였다.

이 책은 여러 분야의 전문가들이 우리나라 교육의 현안을 들고 핀란드를 방문하고 기록한 글이다. 일제 식민지 잔재도 제대로 청산하지 못한 상황에서 마치 황무지에다 장미꽃을 심듯이 미국식 교육을 무분별하게 추종한 결과 경쟁과 입시, 지식 암기식 교육이 한국 교육을 지배해왔다. 황무지에도 꽃은 필 수 있다. 그렇지만 제한된 성장일 수밖에 없고, 더 많은 노력을 필요로 하지만 소모적일 수밖에 없는 상황이다. 도저히 헤어 나오지 못하는 입시 위주의 교육

■ 한국교육연구네트워크 총서기획팀, 살림터.

현실에서 마치 교육적 혁명이라도 할 각오로 개혁적인 성향의 참교육연구소와 교육개혁 시민운동연대에 속한 사람들이 핀란드를 찾은 것이다.

입시와 경쟁 위주의 우리나라 교육 현실에서 그토록 열망해왔던 참교육이 다시 희망을 잃어가던 시기에 경쟁이 아닌 협력, 일등이 아닌 꼴찌를 먼저 생각하는 나라인 핀란드를 9박 10일간의 일정으로 둘러보기도 하고, 많은 이야기를 듣기도 하고, 나름 연구를 하여 발견한 교육에 대한 희망을 세상에 알리고 정보를 공유하고자 하고 있다. 중학교 교사로서 다루어진 모든 내용을 언급하기에는 무리가 따른다. 또한 교육 전문가들이 많은 시간과 방대한 자료를 바탕으로 기록한 내용에 대해 조목조목 따질 만한 능력과 학식 또한 갖추고 있지 않다. 다만, 핀란드를 보고 온 교육자의 한 사람으로서 핀란드 교육이 지금 우리나라 교육에 던져주는 희망의 메시지에 대한 나의 소회를 피력하는 정도에서 다루고자 한다.

1부에서는 핀란드 교육 현장을 보고 나서 느낀 핀란드 교육에 대한 감동과 소회를 다루고 있다. '라스텐 레우블라'라는 성장 발달 기록 속에 담겨 있는 교육적 의미는 조기 교육을 시켜서 경쟁 우위를 차지하게 하려는 것이 아니라는 것이다. 여기도 조기 교육이 있지만, 우리의 조기 교육이 영재를 키우기 위한 것이라면 핀란드의 조기 교육은 뒤처지는 아이를 만들지 않는 데 역점을 두고 있다는 것이다. 학원이 없는 나라, 경쟁이 아니라 협력을 우선으로 하는 나라가 핀란드이다. '학업성취도 국제비교연구PISA'에서 높은 성적을 거둔 나라, 그렇지만 뛰어난 상위 그룹이 많아서 높은 것이 아니라 하위 그룹이 적어 높은 나라이다. 그래서 낙오자가 없는 교육을 실현한 나라이다.

2부에서는 유치원에서 대학교 교육에 이르기까지 그 속에서 이루어지고 있는 혁신적 교육개혁의 노력과 성공, 그리고 종합학교와 직업학교, 최고의 교육을 이끌어내도록 구성된 교육 환경, 지방자치단체의 복지 재정 조달 체제, 예술교육 등에 대한 실질적 자료를 근거로 많은 이야기를 담아내고 있다. 특히, 라또까르따노 종합학교를 탐방하고 기록한 내용은 우리에게 실로 많은 것을 시사해준다. 학교의 중심을 학생에 두고 있으며, 학생을 위해 최선을 다하는 교사, 전폭적으로 지원하는 핀란드 정부와 지방정부, 그리고 교육청을 발견하게 된다. 일하는 교장, 모두에게 개방된 교장, 교사와 함께하는 교장, 함께 연구하고 지원하는 교장의 모습을 발견할 수 있는 학교이다.

완벽한 통합 교육의 무학년제가 실시되고 있으며, 개인의 발달과정에 따라 개별적 목표를 정하고 그 성취도에 따라서 개인적인 학습 디자인을 해주는 시스템이다. 학교 전체가 하나의 시스템으로 흘러가야 하기 때문에 완벽한 협력 체제로 운영되고 있음을 보여준다. 2명 또는 3명의 교사가 한 교실에서 학생을 지도한다. 모둠으로 나누어 가르친다. 다양한 능력의 아이들이 있지만 잘하는 아이가 주된 관심사가 아니라 느린 학생이 더 뒤처지지 않도록 하는 것이 목표이다. 먼저 가야 먼저 도착한다는 우리의 경쟁 방식이 아니라 늦게 가지 않도록 지도하고 함께 가도록 유도한다는 것이다.

핀란드 교육의 성공에 중요한 몫은 역시 교사이다. 핀란드 교사 교육은 연구 중심으로 이루어지고 있다. 연구하는 교사는 결코 학생이나 학부모로부터 비난을 받지 않는다. 실력이 능력이다. 핀란드 교사들은 학생들로부터 신뢰와 존경을 받는다. 이러한 신뢰로부터 창의적인 교수법이 만들어지고 새로운 것을 창출하려는 열정을 불러일으키는 것이다.

3부에서는 핀란드 교육 성공의 역사적 배경과 사회문화적 조건이 무엇인지에 대해 이야기하고 있다. 핀란드 교육의 성공의 핵심은 학생 개개인의 성장을 중시하고, 남을 이기는 경쟁보다는 함께 학습하는 법을 익히는 교육, 교사와 학교의 전문성과 자율성이 존중되는 교육, 모두가 높은 수준으로 제대로 된 기회를 누리는 교육이라는 것이다. 이러한 과정에서 수월성이 묻히는 것이 아니라 평등성을 확보하면서 교육개혁을 진행해왔으며, 1960년대 이후의 교육개혁의 성공을 이끈 정신이 되었던 것이다. 또한 핀란드 교육개혁의 성공은 종합학교라는 시스템에서 찾아볼 수가 있으며, 이는 새로운 산업에 대한 수요가 증가하고 변화하는 사회경제 구조에 능동적으로 대처하기 위한 노력의 일환이었던 것이다. 우리나라가 경제논리에 의해서 교육의 정책 변화를 가져오는 것과는 달리 핀란드는 교육제도의 개선을 통해 경제 발전을 꾀하고 있다는 것이 다른 점이다.

아호Aho 등이 주장하고 있듯이 핀란드 교육의 성공은 6가지 요소로 요약이 된다.

첫째, 모든 사람에게 동일한 기초교육 제공.

둘째, 우수한 교사와 교사 교육.

셋째, 지속성 있는 리더십.

넷째, 교육혁신을 가치롭게 여기는 사회적 인식.

다섯째, 유연한 책무성.

여섯째, 신뢰의 문화 등이다.

이러한 가치와 성공 요소가 종합학교라는 틀에 모두 녹아 있으며, 40년에 걸쳐 진행해온 개혁이 이념, 제도, 그리고 전략이 상호 보완적으로 일관성을 갖고 작동했기 때문이라는 것이다. 동시에 신뢰에 바탕을 둔 사회 운용 체제와 교육개혁의 과정이 우리나라와는 사뭇 다르며, 지속성 있는 리더십이 핀란드 교육을 더욱 발전시켰다고 말하고 있다.

PISA 테스트는 핀란드 교육이 어떻게 그리고 왜 우리에게 교훈이 되고 본받아야 하는지를 극명하게 보여주는 자료이다. 핀란드는 모든 분야에서 최상위를 이루고 있으며, 우리나라가 관심을 갖게 된 이유도 거기에 있다는 것이다. 우리나라도 최상위권에 있지만, 질적인 차이가 존재한다. 핀란드는 단지 최상위에 위치한다는 점 이외에도 학생들이 비교적 높은 흥미도를 유지하면서 협력과 평등의 교육 속에서 학업성취를 이루어간다는 것이다. 특히, 우리나라처럼 학교 간 변량의 범위가 크지 않고, 학생들이 순응적이고도 중도 탈락률이 낮다는 점이 다르다. 물론, 최고의 복지국가 중의 하나인 핀란드와 우리나라를 단순 비교하는 것은 무리가 있는 것이 사실이다. 핀란드의 경우, 국가가 국민의 교육과 복지를 책임지는 상황에서 정책의 일관성과 집행성이 수월하지만, 우리의 현실은 그와는 많은 차이가 있다. 개인의 불확실한 미래에 대해 개인이 전적으로 책임을 져야 하는 사회에서는 경쟁력 확보만이 살아남을 길이고 그러다 보니 치열한 전쟁터를 방불케 하는 교육 현장이 될 수밖에 없는 것이다.

4부에서는 성공적인 핀란드 교육을 신뢰·돌봄·통합·자율이라는 4가지 기저에서 교사 교육·통합 교육·유아 교육을 살펴보고, 핀란드와 우리 교육을 대차 대조하여 비교분석하고 있으며, 신뢰와 자율과 민주주의로 운영되는 핀란드 교육정책과 행정을 심도 있게 관찰하고 있다. 몇 년간 핀란드가 기록한 PISA 성적이 교사로부터 비롯되었다는 점을 강조한다. 핀란드의 교사는 성실한 교사로 인식되어 학생과 학부모로부터 존경과 신뢰를 받고, 이를 바탕으로 전문적 자율성을 행사하며, 자신의 직업에 대한 높은 만족도가 교육 혁신의 주체로 자리매김하고 있음을 강조하고 있다.

국가와 의회가 교육정책의 방향과 원칙 그리고 철학과 목표를 분명히 제시하고, 지방행정은 이를 구현하기 위해 자율적이고 창의적인 노력을 하고, 국가는 이를 허용하고 있음을 밝히고 있다. 교육행정에 있어서도 교사를 깊이 신뢰하고, 교사의 전문적 권한을 충분히 인정하면서 교사 간의 협력적 교수를 진작하고 학부모가 교사의 대화나 학부모의 학교 운영에 적극적으로 참여할 수 있도록 사회적 분위기가 조성되어 있다. 특별히 교사의 전문성을 존중하고 교사 교육에 있어서도 성찰을 중요시한다는 점에서 핀란드 교육의 중심에 교사가 우뚝 서 있음을 알 수 있다.

2012 '학업성취도 국제비교연구PISA'에서 핀란드는 수학, 읽기, 과학 3개 영역에서 각각 12위·6위·5위를 기록했다. 2003년, 2006년에는 최상위권을, 2009년에는 6위·3위·2위에 들었던 데 비하면 하락폭이 꽤나 크다. 그렇다면, 지금까지 교육의 천국으로 여겨졌던 이들 나라에 무슨 일이 일어난 것일까? 급격한 성적 하락의 원인으로 여러 가지 분석이 나오고 있다. 핀란드와 스웨덴 학교를 방문하였을 때, 교육 관계자들이 걱정하는 부분이 바로 이주민의 증가로 인한 문제가 교육에도 영향을 끼친 게 아닌가 하는 점이었다. 또한 알코올과 마약 같은 향정신성 의약품에 손을 대는 청소년들이 늘어나는

254

것을 우려하기도 하였다. 세상 어디에나 문제는 있기 마련인가 보다. 사람들이 사는 세상인데 문제가 없을 리가 없다.

2012년 PISA 결과를 놓고 핀란드 교육 당국도 무척 실망한 듯한 주장들을 내놓고 있다. 얼마 전 한국을 방문한 끼우루_{Kiuru} 핀란드 교육부 장관이 다양한 분야의 교육 전문가들과 정책 결정자, 학생과 학부모가 모여 지금까지의 교육을 반성하고 새로운 연구 개발이 필요하다고 말하는 기사를 본 적이 있다. 학생과 학부모가 교육개혁의 전방위에서 그 역할을 할 수 있다는 것이 부럽기만 하다. 한편으로 뒷골이 오싹한 이유는 무엇일까? 우리도 외국인 이주민과 그 자녀의 교육문제에서 자유롭지는 못하다는 사실이다. 이들 나라가 겪는 문제가 곧 우리의 문제가 될 수 있다는 사실에 온 국민이 한마음으로 해결 방안을 모색할 필요가 있다고 본다. 몸에 좋다면 뭐든 찾아 먹는 몬도가네식 우리네 식습관이 교육 분야에도 예외 없이 나타났던 것도 사실이다. 2003년부터 PISA에서 두각을 나타낸 핀란드를 "경쟁이 없는 평등 교육", "미래는 핀란드에 있다", "핀란드 교실에는 폭력이 없다", "핀란드 학교는 천국이다" 등등으로 지나치게 좋은 점만 바라보고 과장하거나 과대 포장한 면도 없지 않다. 우리의 현실과는 동떨어진 많은 요소들을 논의의 중심에서 제외하고서 말이다. 또 다른 한편으로는 걱정이 되는 것은 양적인 결과에 집착해서 PISA에서 좋은 결과를 낸 싱가포르나 홍콩으로 우리 교육의 방향이 선회될까 봐 두렵다.

어떤 이는 우리나라 교육에는 철학이 없다고 한다. 그렇다고 우리나라의 교육철학을 핀란드에서 찾을 수는 없지 않나 싶다. 크로포스 헬싱키대 교수(교사교육학)가 우리에게 전해주는 말을 곱씹어

볼 필요가 있다고 본다. 그는 "교육은 방법론의 문제기 아니라 철학의 문제"라면서 "교육철학과 이념 문제는 다른 이상 모델을 이식하는 게 아니라 그 나라의 사회 구성원들이 합의해 풀어가는 게 가장 바람직하다"(『세계일보』 2012년 6월 17일)고 강조했다. 교육은 일부 정치가와 정책 결정자, 교육운동가의 몫이 아니기 때문이다. 겨울에는 시리고 여름에는 뜨거운 교실에서 묵묵히 지도하는 교사와 공부하는 우리 아이들을 생각하고, 학부모의 입장에서도 교육을 바라보아야 또다시 실패하지 않을 것이다. 『핀란드 교육혁명』을 통해서 교육의 주체가 하나가 되어 아이들을 살리는 교육, 즉 경쟁 없이 협력하는 교육, 1등을 위해서가 아니라 뒤처지는 아이가 없도록 하는 교육, 교사의 전문성에 대한 신뢰와 존경이 있는 교육을 바탕으로 교사가 주도적으로 이끌어가는 교육이 가능할 때, 세계가 부러워할 선진 교육을 이룩할 것이라고 믿는다.

『핀란드 교육혁명』을 읽고 II

박지현_반포고등학교

2010년 핀란드 교육에 대해 우리나라에 뜨거운 관심이 불면서 핀란드 관련 서적이 쏟아져 나왔다. 그 주요 배경은 국제성취도비교평가인 PISA와 TIMSS 등에서 우리나라 학생들과 비교되는 결과 때문이었다. 그때까지 우리에게는 잘 알려지지도 않았던 북유럽의 한 국가였던 핀란드가 북아메리카와 서유럽의 다른 나라를 제치고 우수한 성적을 거두었을 뿐 아니라 학생들이 학습을 즐겁고 자신있어 한다는 것은 성적이 우수한데도 수학이나 과학에 대한 정의적 특성이 낮았던 우리 교육에는 충격이었다.

이 책은 39인의 교육 전문가라 소개된 국내 유수 대학의 교수와 서울시교육위원, 교육개혁 시민운동연대 운영위원장, 각종 교육연구소 소장 등이 2009년 1월 한 주간에 스웨덴과 핀란드를 방문하여 쓴 일종의 보고 기행문이다. 따라서 교육자의 눈으로 핀란드의 교육이 성공할 수 있었던 배경과 철학을 탐방의 경험을 중심으로 편한 문체로 쓰고 있다.

■ 한국교육연구네트워크 총서기획팀, 살림터.

이 책은 핀란드에 대한 지식과 정보가 거의 전무하던 당시의 현실에서 탐방한 학교의 상황을 자세히 기술하고, 핀란드의 교육과 문화에 대한 정보 및 교육개혁 운동을 소개하는 글로 이루어져 있다. 1부는 핀란드에서 우리 교육을 생각하는 내용으로 경쟁과 협력으로 대표되는 두 나라의 교육 문화에서 우리의 교육을 되짚고 있으며, 2부는 탐방한 학교와 기관을 중심으로 핀란드 교육의 특징을 기술하고 있다. 3부는 핀란드 교육의 성공 배경을 역사적 배경과 교육개혁의 과정을 중심으로 사회문화적 조건을 제시하였고, 4부에서는 핀란드 교육 성공의 저력을 교사 교육과 통합 교육, 사회민주주의에 기반한 교육 정책 등을 들어 소개하고 있다. 구체적인 핀란드의 교육 현장과 지금의 교육문화의 배경을 알고 싶은 독자에게는 이 책을 권한다.

다만 이미 그동안 숱한 방문과 보고된 자료에 의해 핀란드의 교육 모습이 이제는 꽤 익숙할 수도 있고, 교육 전문가로 칭하는 대학교육자와 정책운동 참여자들이 주를 이룬 저자들을 통해서 당시 핀란드 교육의 장점과 우리 교육의 한계를 보여주는 데 머무르고 있어, 그새 많이 변화를 거쳐온 우리 교육 현장과 바른 비교가 되고 있지는 않은 듯하다. 특히 저자들이 실제 학교 현장에 있는 사람들이 아니기에 교사의 입장이나 학생의 입장이라기보다는 정책 제언을 위한 제3자의 입장을 취하고 있어, 우리 교육 현장에서 느끼는 부분과는 다소 차이가 있다.

특성화 고등학교를 육성하고, 통합과 융합 교육을 시도하며, 교사교육에서 실천과 이론의 조화를 추구하고, 협력적 교사 공동체를 구성하는 등 그 사이에 우리 교육도 다양하고 급속하게 변화를 시도해온 것이 사실이다. 그러한 면에서는 이 책을 읽으며 그 사이 두 나라가 서로 영향을 끼치며 우리 교육이 얼마나 변했는지를 찾아보는 것도 작은 재미일 수 있을 듯하다.

2013년 12월 말 PISA 2012의 결과가 보도되며, 또다시 우리는 핀란드의 결과에 주목하였다. 성공적인 교육이라고 말했던 핀란드가 이번에는 성적이 다소 떨어졌다. 특히 수학에서 12위권으로 크게 떨어지면서 자국 내 공영 매체 핀베이Finbay는 "핀란드 교육의 황금 시절은 끝났다."고 혹평을 하거나 또 다른 매체인 YLE은 "핀란드의 교육: 새로운 노키아?"를 통해 핀란드 교육을 자국의 기울어져가는 노키아 회사를 빗대어 꼬집기도 했다. 우리는 우리의 성적이 불변함에 한편으로 안도하면서 그렇게 해답을 찾기 위해 자주 찾던 핀란드의 성적 하락에 적지 않은 충격을 받았다. 그러나 성적이 떨어지면 교육 전체가 문제가 되는 것인가? 여전히 이 학생들은 학습을 즐기고 있고 행복해하고 있다.

그동안의 관심이 잘못된 것이라고 생각하지 않는다. 핀란드 교육이 실패라고 단정 지을 수도 없다. 국제성취도비교 평가의 결과에 연연하기보다는 핀란드가 사회경제적으로 직면한 환경에서 '수월성과 형평성'을 위한 교육개혁을 어떻게 진전시킬지 지켜보고, 우리는 우리 교육의 한계를 어떻게 뛰어넘어 아이들의 행복한 교육과정을 만들 것인지 고민하는 시작점으로 삼아야 할 것으로 보인다.

그러한 면에서 핀란드의 교육혁명의 과정을 이해하고 개혁 중인 학교 현장을 이해하는 데 이 책이 기본서가 될 수 있을 것이며, 지금 펴내는 우리의 책이 그 이후의 과정을 현장 교사의 눈으로 보여 주는 책이 될 수 있을 것이라고 생각해본다.

『핀란드 공부법』을 읽고
-수업 들으면 되지, 학원을 왜 다녀?

이선희_신현중학교

고등학교에 다니는 일본 학생이 핀란드에서 일 년 동안 유학생활을 한 경험을 생생히 기록한 글모음이다. 유학생의 시각에서 자신의 느낌을 그대로 실어 생생함을 전달하고 있으며 학생의 어머니가 학부모의 시각으로 정리한 글이다. 학생과 학부모의 시각을 비교하며 읽는 재미도 꽤 있다. 글 속 핀란드의 교육 현장도 흥미로웠지만 일본과 비교하는 학생의 글에서 일본의 교육 현장까지 덤으로 함께 볼 수 있어서 핀란드, 일본, 한국 3개국을 비교하면서 읽을 수 있다.

교육열이 우리나라만큼 높은 일본의 평범한 학생이 겪는 핀란드의 교육 현장은 '차분, 조용히 생각하는, 함께 문제를 토론하고 합의하에 결론을 찾아내는, 경쟁보다는 부족한 사람을 배려하는' 등으로 표현할 수 있다. 그중 내 마음을 울리는 핀란드 교육 현장의 모습은 학원을 상상할 수 없는 교육 시스템이다.

■ 지쓰카와 마유·지쓰카와 모토코 지음, 송태욱 옮김, 문학동네.

> 핀란드의 고등학생들 사이에 있으면 학교가 '공부하는 곳'이라는 것을 무척 강하게 느낀다. 기본적으로 그들에게는 학교란 '배우는 곳'이라는 인식이 확실히 자리 잡고 있다. 때문에 일부러 학원까지 가서 배우고 싶지는 않다고 생각한다. 그것은 핀란드 학생들이 수업에 임하는 진지한 자세에도 나타난다. 그들은 수업 중에 절대로 졸지 않는다.
>
> 「수업 들으면 되지, 학원을 왜 다녀?」, pp. 95~96.

자신이 학업 면에서 부족하다고 느끼거나 교사가 지도하면서 다소 뒤떨어진 학생이 발생할 경우 그 문제를 학교에서 해결하는 것이 당연하다고 느끼는 사회적 믿음이 부럽다. 부럽다 못해 화가 날 지경이다. 이 감정은 다소 복합적이다. 남들 다 시키는 선행 학습 학원에 보내지 않고 있지만 내심 불안한 학부모로서, 공교육에 종사하면서 학업 면에서 심하게 뒤떨어진 학생들을 책임지지 못하고 있다는 부끄러움을 느끼는 중학교 교사로서.

우리나라에도 에세이식의 핀란드 시험 방법을 도입하면 우리 학생들이 암기식 공부를 넘어서고 그 결과 학생 스스로 생각하는 힘을 기를 수 있을까? 우리나라의 많은 학원들이 어떤 과목이든 암기식으로 지도하고 있다는 점에서 이러한 평가 방법은 대안이 될 수 있지만 논술이나 글쓰기 학원을 다시 입시 시장 전면으로 내세울 수도 있겠다.

그러나 내 사고에 근본적 오류가 보인다. 학원 문제를 해결하기 위해 시험 방법을 바꾸자는 주장은 결국 교육의 본질에 대한 고민에서 훨씬 거리가 멀어졌다. 핀란드와 우리는 시험 방법이나 교육 방법의 차이보다는 성장 동력이 되는 두 나라의 가치관의 차이라는 점을 간과했다. 경쟁을 통해 성장하는 우리와 평등을 통해 성장하는 핀란드, 두 개의 가치관 차이는 어느 것이 더 옳은가의 논점에서 이야기할 수 없다. 각각의 나라가 살아온 문화를 이해하는 것이 선행되어야 하고 각 문화가 가진 강점을 찾는 노력이 이어져야 한다.

우리나라가 근대화 이후 걸어온 길을 뒤돌아볼 때다. 핀란드 교육제도가 우리나라의 교육 문제에 대한 해답이 될 수는 없지만 분명의미 있는 참고 자료는 될 수 있다. 경쟁을 버리자고 하지는 못하겠다. 하지만 동물의 세계 같은 무한 경쟁이 아니라 인간 냄새나는 경쟁을 해야 한다. 그 인간 냄새가 '평등'과 '배려'일 것이다. 무조건 앞서가기 경쟁에 지친 우리들이 핀란드의 교육에서 향수를 느끼는 것은, 각자 자기의 발걸음을 소중히 여기고 더 나아가 함께 가지 못하는 사람들을 손 잡아주는 배려 때문이다. 우리 역사를 되짚어보건데 우리의 DNA 안에는 배려의 유전자가 있음을 우리는 알고 있다. 이제 어떻게든 살아내느라 잠시 잊었던 그 유전자를 기억하면서 교육의 방향을 다시 찾아보아야 한다.

『핀란드 교실혁명』을 읽고,
- 우리 교실 이데아를 꿈꾸며

이인순_수락고등학교

(비록 사교육 기관이기는 하지만) 비상교육 공부연구소장 박재원 씨 (이 책의 옮긴이, 해설자)는 강남에서 가장 많은 학생들을 상담해온, 한국 교육의 장단점을 속속들이 알고 있는 전문가라고 이범(교육평론가)은 이 책 추천의 글에 썼다. 이 책의 '옮긴이'이기도 한 박재원 씨는 원저의 5장 '핀란드라는 거울에 비친 일본의 교육'의 경우에는 저자와 출판사에 양해를 얻어 통째로 들어내고서 우리나라 이야기로 채워 넣는 과감함도 보여준다.

2013 학습연구년 특별연수 서울 초중등 교사 북유럽 3개국 교육 탐방 시에 가보게 될, 핀란드, 스웨덴, 노르웨이 등 북유럽의 나라들은 내게는 상당히 낯선 곳이다. 살아봤다는 물론이고 다녀왔다는 사람조차도 주위에서 잘 보지 못했다. 잘 몰라서인지 북유럽의 교육을 설명하는 여러 책들을 읽으면서 그네들을 소개하기에 바쁘다는 인상이었다.

■ 후쿠타 세이지 지음, 박재원·윤지은 옮김, 박재원 해설, 비아북.

263

북유럽 국가들은 몸집이 작다. 이를 특성으로 살려낸 이 국가들의 모든 제도들은 오랜 시간 동안 지난하게 전 사회적 합의를 감내한 결과로 이루어낸 산물들이다. 따라서 이들의 정책은 (일본이나 미국 등의 정책에 비해 더더욱) 우리나라로 고스란히 들여온다고 해서 결코 흉내 낼 수 있는 성질의 것이 아니다. 더구나 이네들의 교육행정과 사회문화의 배경을 이루는 가치 철학은 우리와는 달라도 너무 달라서, 이들이 구현해낸 교육은 분명 좋아 보이면서도 우리 현장에서도 그렇게 그려낼 수 있을까에 대해서는 상당히 의문이었다.

그런데 다른 책과 차별화되는 이 책의 특이한 형식은 해설자 박재원 씨의 '해설commentary' 코너에 있다. 소제목별로 핀란드 교육을 소개하는 한 편의 글이 끝나고 나면 '핀란드 vs 대한민국'이라는 공통 제목을 가진 해설 부분에서, 예를 들면, '핀란드에서 자체 분석한 교육 성공 요인 10가지 vs 이 요인 10가지에 대한 한국 교육에의 단순 대입 결과', '스스로 공부하는 아이들 vs 스스로 공부하지 않는 아이들', '학생의 좌절을 국가적 손실로 보고 최대한 차별을 줄이려는 시스템 vs 다양한 차이를 절묘하게 활용하여 탈락시키는 시스템', '맞추겠다 vs 따라와라', '참여식 vs 주입식', '복식 학급 vs 수준별 학급', '인간인가(담당 과목을 배우는 아이들을 돕는 사람으로서의 교사의 역할) vs 과목인가(담당 과목을 잘 가르치는 사람으로서의 교사의 역할)' 등과 같은 '부제' 아래, 해당 소단원 주제에 관해 우리의 '교실' 모습에 대한 성찰거리를 던지고 있다.

단순히 개인 차원의 성찰에서 멈추지 않고 연구거리와 정책수정거리도 제안한다. 해설자의 전문성이 가장 돋보인 부분은 이어지는 "생각거리"였다. 구체적인 상황 맥락에서 질문을 제시하고 이 질문에 대한 해설자 나름의 답을 핀란드의 경우와 우리나라의 경우로 구분하여 제시하고 있다. 이 "생각거리" 질문들에 나도 나름대로의 답을 달아가노라니 여러 가지 생각이 들었다. 대한민국의 공립학교 교사인 나는 과연 학생 개개인의 '의욕'을 관리하는 전문가라고 할 수 있는가? 학생 만족도 평가에서 좋은 평가를 해준 아이들 덕분에 학습연구년 특별연수라는 호사를 누리고 있는 나는 과연 학생 '한' 명 '한' 명이 수업에서 주인공이라고 인식해왔는가? 일방적으로 수업을 진행하고 진도를 다 나갔다고 주장한다는 해설자의 비판에서 나는 자유로운가? 나는 학생 개개인의 학습의 효과를 책임지려는 열의가 있는가? 핀란드 교사들은 평균적으로 다들 그렇다는데, 나는 그렇게까지 하는 게 도대체 가능은 하겠느냐는 생각마저 든다면 잘못된 마음인 것 같기는 한데, 그게 나만의 잘못일까?

하지만 학교 아이들의 눈망울을 떠올리니, 그리고 우리 집의 두 아이들을 떠올리니…… 학교에서 손꼽히게 공부 잘하는 큰아이가 특목고를 가겠다고 마음먹었던 순간부터는 정규 고사마다 단 한 개의 실수에도 엄마로서 아이와 함께 가슴 졸여야 했던 기억이 있다. 해맑고 그리기와 만들기를 잘하나 도대체 공부에 대한 개념이 없는 작은아이를 지켜보면서 아이의 미래 행복에 대한 염려로 차라리 까불기라도 하면 선생님들께 몇 대 맞고서라도 정신 차리지 않을까 안타까워했었다.

올해에는 가르침을 잠시 내려놓으니 아이들의 배움이 보인다. 배우는 게 재미있고 인생에 도움이 된다, 언제라도 열심히 노력하면 성공할 수 있다, 개인의 차이는 비교 대상이 아니라 배려 대상이며 필요하면 반드시 도움을 받을 수 있다는 것을 의심치 않는 선생님과 아이들이 만들어내는 핀란드 교실 풍경…… 나는 그리 대단한 교육철학이 있는 교사가 아니다. 다만 아이들이 행복하면 나도 행복한 교사이기는 한 것 같다. 아마도 우리나라 대부분의 교사들이 같은 마음이지 않을까? 아이들이 어떤 식으로든 부정적인 반응을 보여 오면 나에겐 깊은 상심과 상처가 된다. 이 책은 나와 아이들이 함께할 교실에서도 좀 더 잘해보고 싶은 새로운 도전거리와 함께 해볼 만한 것이 있겠다는 용기도 준다. 어려워도 내가 해보아야겠다는 사명감에 가깝다. 느낌 아니까! 북유럽을 다녀오고 나면 이런 도전거리와 용기가 좀 더 구체적인 그림을 그려내지 않을까 싶다.

『열다섯 살 하영이의 스웨덴 학교 이야기』를 읽고

박지선_상계중학교

하영이는 열다섯 살의 눈으로 스웨덴에서의 생활을 자세하게, 그리고 덤덤하게 썼다. 책을 읽으면서 내용이 술술 읽히는 것도 하영이가 자신이 겪은 일들을 쉽게 잘 썼기 때문일 것이다. 글은 담백하면서도 한국이나 스웨덴의 다른 문화들을 어느 한쪽이 우월하게 비교되지 않도록 균형감을 지니고 있다. 우리나라와 여러 가지 비교되는 점한 것들이 있는데 그중에서 '교사와 학생 간의 관계의 관계'를 다룬 내용이 가장 맘에 와 닿는다.

하지만 스웨덴에서 선생님과 학생의 관계는 평등에서부터 시작한다. 그들은 서로 이름을 부르고, 뭔가가 필요할 때는 서로 의견을 묻고, 어떤 일을 잘못하면 책임도 당사자가 진다. 심지어 존댓말조차 없다. 물론 한국어처럼 뚜렷한 존댓말, 반말 구분이 있는 것은 아니지만 상대를 칭찬할 때 조금 더 정중한 호칭은 분명히 있다. (중략) 아무리 '님'자를 붙여가며 공손한 존댓말을 써도 서로를 존중하지 않으면 예의 바르다고 할 수 없다는 것이다.

■ 이하영 지음, 양철북.

서구의 문화가 그러하듯 스웨덴에서도 어른과 아이의 호칭으로 예의를 규정하는 것이 아니라 서로를 존중하는 점에서 예의를 찾는다. 여기까지는 다른 서구의 나라와 별반 다름없다. 스웨덴에서 교사와 학생 간의 관계가 좀 더 평등하다고 생각된 것은 이른바 '일바' 사건 때문이었다.

일바는 하영이의 친구로 일본과 중국 문화에 관심이 많은 학생이다. 수학을 끔찍이 싫어해서 수학 시간에 공부를 전혀 하지 않고 매일 낙서로만 시간을 보낸다. 그런 일바를 수학 교사인 망누스가 불러 보충 수학반으로 옮기는 것이 어떤지 생각해보라고 권했다. 온화하고 차분한 표정으로 시종일관 이야기하는 교사에 반해 학생은 선생님의 모든 물음에 "싫어요."라고 기계적으로 답하며 화난 표정으로 일관하며 나가버렸다. 일바는 그날 이후 학기가 끝날 때까지 수학 교과서를 펴지도 반을 옮기지도 않았다.

하영이는 그런 일바의 행동을 한국에서 도저히 이해되지 못할 기행(?)이라고 표현한다. 한국의 교실에서 그런 행동을 하는 학생은 한마디로 싸가지 없는 학생이다. 그런 행동을 하면 교사의 지시 불이행으로 교실 밖으로 쫓겨나거나 벌점 혹은 학부모 상담까지 있을 수 있다. 그런 학생을 방치하면 교사의 능력이 없는 것으로 치부되기도 한다.

며칠 전 만난 동료 교사의 이야기를 소개해보겠다. 그 선생님은 경력이 30년 정도 된 배테랑 여교사로 지금까지 교직에서 효능감을 느끼며 지내온, 능력 있다고 자타가 공인하는 분이다. 주당 1시간씩 중3 과학을 담당하였는데 시험을 앞두고 자습을 시켰으나 너무 떠들고 자습을 하지 않는 학생들이 많았다고 한다. 목도 아프고 힘도 없어서 그냥 보고만 있었더니 어느 학생이 선생님께 나와, 선생님이 그냥 보고 계시면 어떻게 하느냐, 떠드는 학생들을 불러서 지도하고 조용히 시켜야 되지 않느냐, 떠드는 학생들 때문에 공부를 할 수 없다고 항의를 해서 결국 모두 엎드리게 하고는 조용히 시켰다고 했다. 그 순간 내가 이런 소리를 학생에게 들어야 할 정도로 무능하구나라는 자괴감을 처음 느꼈고 빨리 교직을 그만두는 것이 좋겠다는 생각이 들었다고 했다.

스웨덴에서 학생이 교사에게 이런 항의를 하는 것은 자신의 의견을 정직하게 이야기 했다고 칭찬받을 일일까? 그런 왁자지껄한 교실의 분위기를 스웨덴의 교사는 아이들의 생각이 자유롭게 오가는 자연스러운 현장이라고 생각할까? 숙제를 열심히 해오는 아이를 더 이상하게 생각하는 스웨덴의 학생들이라면 이런 항의도 하지 않겠지만.

우리 교실에서 교사는 어느 정도까지 학생들과 평등한 관계일까? 그런 관계를 학생들은 정말로 원하는 것일까? 자신들의 입시에 도움이 되도록 주입식 공부를 많이 시키는 교사를 더 원하는 것은 아닐까? 교사로서의 자존감을 유지하면서 교직 생활을 하기 위해서 나는 어떤 교육철학을 가지고 학생들과의 관계를 유지해야 할까? 많은 생각들이 오간다.

『노벨과 교육의 나라 스웨덴』을 읽고

임창균_중곡초등학교

이 책을 읽고 전반적인 생각은 역시 북유럽이 이렇게 발전할 수 있었던 것은 정직, 근면, 성실의 국민성과 청렴한 정치, 사회를 이끌어가는 지도자들의 의식 등이 밑바탕에 있다는 것이다. 우리나라도 정말 선진국으로 발돋움하려면 이제 정치, 경제, 사회를 이끌어가는 지도자들의 청렴과 조금은 불편하지만 규칙을 준수하고 서로 믿는 신뢰가 꼭 필요함을 다시 한 번 느끼게 되었다. 스웨덴은 우리나라와 같이 여러 가지 문제를 가지고 있으며 문제들을 해결하기 위해 계속해서 논의하고 합의를 이끌어감을 알 수 있었다. 스웨덴이 잘 사는 이유로 과학 기술 중시 풍토, 실용적인 교육 시스템, 우수한 외국어 구사 능력, 잘 확립된 산학 협력 풍토와 기반, 공직자의 청렴성과 작지만 강한 정부, 근로자의 투철한 근로정신, 협력적 노사관계, 대기업 위주의 성장주의 경제정책, 선택과 집중의 투자 방식을 들고 있다. 이 중에서 나는 가장 중요한 것이 공직자의 청렴성과 작지만 강한 정부라고 생각한다. 앞으로 우리나라를 이끌어갈 학생들에게

■ 박두영 지음, 북콘서트.

스웨덴처럼 정부와 사회 구성원이 서로 신뢰하면서 끊임없이 대화와 타협을 통해 삶이 윤택하고 편안한 복지국가를 만들기 위해 어떻게 교육을 할 것인가에 대한 고민이 좀 더 필요함을 느꼈다.

노벨에 대한 이야기에서 다음의 내용은 내게 많은 감명을 준 내용이다.

　　록펠러가 심각한 난독증이고, 매사를 남들보다 늦게 배우는 아이임에도 불구하고 자신감과 일에 대한 열정으로 꾸준히 매진하여 성공한 것은 두 거인의 공통점이다. 록펠러가 젊은 시절 직장에서 매일 새벽 6시 반부터 일을 시작한 점도 노벨의 근면성과 일치한다. 그리고 록펠러는 어려서부터 어려운 사람에게 늘 일정액을 기부해왔다. 결국 두 사람의 공통점은 자신의 일에 대한 지독한 열정으로 일구어낸 부를 미련 없이 사회에 환원했다는 점으로 귀결된다.

나에게서 배운 학생들 중에 록펠러나 노벨과 같이 자신에 일에 대한 열정과 자신감을 가지고 근면하게 일하며, 자신의 노력의 대가로 받은 물질적 축복을 이 세상에 어려운 사람들을 위해 기부하는 멋진 부자가 나오길 바라며 지도해야겠다는 생각을 하게 된다.

유대인이 노벨상을 많이 받은 이유를 53쪽에서 다루고 있는데 다문화를 많이 접하고, 생존을 위한 투쟁 과정에서 나온 경쟁력을 들고 있다. 우리나라도 두 번째 경쟁력은 있는 것 같고, 단지 다문화에 대한 것은 최근 많은 인재들이 해외에서 여러 문화를 접하면서 공부하는 모습에서 우리도 조만간 노벨상을 수상하는 인물이 나올 것이라는 필자의 의견이 재미있었다. 기러기 가족, 조기 유학의 폐해 등이 이렇게도 해석될 수 있다는 것이 정말 많은 생각을 하게 되었다.

스웨덴에서는 매우 실용적인 학문을 해서 지금의 복지국가를 건설했다고 하지만, 기본 바탕에 정직, 청렴의 윤리가 바탕 위에 실시되어서 가능하다는 생각이 든다. 현재 우리나라는 정직, 청렴의 윤리 교육이 더 필요하다는 생각이 든다. 학생들이 몰라서 실천되지 않는 것이 아니라 알고도 실천하지 않는 정직, 청렴의 윤리는 어떻게 교육해야 할까? 함께 고민해야 할 문제이다.

『나는 복지국가에 산다』를 읽고

이선화_서울문화고등학교

SKONO 신발, 팝그룹 시크릿가든, 음악가 그리그, 화가 뭉크, 탐험가 아문센, 작가 입센, 오로라 현상…… 저마다의 관심사에 따라 노르웨이를 떠올릴 수 있는 무언가가 있겠지만 나는 '박노자'라는 사람이 퍼뜩 떠오른다.

오래전 『당신들의 대한민국』과 『좌우는 있어도 위아래는 없다-박노자의 북유럽 탐방』을 읽으면서 그의 날카로운 통찰과 매우 진보적인 견해에 놀라기도 했지만 더욱 관심을 끈 것은 그의 특이한 이력이었다. 그는 러시아 태생으로 그곳에서 한국유학생을 만나 결혼을 하였고, 한국에서 살다가 2000년부터 노르웨이 오슬로대학에서 한국학 강의를 하고 있으며, 2001년에는 한국인으로 귀화한 인물이다. 이번 북유럽 3개국 교육 탐방을 가면서 오슬로대학도 탐방하고 개인적으로 그를 만나기를 바랐으나 일정상 이루어지지 않아 안타까웠다.

교육 탐방을 가기 전 학습연구년 서울 초중등 교사들은 북유럽 교육과 관련한 단행본들을 읽으며 여러 차례 토론을 했는데, 핀란드

■ 김건 외 지음. 꾸리에.

273

교육에 관한 책은 넘쳐나는 반면 스웨덴과 노르웨이의 교육을 집할 수 있는 책은 그리 많지 않았다. 그런데 교육 탐방을 마치고 돌아와 보니 노르웨이의 속살을 엿볼 수 있는 책을 만날 수 있었다.

이 책은 박노자처럼 노르웨이에 십여 년 이상 살고 있는 한국인들과 그곳에서 자란 입양아가 노르웨이의 예술 교육, 출산육아 정책, 교육, 의료, 노인복지, 이민 정책 등에 대해 자신의 경험을 버무려 보다 쉽게 전달하고 있다. 읽기 전에는 나도 가서 살고 싶다는 강렬한 욕망을 들쑤시는 듯 보이지만 저자들은 노르웨이라는 국가를 막연한 선망의 대상으로만 보지 말 것을 공통적으로 당부하고 있다.

노르웨이는 정치적으로 사회민주주의를 표방하지만 개인소득은 물론 나의 모든 데이터베이스를 국가가 알고 있기에 일종의 전체주의 사회라고 박노자는 말하고 있다. 특히나 국가의료보험 절차의 문제점을 김건은 이렇게 적고 있다. 병이 생겼을 경우 우리나라는 매우 신속하게 병원을 알아보고 빠르게 처방할 수 있는 반면에 그곳은 집근처 1차 병원의 지정 주치의로부터 반드시 소견을 받아야만

노르웨이 오슬로의 비겔란 공원

2차 병원 이상을 갈 수 있으며 그 대기 시간이 몇 달이 걸릴지 모른다는 것이다. 의료비 역시 감기 같은 질병은 훨씬 개인 비용이 많이 지출된다고 한다.

또한 노르웨이는 경제적으로는 철저히 자본의 논리를 바탕으로 하고 있어 자본의 증식에 도움이 되지 않는 것들에 대해서는 상당히 편협한 부분이 있다고 박노자는 평가한다. 특히나 이민 정책이 그러한데, 경제적 소득이 없으면 국외에서 가족을 데리고 오는 것도 힘들고 외국인과 결혼하는 것도 조건이 까다롭다고 한다.

하지만 노르웨이 교육과 관련해서는 저자들 모두 대체로 긍정적으로 바라본다. 학생들은 12세부터 정당 가입이 가능하며 국내외 정치사회 현상을 수업 중에 자유롭게 논의하면서 비판적 사고를 키우고 있고, 권위보다는 인간에 대한 평등을 기반으로 생활하고, 시민교육의 일환으로 유아교육이나 평생교육이 잘 되고 있다는 것들이 책에서는 언급된다.

이 중에서 가장 인상적인 부분은 저자 백명정이 노르웨이 언어학교에서 겪은 일이다. 모르면 서슴없이 질문하라는 선생님의 말에 많은 질문을 하려는데 교사가 두 번째 질문부터는 들은 척도 안 해서 당황했으나 수업 마무리에 그 선생님은 학생들 모두에게 이런 당부를 했다고 한다.

"여러분, 다른 사람도 배려해야 하니 한 사람이 질문을 너무 많이 하면 안 돼요. 수업 중에 한 번씩만 해주면 고맙겠어요. 그게 서로에 대한 예의죠(p. 42)."

서로에 대한 예의. 노르웨이 교사는 단호하지만 친절하게 누군가 수업을 독점하는 것을 경계시키고 있다. 사실 나도 수업 시간에 서

학생들과 함께 정한 2014년 수업 약속

로에 대한 예의라는 말은 참 많이 썼었다. 하지만 찬찬히 돌이켜보면 교사로서 '나의 권위'가 손상되지 않기 위해 미리 쳐놓는 바리케이드는 아니었을까? 학생들이 '나의 수업'을 침해하려 할 때 감정에 휩쓸리지 않는 나를 속으로 으쓱해하며 학생들에게 일방적으로 요구한 말은 아니었을까? 쌍방향을 가장했지만 일방향이었던 것은 아니었을까?

그렇다면 학생들이 교사에게 혹은 배움을 함께하는 친구들에게 원하는 예의는 무엇이었을까? '함께 만들어나갈 수업'에서 지켜야 할 '서로에 대한 예의'는 무엇일까? 학교로 돌아가면 수업 시간에 내 목소리를 먼저 내기 전에 학생들의 목소리에 귀 기울여봐야지 싶다. 함께 만들어갈 수업을 위한 고민이 깊어진다.

4

에필로그

치르치르와 함께 파랑새를 찾아서

정애경_서울국제고등학교

치르치르와 미치르는 가난한 나무꾼 집의 남매. 즐거운 크리스마스에도 맛있는 저녁이나 선물조차 받을 수 없는 가여운 아이들이었다. 그런 치르치르와 미치르가 파랑새를 찾아 떠났다. 파랑새를 찾으면 틀림없이 행복해지리라고 굳게 믿은 두 남매의 모험 이야기. 『치르치르의 파랑새』.

내가 이 치르치르의 꿈을 안고 북유럽으로 떠난 것은 우리 교육의 파랑새를 찾기 위한 새로운 모험이었다. 우리 교육을 한없이 재미있고 자유롭게 해방시킬 행복의 땅, 경쟁의 힘겨움을 벗어던지고 가장 인간적인 모습을 회복하는 치유의 세상. 우리 교육에 힘을 북돋워주고 손을 잡아 이끌어줄 삶의 아름다운 가치를 알려주고, 교육공동체의 연대감으로 충만한 이상향으로 떠오른 숲과 호수의 땅은 나에게 또 하나의 신세계였다. 미래 교육에 대한 꿈과 희망을 약속하는 통합의 문화가 숨 쉬는 곳, 우리 교육의 힘겨움과 갈등, 그리고 혼돈과 번뇌를 상쾌하게 날려줄 마법의 열쇠를 찾아 떠난 7,039킬로의 여행은 이런 벅참과 기대로 시작되었다. 생각만 해도 전율이 오르고 온몸이 뜨거워지는 신나는 모험의 세계가 다가올수록 내가 그렇게 찾아 헤매던 파랑새를 만날 수 있으리라는 신념 또한 강해졌다.

파랑새를 찾아 나선 첫 나라는 핀란드. 교육공동체의 강한 연대감과 사회 통합의 노력이 돋보인 핀란드는 철저하게 규칙적이었다. 너무나 반듯하고 질서 정연한 원칙주의와 인간 중심의 생활 패턴은 여기까지 와서 교육적 해결책을 찾아보려 했던 나에게 큰 정신적 보상이었다. 그리고 인간이 가장 존중되는 그들의 문화와 주체적인 민족성에서 나는 드디어 평화와 소통의 파랑새를 한 마리 찾아낼 수 있었다.

만인의 평등을 실천하고 사람들의 잠재력과 창조의식을 발전시킬 수 있도록 끊임없이 도와주고 격려하는 복지의 천국 스웨덴에서 가져온 파랑새는 우리의 귀에 대고 1등과 꼴찌가 없는 세상이 가장 아름답다고 끝없이 지저귀고 있었다. 또한 자연이 아이들을 키우고 자연의 순리와 법칙을 상생의 가치로 삼고 살아가는 친화의 땅 노르웨이는 바이킹의 후예답게 황량한 바람 속에서 키운 의지와 도전의 파랑새를 아무 대가도 없이 우리에게 주었다.

멀고도 험한 땅에서 가져온 파랑새 세 마리, 그러나 한국으로 가져온 파랑새는 색이 변하고 말았다. 마치 치르치르와 미치르가 추억의 나라와 꿈의 방, 사치의 방, 미래의 성에서 파랑새를 가져오지만 집에 가지고 오자마자 색이 변해버린 것처럼 우리의 파랑새도 자신의 빛깔을 잃어버리고 말았다. 그러나 슬프지 않았다. 나는 이미 내 마음속에서 나의 파랑새를 찾기 시작했고 그 파랑새는 우리 가까이 있다는 것을 깨달았기 때문이다.

북유럽에서 만났던 행복한 아이들, 안정되고 탄탄한 학습력으로 무장한 커리큘럼, 생활의 철학을 통해 가정과 아이들을 지키는 부모들, 낙오자가 없도록 서로 도와주는 격려와 나눔의 사회, 사회가 가정과 학교를 지키며 하나의 공동체로 끌어안고 함께 서로 존중할 수 있도록 만들어가는 착한 제도, 청렴과 원칙으로 신뢰와 기대를 저버리지 않는 국가, 정직과 정의로움을 삶의 가치로 여기는 민족성, 그리고 자연 앞에 겸손할 줄 알고 자연의 법칙에 순응할 줄 아는 지혜로운 사람들을 만났을 때, 우리는 그들이 선물한 파랑새가 우리를 그렇게 이상적으로 만들어줄 수 있을 것이라고 믿었다. 어려움이 생기면 누군가를 탓하기보다 서로를 격려하고 함께 해결하는 방법을 찾아내고 마음과 힘을 모아 극복하는 강한 의지의 사람들을 보았을 때도 그것이야말로 우리의 파랑새라고 굳게 믿었다.

그러나 그것은 우리가 찾고 싶어 했던 파랑새가 아니었다. 그렇다면 우리의 파랑새는 어디에 있는가? 우리가 가질 수 있고 우리가 진정으로 찾는 파랑새는 어떤 것이며 어떻게 찾아야 하는가? 7,039킬로를 되돌아오면서, 그동안 내가 만났던 거대하고 아름다운 자연과 착하고 질서 있게 살아가는 담백한 사람들, 그리고 그들의 숭고한 가치가 나에게 내 스스로 파랑새를 찾을 수 있는 힘을 주고 있다는 것을 깨달았다. 모험의 나라에서 가지고 온 세 마리의 파랑새가 색깔이 변하고 어디론가 날아가버렸을 때 내가 슬퍼하지 않았던 것은 그 파랑새가 진정한 우리의 것이 아니었기 때문이다.

치르치르와 미치르가 그들의 파랑새를 잃어버리고 더 행복함을 갖게 된 것처럼 나도 모험의 나라에서 가져온 그 파랑새들을 내 마음에서부터 날려 보내고 진정한 자유를 얻었다. 그 자유로움은 7,039킬로의 모험이 나에게 가져다준 큰 교훈이자 깨달음이었다. 파랑새가 자신의 땅을 떠나면 제 색깔을 잃어버렸던 것처럼 북유럽의 이상 교육은 그들의 문화와 토양에서 만들어진 그들의 것이다. 그것이 그대로 우리 교육의 진정한 이상향이 될 수는 없다는 생각이 들었다. 이것은 파랑새를 찾아 먼 길을 떠났었기에 얻을 수 있었던 깨달음의 교훈이었다.

우리는 우리의 문화와 토양에서 태어난 파랑새를 찾아야 하며 그것은 결코 먼 곳에 있는 것이 아니라는 것을 느낄 수 있었다. 우리의 문화 속에서 평화를 만들어내고, 소통과 합의의 패러다임을 형성하는 교육이 이루어진다면 얼마나 좋을까. 우리만의 색깔을 띤 삶의 가치와 이념을 중심으로 평등과 민주적 공동체를 만들어갈 수 있는 교육 역량을 키울 수 있다면 우리만의 철학과 가치관으로 아이들을 키울 수 있을 것이다.

파랑새를 좇아 찾아갔던 숲과 호수의 땅에서 이런 미래를 만들어갈 수 있는 우리의 파랑새가 우리 마음속에, 그리고 우리 문화 속에 녹아 있다는 것을 깨닫게 되었다. 그동안 우리가 가지고 있지 않아서 언제나 그리워했던 파랑새를 우리 속에서 스스로 찾을 수 있는 힘과 에너지를 얻게 된 것은 북유럽 탐방에서 얻은 가장 큰 선물이었다.

우리의 파랑새는 우리 가까이에 그대로 있었는데 우리들이 볼 줄 모르고 찾으려고 마음을 기울이지 않았다. 언제든지 날아가버릴 허망한 파랑새는 더 이상 우리의 꿈이 아니다. 행복은 좇을 수 있는 것이 아니라 우리 마음속에 있다는 것을 알아차리는 용기가 있어야 한다. 우리 교육의 시련은 행복을 찾아가는 과정이었다. 나에게 주어졌던 7,039킬로의 모험은 나를 찾는 시간이었고, 우리를 되돌아보는 시간이었다. 나와 우리의 내면을 비추는 거울이 되어주었던 자연과 사람들 그리고 그들의 문화와 교육.

이제 나는 확신할 수 있다. 이 모험의 시간이 우리가 겪었던 불행을 조금이라도 치유하고, 대립에서 비롯된 어려움들을 긍정의 힘으로 받아들일 수 있는 능력을 키우는 과정이었다는 것을 그리고 우리 문화와 사회 속에서 뿌리내릴 수 있게 노력하는 이 시간들이야말로 행복한 교육의 가치와 실천을 찾아 지속적으로 유지하려는 단합된 마음이며 바로 우리의 파랑새였다는 것을. 그 파랑새는 이미 우리 마음속에 날아와 있었다.

삶의 행복을 꿈꾸는 교육은 어디에서 오는가?

미래 100년을 향한 새로운 교육

▶ 교육혁명을 앞당기는 배움책 이야기
혁신교육의 철학과 잉걸진 미래를 만나다!

한국교육연구네트워크 총서

 01 핀란드 교육혁명
한국교육연구네트워크 엮음 | 320쪽 | 값 15,000원

 02 일제고사를 넘어서
한국교육연구네트워크 엮음 | 284쪽 | 값 13,000원

 03 새로운 사회를 여는 교육혁명
한국교육연구네트워크 엮음 | 380쪽 | 값 17,000원

 04 교장제도 혁명
한국교육연구네트워크 엮음 | 268쪽 | 값 14,000원

 05 새로운 사회를 여는 교육자치 혁명
한국교육연구네트워크 엮음 | 312쪽 | 값 15,000원

 06 혁신학교에 대한 교육학적 성찰
한국교육연구네트워크 엮음 | 308쪽 | 값 15,000원

 07 진보주의 교육의 세계적 동향
한국교육연구네트워크 엮음 | 324쪽 | 값 17,000원

한국교육연구네트워크 번역 총서

 01 프레이리와 교육
존 엘리아스 지음 | 한국교육연구네트워크 옮김
276쪽 | 값 14,000원

 02 교육은 사회를 바꿀 수 있을까?
마이클 애플 지음 | 강희룡·김선우·박원순·이형빈 옮김
352쪽 | 값 16,000원

 03 비판적 페다고지는 세상을 변화시킬 수 있는가?
Seewha Cho 지음 | 심성보·조시화 옮김 | 280쪽 | 값 14,000원

 04 마이클 애플의 민주학교
마이클 애플·제임스 빈 엮음 | 강희룡 옮김 | 276쪽 | 값 14,000원

05 21세기 교육과 민주주의
넬 나딩스 지음 | 심성보 옮김 | 392쪽 | 값 18,000원

06 세계교육개혁: 민영화 우선인가 공적 투자 강화인가?
린다 달링-해먼드 외 지음 | 심성보 외 옮김 | 408쪽 | 값 21,000원

 혁신학교
성열관·이순철 지음 | 224쪽 | 값 12,000원

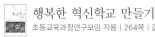 **행복한 혁신학교 만들기**
초등교육과정연구모임 지음 | 264쪽 | 값 13,000원

 서울형 혁신학교 이야기
이부영 지음 | 320쪽 | 값 15,000원

 혁신교육, 철학을 만나다
브렌트 데이비스·데니스 수마라 지음
현인철·서용선 옮김 | 304쪽 | 값 15,000원

 혁신교육 존 듀이에게 묻다
서용선 지음 | 292쪽 | 값 14,000원

 다시 읽는 조선 교육사
이만규 지음 | 750쪽 | 값 33,000원

대한민국 교육혁명
교육혁명공동행동 연구위원회 지음 | 224쪽 | 값 12,000원

 대한민국 교사, 어떻게 가르칠 것인가?
윤성관 지음 | 320쪽 | 값 15,000원

 아이들을 어떻게 가르칠 것인가
사토 마나부 지음 | 박찬영 옮김 | 232쪽 | 값 13,000원

 아이들의 배움은 어떻게 깊어지는가
이시이 준지 지음 | 방지현·이창희 옮김 | 200쪽 | 값 11,000원

 모두를 위한 국제이해교육
한국국제이해교육학회 지음 | 364쪽 | 값 16,000원

 경쟁을 넘어 발달 교육으로
현광일 지음 | 288쪽 | 값 14,000원

 독일 교육, 왜 강한가?
박성희 지음 | 324쪽 | 값 15,000원

 핀란드 교육의 기적
한넬레 니에미 외 엮음 | 장수명 외 옮김 | 452쪽 | 값 23,000원

▶ 비고츠키 선집 시리즈
발달과 협력의 교육학 어떻게 읽을 것인가?

생각과 말
레프 세묘노비치 비고츠키 지음
배희철·김용호·D. 켈로그 옮김 | 690쪽 | 값 33,000원

성장과 분화
L.S. 비고츠키 지음 | 비고츠키 연구회 옮김
308쪽 | 값 15,000원

도구와 기호
비고츠키·루리야 지음 | 비고츠키 연구회 옮김
336쪽 | 값 16,000원

의식과 숙달
L.S 비고츠키 | 비고츠키 연구회 옮김
348쪽 | 값 17,000원

어린이 자기행동숙달의 역사와 발달 I
L.S. 비고츠키 지음 | 비고츠키 연구회 옮김
564쪽 | 값 28,000원

관계의 교육학, 비고츠키
진보교육연구소 비고츠키교육학실천연구모임 지음
300쪽 | 값 15,000원

어린이 자기행동숙달의 역사와 발달 II
L.S. 비고츠키 지음 | 비고츠키 연구회 옮김
552쪽 | 값 28,000원

비고츠키 생각과 말 쉽게 읽기
진보교육연구소 비고츠키교육학실천연구모임 지음
316쪽 | 값 15,000원

어린이의 상상과 창조
L.S. 비고츠키 지음 | 비고츠키 연구회 옮김
280쪽 | 값 15,000원

비고츠키와 인지 발달의 비밀
A.R. 루리야 지음 | 배희철 옮김 | 280쪽 | 값 15,000원

연령과 위기
L.S. 비고츠키 지음 | 비고츠키 연구회 옮김
336쪽 | 값 17,000원

수업과 수업 사이
비고츠키 연구회 지음 | 196쪽 | 값 12,000원

▶ 창의적인 협력수업을 지향하는 삶이 있는 국어 교실
우리말 글을 배우며 세상을 배운다

중학교 국어 수업 어떻게 할 것인가?
김미경 지음 | 340쪽 | 값 15,000원

이야기 꽃 1
박용성 엮어 지음 | 276쪽 | 값 9,800원

토론의 숲에서 나를 만나다
명혜정 엮음 | 312쪽 | 값 15,000원

이야기 꽃 2
박용성 엮어 지음 | 294쪽 | 값 13,000원

토닥토닥 토론해요
명혜정·이명선·조선미 엮음 | 288쪽 | 값 15,000원

인문학의 숲을 거니는 토론 수업
순천국어교사모임 엮음 | 308쪽 | 값 15,000원

어린이와 시
오인태 지음 | 192쪽 | 값 12,000원

수업, 슬로리딩과 함께
박경숙·강슬기·김정욱·장소현·강민정·전혜림·이혜민 지음
268쪽 | 값 15,000원

▶ 평화샘 프로젝트 매뉴얼 시리즈
학교 폭력에 대한 근본적인 예방과 대책을 찾는다

학교 폭력 어떻게 만들어지는가
문재현 외 지음 | 300쪽 | 값 14,000원

아이들을 살리는 동네
문재현·신동명·김수동 지음 | 204쪽 | 값 10,000원

학교 폭력, 멈춰!
문재현 외 지음 | 348쪽 | 값 15,000원

평화! 행복한 학교의 시작
문재현 외 지음 | 252쪽 | 값 12,000원

왕따, 이렇게 해결할 수 있다
문재현 외 지음 | 236쪽 | 값 12,000원

마을에 배움의 길이 있다
문재현 지음 | 208쪽 | 값 10,000원

젊은 부모를 위한 백만 년의 육아 슬기
문재현 지음 | 248쪽 | 값 13,000원

별자리, 인류의 이야기 주머니
문재현·문한뫼 지음 | 444쪽 | 값 20,000원

▶ 4·16, 질문이 있는 교실 마주이야기
통합수업으로 혁신교육과정을 재구성하다!

통하는 공부
김태호·김형우·이경석·심우근·허진만 지음
324쪽 | 값 15,000원

내일 수업 어떻게 하지?
아이함께 지음 | 300쪽 | 값 15,000원
2015 세종도서 교양부문

인간 회복의 교육
성래운 지음 | 260쪽 | 값 13,000원

교과서 너머 교육과정 마주하기
이윤미 외 지음 | 368쪽 | 값 17,000원

수업 고수들 수업·교육과정·평가를 말하다
박현숙 외 지음 | 368쪽 | 값 17,000원

도덕 수업, 책으로 묻고 윤리로 답하다
울산도덕교사모임 지음 | 320쪽 | 값 15,000원

체육 교사, 수업을 말하다
전용진 지음 | 304쪽 | 값 15,000원

교실을 위한 프레이리
아이러 쇼어 엮음 | 사람대사람 옮김 | 412쪽 | 값 18,000원

마을교육공동체란 무엇인가?
서용선 외 지음 | 360쪽 | 값 17,000원

학교생활기록부를 디자인하라
박용성 지음 | 268쪽 | 값 14,000원

교사, 학교를 바꾸다
정진화 지음 | 372쪽 | 값 17,000원

함께 배움
학생 주도 배움 중심 수업 이렇게 한다
니시카와 준 지음 | 백경석 옮김 | 280쪽 | 값 15,000원

공교육은 왜?
홍섭근 지음 | 352쪽 | 값 16,000원

자기혁신과 공동의 성장을 위한
교사들의 필리버스터
윤양수·원종희·장군·조경삼 지음 | 280쪽 | 값 14,000원

함께 배움 이렇게 시작한다
니시카와 준 지음 | 백경석 옮김 | 196쪽 | 값 12,000원

함께 배움 교사의 말하기
니시카와 준 지음 | 백경석 옮김 | 188쪽 | 값 12,000원

미래교육의 열쇠, 창의적 문화교육
심광현·노명우·강정석 지음 | 368쪽 | 값 16,000원

주제통합수업, 아이들을 수업의 주인공으로!
이윤미 외 지음 | 392쪽 | 값 17,000원

수업과 교육의 지평을 확장하는 수업 비평
윤양수 지음 | 316쪽 | 값 15,000원
2014 문화체육관광부 우수교양도서

교사, 선생이 되다
김태은 외 지음 | 260쪽 | 값 13,000원

교사의 전문성, 어떻게 만들어지나
국제교원노조연맹 보고서 | 김석규 옮김 392쪽 | 값 17,000원

수업의 정치
윤양수·원종희·장군 지음 | 280쪽 | 값 14,000원

학교협동조합,
현장체험학습과 마을교육공동체를 잇다
주수원 외 지음 | 296쪽 | 값 15,000원

거꾸로교실,
잠자는 아이들을 깨우는 수업의 비밀
이민경 지음 | 280쪽 | 값 14,000원

교사는 무엇으로 사는가
정은균 지음 | 292쪽 | 값 15,000원

마음의 힘을 기르는 감성수업
조선미 외 지음 | 300쪽 | 값 15,000원

작은 학교 아이들
지경준 엮음 | 376쪽 | 값 17,000원

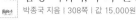
감성 지휘자, 우리 선생님
박종국 지음 | 308쪽 | 값 15,000원

대한민국 입시혁명
참교육연구소 입시연구팀 지음 | 220쪽 | 값 12,000원

교사를 세우는 교육과정
박승열 지음 | 312쪽 | 값 15,000원

전국 17명 교육감들과 나눈
교육 대담
최창의 대담·기록 | 272쪽 | 값 15,000원

들뢰즈와 가타리를 통해
유아교육 읽기
리세롯 마리엣 올손 지음 | 이연선 외 옮김 | 328쪽 | 값 17,000원

교육과정 통합, 어떻게 할 것인가?
성열관 외 지음 | 192쪽 | 값 13,000원

 학교 민주주의의 불한당들
정은균 지음 | 276쪽 | 값 14,000원

 동양사상에게 인공지능 시대를 묻다
홍승표 외 지음 | 260쪽 | 값 15,000원

 교육과정, 수업, 평가의 일체화
리사 카터 지음 | 박승열 외 옮김 | 196쪽 | 값 13,000원

 학교 혁신의 길, 아이들에게 묻다
남궁상운 외 지음 | 268쪽 | 값 15,000원

 학교를 개선하는 교장
지속가능한 학교 혁신을 위한 실천 전략
마이클 풀란 지음 | 서동연·정효준 옮김 | 216쪽 | 값 13,000원

 프레이리의 사상과 실천
사람대사람 지음 | 352쪽 | 값 18,000원

 공자뎐, 논어는 이것이다
유문상 지음 | 392쪽 | 값 18,000원

 혁신학교, 한국 교육의 미래를 열다
송순재 외 지음 | 608쪽 | 값 30,000원

 교사와 부모를 위한
발달교육이란 무엇인가?
현광일 지음 | 380쪽 | 값 18,000원

 페다고지를 위하여
프레네의 『페다고지 불변요소』 읽기
박찬영 지음 | 296쪽 | 값 15,000원

 교사, 이오덕에게 길을 묻다
이무완 지음 | 328쪽 | 값 15,000원

 노자와 탈현대 문명
홍승표 지음 | 284쪽 | 값 15,000원

 낙오자 없는 스웨덴 교육
레이프 스트란드베리 지음 | 변광수 옮김 | 208쪽 | 값 13,000원

 선생님, 민주시민교육이 뭐예요?
염경미 지음 | 244쪽 | 값 15,000원

 끝나지 않은 마지막 수업
장석웅 지음 | 328쪽 | 값 20,000원

 어쩌다 혁신학교
유우석 외 지음 | 380쪽 | 값 17,000원

 대구, 박정희 패러다임을 넘다
세대열 지음 | 292쪽 | 값 20,000원

 미래, 교육을 묻다
정광필 지음 | 232쪽 | 값 15,000원

▶ 교과서 밖에서 만나는 역사 교실
상식이 통하는 살아 있는 역사를 만나다

 전봉준과 동학농민혁명
조광환 지음 | 336쪽 | 값 15,000원

 교과서 밖에서 배우는 역사 공부
정은교 지음 | 292쪽 | 값 14,000원

 남도의 기억을 걷다
노성태 지음 | 344쪽 | 값 14,000원

 팔만대장경도 모르면 빨래판이다
전병철 지음 | 360쪽 | 값 16,000원

 응답하라 한국사 1·2
김은석 지음 | 356쪽·368쪽 | 각권 값 15,000원

 빨래판도 잘 보면 팔만대장경이다
전병철 지음 | 360쪽 | 값 16,000원

 즐거운 국사수업 32강
김남선 지음 | 280쪽 | 값 11,000원

 영화는 역사다
강성률 지음 | 288쪽 | 값 13,000원

 즐거운 세계사 수업
김은석 지음 | 328쪽 | 값 13,000원

 친일 영화의 해부학
강성률 지음 | 264쪽 | 값 15,000원

 강화도의 기억을 걷다
최보길 지음 | 276쪽 | 값 14,000원

 한국 고대사의 비밀
김은석 지음 | 304쪽 | 값 13,000원

광주의 기억을 걷다
노성태 시씀 | 348쪽 | 값 15,000원

조선족 근현대 교육사
정미량 지음 | 320쪽 | 값 15,000원

선생님도 궁금해하는
한국사의 비밀 20가지
김은석 지음 | 312쪽 | 값 15,000원

다시 읽는 조선근대교육의 사상과 운동
윤건차 지음 | 이명실·심성보 옮김 | 516쪽 | 값 25,000원

걸림돌
키르스텐 세룹-빌펠트 지음 | 문봉애 옮김
248쪽 | 값 13,000원

음악과 함께 떠나는 세계의 혁명 이야기
조광환 지음 | 292쪽 | 값 15,000원

역사수업을 부탁해
열 사람의 한 걸음 지음 | 388쪽 | 값 18,000원

논쟁으로 보는 일본 근대교육의 역사
이명실 지음 | 324쪽 | 값 17,000원

진실과 거짓, 인물 한국사
하성환 지음 | 400쪽 | 값 18,000원

▶ 더불어 사는 정의로운 세상을 여는 인문사회과학
사람이 존엄과 평등의 가치를 배운다

밥상혁명
강양구·강이현 지음 | 298쪽 | 값 13,800원

좌우지간 인권이다
안경환 지음 | 288쪽 | 값 13,000원

도덕 교과서 무엇이 문제인가?
김대용 지음 | 272쪽 | 값 14,000원

민주시민교육
심성보 지음 | 544쪽 | 값 25,000원

자율주의와 진보교육
조엘 스프링 지음 | 심성보 옮김 | 320쪽 | 값 15,000원

민주시민을 위한 도덕교육
심성보 지음 | 500쪽 | 값 25,000원
2015 세종도서 학술부문

민주화 이후의 공동체 교육
심성보 지음 | 392쪽 | 값 15,000원
2009 문화체육관광부 우수학술도서

교과서 밖에서 배우는 인문학 공부
정은교 지음 | 280쪽 | 값 13,000원

갈등을 넘어 협력 사회로
이창언·오수길·유문종·신윤관 지음 | 280쪽 | 값 15,000원

오래된 미래교육
정재걸 지음 | 392쪽 | 값 18,000원

동양사상과 마음교육
정재걸 외 지음 | 356쪽 | 값 16,000원
2015 세종도서 학술부문

대한민국 의료혁명
전국보건의료산업노동조합 엮음 | 548쪽 | 값 25,000원

교과서 밖에서 배우는 철학 공부
정은교 지음 | 280쪽 | 값 14,000원

교과서 밖에서 배우는 고전 공부
정은교 지음 | 288쪽 | 값 14,000원

교과서 밖에서 배우는 사회 공부
정은교 지음 | 304쪽 | 값 15,000원

전체 안의 전체 사고 속의 사고
김우창의 인문학을 읽다
현광일 지음 | 320쪽 | 값 15,000원

교과서 밖에서 배우는 윤리 공부
정은교 지음 | 292쪽 | 값 15,000원

카스트로, 종교를 말하다
피델 카스트로·프레이 베토 대담 | 조세종 옮김
420쪽 | 값 21,000원

한글 혁명
김슬옹 지음 | 388쪽 | 값 18,000원

교사와 부모를 위한 비고츠키 교육학
카르포프 지음 | 실천교사번역팀 옮김 | 308쪽 | 값 15,000원

▶ 살림터 참교육 문예 시리즈
영혼이 있는 삶을 가르치는 온 선생님을 만나다!

 꽃보다 귀한 우리 아이는
조재도 지음 | 244쪽 | 값 12,000원

 성깔 있는 나무들
최은숙 지음 | 244쪽 | 값 12,000원

 아이들에게 세상을 배웠네
명혜정 지음 | 240쪽 | 값 12,000원

 밥상에서 세상으로
김홍숙 지음 | 280쪽 | 값 13,000원

 선생님이 먼저 때렸는데요
강병철 지음 | 248쪽 | 값 12,000원

 서울 여자, 시골 선생님 되다
소경선 지음 | 252쪽 | 값 12,000원

 행복한 창의 교육
최창의 지음 | 328쪽 | 값 15,000원

 북유럽 교육 기행
정애경 외 14인 지음 | 292쪽 | 값 14,000원

▶ 남북이 하나 되는 두물머리 평화교육
분단 극복을 위한 치열한 배움과 실천을 만나다

 10년 후 통일
정동영·지승호 지음 | 328쪽 | 값 15,000원

 분단시대의 통일교육
성래운 지음 | 428쪽 | 값 18,000원

 선생님, 통일이 뭐예요?
정경호 지음 | 252쪽 | 값 13,000원

 김창환 교수의 DMZ 지리 이야기
김창환 지음 | 264쪽 | 값 15,000원

▶ 출간 예정

참된 삶과 교육에 관한
생각 줍기